U0572228

国家出版基金项目
NATIONAL PUBLICATION FOUNDATION

徐旭生文集

第十二册

中华书局

一九六二年

一　月

一日，上午僅收拾房間。下午到虎坊橋工人俱樂部看劇。

二日，到所時大約八點半已過。看報外，餘時仍看《中國思想通史》。提早半點鐘回家。晚到政協禮堂看演京劇《雛鳳凌空》。

三日（此後將不在日記中寫看報），續看《中國思想通史》。

四日，今日風大，氣温降低。仍續看《中國思想通史》。

五日，仍看一點《中國思想通史》。看中華書局交來的出版簡單情形，並提兩條意見。下午安志敏同志作關於仰韶文化分期和類型的報告。大致分爲廟底溝及半坡兩類型。有人主張前者早於後者，有人作相反的主張，尚無定論。半坡又有早期晚期之分，其晚期彩陶變少，陶仍紅色爲主，但向灰色變化。此期花紋由複雜變簡單。廟型時期屬農業社會，而半型時期則農業與漁獵兼有。

六日，上午學習爲自學《人民日報》的新年獻詞及《紅旗》第一期的《鼓足幹勁，争取社會主義建設的新的勝利》。下午組織生活聽靳尚謙、王伯洪二同志報告他們當調訓時學習的經過與體會。外看《紅旗》中文數篇。

七日，上午僅收拾房屋。下午到韓里家，與韓親家翁第一次見面。下午前文奎堂店夥王君來寓，他新從昆吾回來。上午曾到郵局給李玉蓮（伯恭女）寄十元，給白兆惠寄三十五元。回家後給玉蓮寫數行的信。

八日，仍看《中國思想通史》内王船山章，也再翻讀文内所引船山書中原段落。上午十點許即微雪，至晚未止。

九日，到所時八點廿五分。仍看《中國思想通史》中船山及梨洲章。

十日，仍看《中國思想通史》的孔子部分及《中國古代社會和古代思想》。我雖未能完全他的主張，但其中精義很不少，應該細讀。接中華書局信一封，師範大學信一封。

十一日，早晨到北京醫院驗血，回所時九點十分左右。看1□、1□①兩期的《北京工作》。仍看《中國思想通史》的思孟部分。

十二日，到所時九點五分左右。上午看報外，看《紅旗》中文一篇。下午聽顔闓②同志關於人類起源及形成的報告。他並没有談古猿向人類的變化，所談的只爲尼安德達人及近代人的關係，近代人的形成，近代人種（大種只三，小種自二十五至三

---

①編者注：原稿此處空闕，應爲《北京工作》的期數未寫完整。
②編者注："顔闓"，原誤作"闓闓"，據前後多處日記改。

十)及其體型各問題。約四點半散會後,與黃石林同查《世界通史》關於人類起源部分。

十三日,到院部聽傳達近數年來中共與蘇共在意識形態方面鬥爭的文件。

十四日,上午領小江到所中取報後到北海公園,觀木偶戲。

十五日,早晨到北京醫院看驗血結果,並檢查身體以便繼續打奴夫加因針。回所時約十點一刻。續看《中國思想通史》的殷周部分,有些不過翻閱而已。

十六日,繼續到院部聽上星期六所未傳達完的文件。

十七日,早晨到隆福醫院再開始打這一療程的奴夫加因針,回所時已十點。看《中國思想通史》的墨子部分,未完。師大林、王二同志來,問當日的女師大及師大的若干問題,就所記得的儘量答復。

十八日,續看《中國思想通史》的墨子部分及老子部分,後一部分未完。前者原書分四節,第一、二、四三節,我覺得都很好,原著人所主張的墨子思想與他所屬階級的關係似比郭沫若《十批判書》中所談儒墨分辨的説法較近真實。第三節中所談墨子的知識論則論證較差,未能完全服人。下午趙芝荃來談二里頭發掘情況。

十九日,早晨到醫院打針,回所時已九點。魏樹勳來談安陽發掘情況。下午把上星期編輯室送來的《伊里利亞文化在阿爾巴尼亞的新發現》法文稿略看一遍。工間操後開所務會議談籌備隊長會議事,後就發掘遺址方面的各種問題漫談。昨晚睡眠很少。

二十日，上午到近代史所開會討論前幾天所聽傳達文件中的問題，到會者連我僅有四人。姜同志對於蘇聯內情知道的比我的多。下午過組織生活，所談的絕大部分仍屬這一類問題。

二十一日，接電報，杭岐説她昨夜來到，但後又接電報，説今日下午始到。上午傅振倫來談。下午韓里全家、韓親家及孫韓領也來。將晚杭岐同小洪始到。又接小斧電報，説他也要回來。我將晚出到新華書店想買《六十年的變遷》第二卷，則已賣完。到它的舊書部購得《可愛的柴達木》一本、《卓婭和舒拉的故事》一本。晚翻閲前書。

二十二日，今日下午風達四五級。早晨到醫院打針，回所時九點五分已過。開會，各隊長報告工作，上午山西隊，下午甘肅、山東兩隊報告。

二十三日，今日各隊長繼續報告：上午蒙古隊、安陽隊報告，下午安陽隊繼續報告。

二十四日，今日各隊長仍繼續報告：上午西安隊報告，下午洛陽隊報告。

二十五日，早晨到醫院打針，回所時九點已過。看第二期的《紅旗》中論文數篇。傅振倫來談。

二十六日，近幾天風總在四五級之間（晝，夜稍小一點），今日仍有五級風，也許到六級。看中華人民共和國各種學位條例草案。下午稍整理書案。吳汝祚、李文杰來問關於魯西南部考古事宜。

二十七日，上午與作銘同志及兆蔭同志談對於①四種學位條

①編者注：原於"對於"後衍"對於"二字。

例草案的意見。下午三點後到東安市場，買《新華日報的回憶》一本；到外文書店，取回第二十五卷的俄文《馬恩全集》。步行到人民市場，想買一個乳鉢，不可得。回所四點半已過。四點三刻提早回家。晚出北豁口，見太平湖已立公園牌子，内邊也種不少的樹，遂往西探索。雖無路燈，而遠處有燈光，路仍依稀可見，走了二里餘，路漸不易認出，遂歸。

二十八日，早七點鐘後，桂忱歸來。下午午睡後，又出到太平湖公園，循昨晚路西行，沿途栽培樹木不少，兩三年後即當蔥郁可觀。

二十九日，早六點半許，桂愉亦歸，我全家又復聚於北京。八點十分後才出往所，又往醫院打針，回所時已九點二十五分。上午又開會討論工作計劃，上午爲安陽隊報告，並討論，我因回所晚，未知，遂未參加。下午洛陽隊、西安隊報告，西安隊討論未完。晚與家人談，寢時已將十二點。

三十日，夜中入眠三點鐘。上午到所時已八點五十分。仍開會討論西安隊工作計劃。後蒙古隊報告，我因此方考古工作情形不熟，無意見可提，工間休息後，遂未出席。下午因學術出版社要把《中國古史的傳説時代》再印五百本，問我有改正否，所以開始改正。

三十一日，到所時八點廿五分已過。看第二期的《世界知識》。因早晨忘到醫院打針，下午才去，到後才知道他們禮拜三下午學習，仍對急診的人工作，可是他們因爲我不知道，也給我打，並囑我此後不要此時來。回所後僅看翻譯蘇聯小説《葉爾紹夫兄弟》而已。

二　月

一日，到所時八點二十分已過。終日仍看《葉爾紹夫兄弟》。午前科學出版社的傅□□①同志來談；王天木來問孫文青何在，告以他在開封文化館。

二日，早晨到醫院打針，但因證條遺失，找醫生補開證條，回所時已十點二十分。回後，開工作會議，我自然是遲到。下午續看《葉爾紹夫兄弟》。有四川大學童恩正、紀少嵐兩同志想以外人掠奪中國文物爲主題，作一電影，找各老科學家談。他們去後五點少十分，提早回家。

三日，到新僑飯店開學部的學習會，到會人有到各處調查的人對於他們所調查作報告，我所聽到的是作銘對於北京及京郊各業的報告，唐棣華對於海南島情況的報告。後因要在中午到照像館照一全家像，遂辭出先歸。提早吃飯後，往大華照像。下午在家把《葉爾紹夫兄弟》看完。

四日，下午天氣很好，領小江、小洪到動物園一游。剛到不多時，有微風，小洪因衣少叫冷，遂歸。上午寫春聯及橫眉。

五日，今日爲農曆元旦，上午到宿舍各熟朋友家中賀年，並招待賀年客。下午同秔岐、桂惀到天橋劇場，擬看劇，可是到門口才看出拿的爲昨日票！只好退出，順便到自然博物館參觀。

六日，上午仍繼續賀年及招待賀年客。下午同桂惀、桂忱到

①編者注：原於"傅"後空闕約二字。

人民劇場看袁世海所演的《黑旋風》。

十五**七日**，早晨秕岐領小洪回哈爾濱。上午到子衡及佟柱臣家賀年。下午往訪介眉夫婦，又同他們去看侍峰。他精神還不壞，據説食欲也還好，可是不能動，也不能説話，殊痛苦。天氣頗暖，陰而冰雪開凍。晚微雪。

八日，早到所時已九點，又往醫院打針，回所時九點四十分已過。下午繼續改《中國古史的傳説時代》中的錯字。

九日，全日到院部聽黨組傳達中央全會擴大會議的報告。今日雪落頗大。

十日，上午仍到院部繼續聽報告，下午在家休息。今日桂愉往杭州。

十一日，上午同桂忱、小江游景山公園。

十二日，早晨到醫院打針，回所時八點三刻已過。下午翻閲《論資本主義以前諸社會形態》。又看3—4期的《紅旗》中文數篇。晚飯後到大華電影院看《肯尼迪的真面目》。上午章瑞珍來，給我買來三星補汁一大瓶。桂忱今上午回友誼農場。

十三日，上午到所時八點二十分已過。下午看溥儀所著《我的前半生》。提早半點鐘回家。

十四日，早晨到醫院打針，回所時已九點。上午開封師範學院的趙希鼎來談。下午續看《我的前半生》。今日雖天晴而風頗大，覺寒。下午四點四十分許室內爐火又滅，遂提早回家。

十五日，因爲下午擬在新街口北大街電影製片廠放映前西北科學考察團所攝電影，上午未上班，在家把下册的《我的前半生》看完。後接所中電話説下午仍須到院部聽報告，遂不能看前攝電影。院部仍繼續上星期傳達報告。

　　十六日，早晨到醫院打針，回所時九點已過。下午開大會，作銘報告去年工作的總結及今年工作的安排。

　　十七日，看《新華日報的回憶》。下午工間操後即出到外文書店取回俄文《馬恩全集》的第24卷。後到東安市場，購《革命回憶錄》、第1①的《紅旗飄飄》。孫燾到家中，把他父親所著的《唐虞之間繫年要錄》《虞夏本紀》及信一紙交來，略爲翻閱，知道他仍是用極爲大膽而科學性欠缺的精神工作，不能作出有堅實價值的工作。

　　十八日，上午獨到紫竹院公園一游。下午往訪道齡同志。

　　十九日，早晨到醫院打此療程的最後一針，回所時約八點五十分。九點開小會，研究二里頭的工作。下午不過看報和看去年11月20日出版的《史學資料》。

　　二十日，上午工間操後到外文書店取回俄文《馬恩全集》的第20—21卷兩本。下午開始翻譯《伊里利亞文化在阿爾巴尼亞的發現》。

　　二十一日，上午尹達同志對於工作簡報、工作報告、考古綜合研究、用考古成績幫助寫歷史四項工作應該如何分工問題作一報告，下午仍翻閱《史學資料》。

　　二十二日，所方借北影標準放映室於上午九點半開始放映前西北科學考察團所製電影，因此上午未上班。放映後約希淵、達三來家吃便飯。下午兩點後出上班，開所務會議，談62年工作計

　　①編者注：原稿此處疑空闕一字，因恰在轉行處，無法確定。

劃是否有補充及更改問題。

二十三日，夜間微雪，日中也時霏一些。看 1962 年 1 月 25 日所出版的《史學資料》二篇。

二十四日，上午到南河沿政協文化俱樂部開學部所召集的學習會，仍由出外調查同志報告見聞。下午到所不過休息和看報。四點一刻即提早回家。中午前後仍微雪。

二十五日，未出門，在家收拾屋子及翻閱《解放戰爭回憶録》而已。昨夜睡眠不很好。

二十六日，中夜耗子聲攪擾，起視，因不知季芳覆碗扣耗子，啟視，遂讓它跑掉！季芳又把碗覆上，可是覺得它未必再上當，但我剛就寢，它就又來，遂被捉着，可算傻耗子了！後再睡着。看《中國通史》稿本打樣原始公社部分。接本年第一號的《古籍整理出版情況簡報》。接劉子靜信一封。

二十七日，接到今年 3—4 合刊的《世界知識》、第一號的《歷史研究》，各看兩三篇。也續看《中國通史》的原始公社部分。

二十八日，到所時約八點二十分。續看《中國通史》的原始公社及奴隸社會部分。

三 月

一日，上午續看《中國通史》的西周部分。下午到歷史所的禮堂，聽康永和同志所作對於五屆世界工聯開會時我方對修正主義鬥爭的報告。

二日，續看《中國通史》春秋部分。下午黨中開會討論前幾天在院部所聽的報告。

三日，續看《中國通史》戰國部分，未全完，但因非我所專長，而時間又緊，遂交回。下午在黨過組織生活，念幾件文件並討論。

四日，今日天氣很好，無風，轉暖。上午同季芳、晞奕母子、小江共游紫竹院公園。下午理髮。

五日，看第五期的《紅旗》，完畢，又看第 3—4 期《世界知識》文數篇。

六日，上午到學部聽潘梓年同志傳達李先念等三同志的報告。下午翻閱文青的作品。與黃石林談將來工作問題。

七日，上下午都到歷史所禮堂，聽傳達劉主席向五級幹部擴大會議所作的報告。

八日，上午仍繼續聽昨日未完的傳達報告。下午聽傳達的黨內同志集會討論對於所聽報告的意見。

九日，下午仍開會，討論所聽報告的意見，與黃石林談。

十日，到和平賓館開學部的學習會，由劉導生同志談他往福建參加鄭成功攘荷蘭三百周年紀念會的觀感，劉大年同志談他往巴基斯坦參加國際歷史會議的觀感。下午翻閱呂振羽的《史前期中國社會研究》及 1 月 10 日所出版的《史學資料》。五點二十五分鐘即提前回家。

十一日，上午領小江到北海公園一游。

十二日，看《新建設》中所載趙紀彬同志所著的《“仁”“禮”解故》，又看第□①期《世界知識》內文數篇。仲良來談。

─────────

① 編者注：原於“第”後空闕約一字。

十三日，上午到院圖書館看他們善本展覽。並將徐恭士、宋牧仲、劉山蔚遺墨及舊鈔本三種借給他們展覽。下午看第一期《歷史研究》中的《十七世紀中國人民反抗荷蘭侵略的鬥爭》。

十四日，略翻閱第三期《考古》中《對江蘇太湖地區新石器文化的一些認識》。又翻閱第二期《新建設》及第一期《歷史研究》中關於農民在革命鬥爭中政權性質的問題。

十五日，上午整理抽屜，未完。下午仍開小會討論所聽報告的意見。仲良來想借我所配得而自己不吸的烟捲，勸他應聽醫生囑咐，少吸才好。

十六日，繼續整理完抽屜。看《家庭、私有制和國家的起源》一段。

十七日，上午仍繼續討論所聽報告的意見。下午不過看報，及看《家庭、私有制和國家的起源》的一段。五點一刻即提前回家。

十八日，上午獨出，從高井胡同、永泰寺、□子①胡同、西草場到城根。城墻正在拆除，遂從低處越過，到護城河沿。東行，至豁子，過橋，游太平湖公園。西行，出園，由西直門歸。下午同季芳往訪介眉。歸時微雨間雪。接閏化存一封。

十九日，上午《哲學研究》社張瑗來談，仍希望爲紀念王船山作文，仍未敢允許。下午翻閱抗戰前北研同志對南北響堂所作的工作。又翻閱《詩經》注。

二十日，下午翻閱《先秦天道觀之進展》。看第六期《紅旗》

①編者注：原於"子"前空闕一字。

中文數篇。

二十一日,把《紅旗》中文看完。再譯《伊里利亞文化在阿爾巴尼亞的新發現》。進行中發現此文主要部分已見於《阿爾巴尼亞考古發掘的最新成果》中。雖對於帕周克地區有比較詳細的叙述,但不宜重複登載,即當停止翻譯。

二十二日,讀《家庭、私有制和國家的起源》。

二十三日,續讀《家庭、私有制和國家的起源》。下午一蒙古李同志來談,他是想在今年秋到額濟納河一帶考古,來京訪問曾在那邊工作過的同志作預備工作的。

二十四日,上午聽近代史所□同志①講黨課,談實事求是問題。下午過黨內組織生活。

二十五日,上午在家收拾房間。午間同季芳、小江到碧書家中(今日爲春書六十歲生日),見建功、何犖及碧書家人。五點始歸。

二十六日,續讀《家庭、私有制和國家之起源》。

二十七日,上午中華書局□同志②來談。看第六期《世界知識》。後仲良來談。

二十八日,翻閱《尚書·商書》《周書》各篇及近人注。

二十九日,仍翻閱《尚書》及注。

三十日,仍翻閱《尚書》及注。

三十一日,上午到豐盛胡同中直禮堂聽傳達廣州科學技術會議的録音報告。下午開會坐談這個報告。昨日把鑰匙丢失,非常

---

①編者注:原於"同志"前空闕一字。
②編者注:原於"同志"前空闕一字。

不快。

四 月

一日,夜間及早晨微雨,午後並霏一點雪。後停。三四點鐘出步行到阜成門外無軌電車一廠,看是否能把遺失的鑰匙找回,終不可得。歸途中往訪童禧文,他已去世三年餘,不勝悵然。

二日,開始寫《我國在殷周之際所發現的樸素民本主義》。工間操後,夢家來談。

三日,下午配鑰工人來配鑰。看第七期《紅旗》中文數篇。

四日,前數日右手食指第一節面有小傷損,又因不慎,遂致會膿,頗劇;今日上午又要開會(自八點半起),傳達周總理在人代大會的發言,初意暫緩食指的治療,但看膿包漫延的很快,又不敢再遲延,想着在八點以前到隆福醫院掛號,趁人少的時候就診和療治或不致耽誤太多的時間。七點三刻,到往掛號,却是自九點至十點的號,據説有人在七點附近已經先到。歸結治療畢回所,已十一點,遂未往聽。上午據説是念文件,但還未念完,下午兩點半繼續念。可是下午午睡醒後看錶,則兩點半已過,急起往聽,仍聽到一部分。聽完後開小組會,坐談所聽報告。

五日,上午到近代史所會議室聽傳達周總理及陳毅副總理在廣州會議對於知識分子的發言(限於黨員聽)。下午繼續寫《民本主義》文。

六日,上午九點到醫院換藥。下午繼續寫《民本主義》文。

七日,上午本定八點半鐘開會討論周總理在人大的報告,可是我竟忘却！直到將工間休息才想起來！工間操後分組仍討論此報告。下午黨内開會談廣州會議報告並念關於招待内外賓時應行節約的文件。接《文物》編輯部送來許順湛所著的《夏代文化探索》稿，請審查。

八日，上午在家拆爐子，收拾屋子。下午領小江到動物園一游。時微雨，遂歸，然不久又呆呆出日。

九日，續寫《民本主義》文。看完七期《紅旗》文。

十日，續寫《民本主義》文。

十一日，看溥儀所寫《我的前半生》的前半部。

十二日，昨夜及今日風均達五六級。看完《我的前半生》的前半部。看第七期《世界知識》文數篇。

十三日，把《世界知識》文看完。查金文及《尚書·周書》中的“民”字。接劉子静信一封。

十四日，上午開會念周總理在人大報告中關於國内形勢的部分。工間操後所念的部分，由於在四日午後已經聽過，因退出看報。下午到歷史所禮堂聽傳達毛主席及林總在廣州會議時的報告。

十五日，今日由所中組織同人到香山春游，可帶眷屬。季芳本擬同去，但因昨晚十週又有點發熱，今晨仍未全退，遂不能往。僅領小江去。今日天氣很好，無大風，也不過熱。因小江身體較弱，未敢讓她去的過多，所以未能登最高處的鬼見愁。

十六日，今日風頗大。下午與子衡談。接到師大送來《北京師範大學簡史》初稿，請提意見，因翻閱一半。

十七日，續寫《民本主義》文，僅一段。把《師大簡史》翻閲完。

十八日,續寫《民本主義》文。

十九日,續寫《民本主義》文。

二十日,續寫《民本主義》文。下午黨内開會談如何作好學習問題;工間操後開大會,談本市幹部憑證購貨辦法及……①接周振華信一封,即時復他。科學出版社送來《中國古史的傳說時代》的加印樣本,囑再校對。接中華書局送來今年第二號的《古書整理出版情況簡報》。

二十一日,上午學習時作銘略談人大開會情形。仲舒來訪,在學習會中略談一會。餘時談培養幹部問題。下午看《紅岩》。不到五點即提前回家。這幾天由於十週出麻疹,並患痢疾,病情頗重,心甚懸念,夜裏睡覺也較少。晚續看《紅岩》。

二十二日,上午領小江到紫竹園公園一游。餘時續看《紅岩》。十週病大好轉。桂愉自杭州回。下午到新街口買一冷藏壺。

二十三日,續看《紅岩》,完。十週復發燒,往兒童醫院就診。恐怕他轉成肺炎,兒童醫院已無床位,無法住院,須轉到空軍醫院,又恐怕天晚,無法找汽車,遂於九點許又到所,所中車滾珠壞,不能用,乃商定,如有需要,即用近代史所車。

二十四日,半夜後桂愉夫妻抱十週歸,説已查明,非肺炎,可在家將養。後始睡。上午到圖書室,翻閲其新購書及工具書。下午續爲《民本主義》文搜集材料。

---

①編者注:原於"及"後空闕數字。

二十五日，續寫《民本主義》文。

二十六日，看第八期的《世界知識》完畢。看恩格斯的《自然辯證法》的《導言》，未完。

二十七日，上午把《自然辯證法》的《導言》看完。下午看第二期《歷史研究》文數篇。

二十八日，今日黨團活動改爲上午，學習（集體）改爲下午。所談的差不多，全是周總理報告中所提出的問題。

二十九日，今日仍上班，以便五一節後二日可補假一天。略略校閱《中國古史的傳說時代》後二篇是否有訛誤。

三十日，仍校閱《傳說時代》的誤字。

五　月

一日，上午未注意今日爲慶賀國際勞動節的游園是上午爲團體的下午才是群衆的報道而領着小江到北海，不能進才轉到什剎前海小游，即歸。晚晌有參加天安門晚會的票，但因天氣濃陰，非常猶疑，歸結把票讓給秉琦。

二日，夜雨，上午至十點前後，雨才漸止。下午晴。同季芳、小江、汪文杰游頤和園。

三日，看第二期《歷史研究》文兩篇。

四日，續寫《民本主義》文。

五日，今天上午八點在歷史所禮堂傳達周總理、陳副總理在人大的發言（非政府的工作報告）及他們在廣州會議的發言。此外師範大學今日慶祝六十周年校慶，也有請柬請我參加，時間上有衝突。我本意要聽傳達報告，師大方面已令晞奕向校方道歉。可是我又把歷史所禮堂誤看爲近代史所禮堂（並錯誤地向秉琦傳達）！到時間後，才知道錯誤，往歷史所又嫌過晚，遂放棄聽報告，往師大參加會（因爲師大會是九點開始）。中午回家。下午未再上班，僅在家翻閱梅蘭芳的《舞台生活的四十年》。

六日，上午獨往太平湖公園一游。今日樹木雖已栽上，可是成長也還須三兩年。下午未出，仍翻閱《舞台生活》。

七日，把《民本主義》文寫完。《歷史研究》編輯部送來許宏傑、李明軒二文，全是對我的《井田新解》文提出疑義，請我審查。我大致看一遍，認爲有討論的價值，但對我的原意還不致於有致命傷。可是我審查却不合適：因爲審查是應該高一級的人來作，我自認我還不應該自命爲高一級。

八日，下午到文化部聽唐立庵對於中國奴隷制與封建制分期問題的報告。他主張分期應在周平、桓之際，周屬王想復興奴隷制，結果更促進此制的崩潰。他所用的材料，文獻部分我還記得，甲骨金文部分我有些不記得，所以對於他的主張，還不能作判斷。他所舉的材料，有不少爲我從前所忽視，聽過，使我得益不少。

九日，繼續校閱《傳説時代》書中的訛誤。

十日，繼續校閱《傳説時代》書中的訛誤。接河南人民委員會信一封，通知二屆人代第三次會議定於本月十八日召開，代表於十七日報到。

十一日，把《傳説時代》訛誤大致校閱畢，交給徐寶善寄出。下午聽閻文儒作關於新疆南北路考古調查的報告，主要是關於南路石窟的報告。分爲銀山東西兩部分：西部報告的拜城、庫車兩處四石窟群,東爲吐魯番、鄯善三四石窟群。西部受中國影響很深,但有西方影響及地方特色。東部幾全屬中國作風,可以破帝國主義歪曲的結論。

十二日,上午集體學習,談上禮拜六所聽報告,我當時未聽,因大家談知道大略。下午到歷史所禮堂聽張副院長關於人大會議報告的録音。

十三日,上午領小江到糜岐家,少坐,小牛、小波也跟着我們同到玉淵潭公園一游。下午往洗澡,並理髮。翻閱吳昌齡的雜劇《西游記》。劉子静的姪來家相訪,交來他伯父信一封,因我洗澡,未遇,留一字而去。

十四日,看第九期的《世界知識》文數篇。翻閱我國和印度《政府官員關於邊界問題的報告》。河南人民委員會來電説擬定的開會決定推遲。

十五日,繼續看中印兩國《關於邊界問題的報告》。

十六日,覺得《歷史研究》編輯部所交來許、李二君文,快到時間,應該把審閱意見寫出交回,找原信一看,却是希望昨日即交回!遂匆忙寫出,交近代史所傳達室轉交。下午到懷仁堂聽李富春、李先念兩同志關於我國工農業現階段措施的録音報告。聽不全懂。

十七日,繼續看中印《關於邊界問題的報告》。下午四點左右,雷聲殷殷,恐怕有大雨,提前回家,然終不雨。

十八日,看第十期《紅旗》中文數篇。下午丘挺同志來談。接學部通知,明日開學習會,討論《哲學社會科學研究所試行工作條例》(稿本),遂大致看一遍。

十九日,上午到南河沿政協文化俱樂部開會談哲學社會科學研究所試行工作條例。下午到民族文化宮聽導生、友漁兩同志對於學部上次領導反右傾同志的檢查。

二十日，上午領小江到景山公園一游。今日無風，氣候已轉熱。

二十一日，繼續看中印兩國《關於邊界問題的報告》。下班前到東安市場買紙本、烟嘴。

二十二日，上午工間操前開小會坐談學部工作檢查問題。對哲學社會科學研究所試行工作條例提意見。看完第十期《紅旗》中文章。

二十三日，夜雨。翻閱第五期《考古》；翻閱《新中國的考古收穫》。

二十四日，看《新中國的考古收穫》。

二十五日，看《新中國的考古收穫》。下午到歷史所禮堂聽傳達周總理在黨中央擴大會議的發言。

二十六日，上午學習，仍談學部工作的檢查問題。下午黨內開會，念一黨內文件，談學部檢查問題及生產基地管理問題。

二十七日，夜雨，晨晴。五點後即起。出城西北隅豁子，繞到西直門，又西行到展覽館門口，始歸。温度低，內套袷襖及棉背①心，仍覺寒。早餐後，全家到紫竹院公園，划船，在活魚食堂午餐。畢，遂歸。

二十八日，復劉子静信一封。看許順湛所寫的《夏代文化探索》。

二十九日，作銘來說明日上午九點舉行學位條例起草小組第

①編者注："背"，原誤作"臂"。

二次會議,他應往開會,但同時在中宣部有其他會議,不能赴小組會,請我代往。因翻閱有關學位條例起草各文件。

三十日,上午到國家科委開學位條例起草小組會,討論學位應分一級或二級問題。發言人大約贊成二級,但主席周培源同志偏重一級。下午三點前後到所,看報而已。

三十一日,對許順湛寫的《夏代文化探索》提審查意見,送還《文物》月刊社。看經書中關於堯、舜、禹的史料。

六 月

一日,續看經書中關於堯、舜、禹的史料。

二日,上午到南河沿政協文化俱樂部開學部學習會,聽傳達陳毅副總理在全國話劇歌劇創作坐談會上的報告。下午回所,看報後,六點即提前回家。

三日,上午領小江、十週游景山公園。接小斧信一封。

四日,仍看先秦書中關於堯、舜、禹的史料。

五日,到歷史所禮堂聽傳達中共中央財經小組關於本年調整經濟的報告。

六日,翻閱《十駕齋養新錄》。接許順湛信一封。

七日,上午九點應開會聽傳達周揚同志的報告,但我又忘掉,僅在室中看報。下午看考研究生的卷子,未完。

八日,翻閱《學術資料》(5、6、7、8)及《外國學術資料》(1)。

九日,上午學習小組開會,談陳毅副總理的報告。下午黨內開會,談中共中央財經小組的報告。接到陝西考古所禚振西信一封。

十日，上午到新街口新華書店買得《宛署雜記》一本，略加翻閱。

十一日，開始寫《堯、舜、禹》。接劉子静信一封，錢臨照的夫人赴文一封。

十二日，看招考研究生的考試卷子，未完。天氣悶熱。

十三日，昨夜雨頗不少。將明時始住；亦即晴。上午到中直俱樂部，聽導生同志關於國家經濟困難及需要壓縮城市人口、精簡員工的報告。下午到所看報及看第十一期的《世界知識》文數篇。把考試卷子看完。

十四日，把考試卷子的審查意見寫出，交回。續寫《堯、舜、禹》。伯符來談。收到劉子静寄來《華夏與戎狄蠻夷》的稿件。

十五日，上午與作銘、尚謙、李筠、王世民商議建議録取研究生事。十一點到學部聽導生傳達蔣匪幫擬進攻大陸事。下午翻閱第六、七卷的《古史辨》。復禚振西信一封。

十六日，上午到南河沿政協文化俱樂部開學部學習會，先談蔣匪幫要反攻大陸事，後談各所業務方面的困難。下午研究小組開會，談國家經濟困難方面的各問題。

十七日，上午到中關村唁慰錢臨照，出時把腰間所帶鑰匙遺在坐上，致他於下午使他的姪子特意送來。下午看第□①期《中國青年》文數篇。

十八日，看第3期《歷史研究》中文數篇，也翻閱第6期《考古》。

---

①編者注：原於"第"後空闕一字。

十九日，下午看近鄰美術館所開的近二十年的藝術展覽。看了三點鐘，頗累。

二十日，看《歷史研究》文，又看西諦於 1936 年所發表的《中國兒童讀物的分析》。

二十一日，看《歷史研究》文。

二十二日，看《歷史研究》文。因天陰恐落雨，四點半即提早回家。

二十三日，上午研究小組開會談蔣匪幫擬侵犯大陸事，下午黨小組開會，仍談此事，並讀幾個文件。接丘挺信一封。

二十四日，陰雨，未出門，在家整理書架及為小江講故事而已。

二十五日，翻閱今年 3 月 20 日出版的《史學資料》。今晨霧，並有小雨，故到所遲至九點一刻許。

二十六日，到所時已八點廿分。下午同澤敏同志談，翻閱第4、5、6 號的《古籍整理出版情況簡報》（今日接到）。文奎堂舊張（？）店夥來談。

二十七日，檢查關於夏文化的資料並草擬報告稿。

二十八日，仍檢查關於夏文化的資料。看二里頭春季工作簡報。看關於學位的三種文件。

二十九日，看第十二期的《世界知識》及《中國古代社會與古代思想研究》。接院圖書館送來《對院內高級研究人員借書優待辦法》一份。

三十日，上午在南河沿政協俱樂部開學部學習會談政府對知識分子的政策問題。下午黨內小組開會，談高心漢、薛玉堯二同志的轉正及其他問題。

七 月

一日，上午訪廣相，不遇，遇亞梅，則業已老人。訪聖章，談。下午本意想出理髮，但因天氣過熱，遂止。

二日，繼續寫《堯、舜、禹》。

三日，爲《堯、舜、禹》找材料。

四日，看十三期《紅旗》中文數篇。讀恩格斯的《英國狀況·英國憲法》。

五日，看《中國哲學史資料選輯（清代之部）》。

六日，看《中國哲學史資料選輯（清代之部）》。讀《尚書引義》。

七日，上午研究小組開會，討論將來學習應如何進行事宜。下午黨中開會，念數關①於整理會計工作的文件，並討論。散會後，再翻閱《中國哲學史資料選輯（清代）》。五日下午由鄭州來一長途電話，說河南人代會定於本月十三日開會，但直到今日上午十點，還未收到開會的正式信函或電報，乃寫信往問，請他們來電告知。

八日，早晨雨，後漸止，出理髮。

九日，因還未接河南來電，拿不準主意是否應該買車票，與黨領導商量，決定買十一日晚票。後與黃石林談。

十日，與黃石林談他所寫關於船山史論的文章。周國亭來。

---

①編者注："關"，原誤作"開"。

十一日，上午仍到所，整理書厨。到王府井大街新華書店，買我的《傳説時代》一本，備送文青。到兒童商店，買跳繩一根；到市場，買黑摺扇一把。後即從所回家。下午午睡起，收拾衣物。七點一刻，往車站，因小週未上過火車，晞奕遂抱他，同小江、汪嫂來送。八點二十分開車。

十二日，早晨八點半許，到鄭州，住在中州旅□①。此地比北京熱。賀升平老同志來談。請工作人員把黨關係轉過去。下午與靳鍾雲談，寫題案稿。

十三日，上午八點到人民會堂開黨員會。嵇文甫來談。十點到黃委禮堂開預備會議。下午午睡後，把提案稿與邃青商酌，他同室有輝縣趙代表，也同商酌。宋紹良同志同一同志（他介紹姓，我竟忘掉！張?）來，此同志大約爲唐河縣長，相當長談。

十四日，上午大會開幕，省委第一書記劉建勳致開幕詞，不够切實。下午四點開會，嵇文甫傳達周總理在二屆全國人代第□②次大會政治報告。晚李俊甫同一同志（熟人，但我又忘姓名！李平一。）來談。下午李准同志來談。把提案稿交出去。

十五日，上午繼續傳達周總理報告。下午楊震華來談。四點小組開會討論。晚永之同他的愛人兩小孩來看我。

十六日，早晨與同人一起往河南醫院看邃青病。上午小組繼續討論。下午羅繩武同張雲三（名字是否此二字，疑）來談。張是舊中法學生，也上過我的課，我已經記不得。四點開大會，吳芝圃省長作政治報告。我爲值日主席團中的一人。晚有河南劇晚

①編者注：原於"旅"後空闕一字。
②編者注：原於"第"後空闕約一字。

會，我因怕畢場過晚，未往。旅館五樓上有電影，上去看一會兒，片子演伊犁河附近開闢草原爲農牧場事，很好，但蚊子很多，未終即下。

十七日，上午小組討論，但我們約六十人被約到統戰部會議室討論舉省長（因吳芝圃已調到中南局工作）及省人委委員人選事。下午四點開主席團會，仍討論舉省長及省人委委員一切事宜。散會後仍到小組參加討論。晚謝瑞階來談。接趙全叚信一封，內附陳情書數張，尚未看。

十八日，上下午均參加小組討論。午後看全叚的陳情書，似乎他對於認識錯誤方面還不够。

十九日，上下午均參加小組討論。這三天的小組討論，大家似乎全習慣於作長篇大套地、相當形式主義地討論，而不習慣於短小精悍地、肺腑盡吐地發言。我們盡力向後一傾向方面引，可是成就不大，距離理想還遠。

二十日，今日休息。申荆吳來談。下午四點開主席團會。晚飯後，吳芝圃同志來談，李俊甫同來。

二十一日，上下午開大會，各代表發言。晚在河南劇院看豫曲劇，我們三四人只看一半，即回。看兩出：一爲《觀文》，二爲《掛門牌》。後聞後一出屬二架絃劇，我聽到此劇種還是第一次。

二十二日，上午開大會報告審查資格及各提案結果。後何偉同志發言，很長，但很得要領，不嫌過長。下午大會選舉省長一人及省人委會委員三人。新選省長文敏生致閉幕詞。

二十三日，早飯後，即往車站上車往洛陽。九點開車。十一點三十五分到洛陽東站即下車。雇一三輪到工作站。到站後，才知道趙芝荃及其他同志曾往金谷園車站接，因爲我過早下車，所以未遇。

二十四日，本意今日往二里頭，因爲芝荃同志擬用汽車前往，可以省時間，但路途是否好走，需要先問清楚，所以今日還未能往。並勸今日先游龍門，看新建的龍門大橋，遂用汽車往。同往者爲殷瑋章同志及北大的鄒恒、李宗諤兩同志。先重游西崖各佛洞，後觀大橋，橋係照趙州橋原則修建，完全用石券，無鐵筋、洋灰等近代物，而規模遠超過趙州橋；趙橋僅一孔，此橋却有三孔；東西兩小孔，每孔長已經超過趙橋，中間大孔，大約超過及半。趙橋經隋唐至今日，已千三百餘年而堅固猶昔，如此橋壽命也能比上趙橋，那在世界造橋史上也應占一重要位置。橋初建成通車，上邊欄杆還未修。鄒、李二同志因未曾到過東崖參謁香山墓，遂往，我與殷同志未往。返站，才剛過午。

二十五日，同芝荃、瑋章兩同志及鄒恒同志坐火車往看稍柴遺址。從迴郭鎮站下車，幾盡沿鐵路向東走約十里許至稍柴。到小學校小休息。村房舍很整齊。校生兼兩村，有五百餘名，大約男女及齡兒童均已入校。禾苗也很好。看這樣情形，雖離掀掉一窮二白兩坐大山還遠，但比舊日蕭條的農村，已經好的多了。即出看遺址數處，主要的是河南考古隊所開舊坑。他們對於此坑並未作完，即停下。所出器物，據殷同志談，與二里頭者相似，兼有殷、周的陶片，但無龍山時期的。據傳說，斟鄩故地，不惟夏桀曾居，太康、后羿也曾居住，似此早期，無龍山時代的陶片，似難想象。殷同志前報告説，有早期夯土，芝荃同志觀察説，據所出現的現象來看，還沒有早期痕跡，那屬早期或晚期，還很有問題。回時由黑石關上車,路較近。聽説四點餘有車,到站問,答此次車早已停開,至六點餘才上車,到工作站,已屬黄昏。

廿六日,今日用卡車往二里頭,同往的有芝荃、瑋章及傅、戴二同志,並□①同志的幼弟二人。村中有我們站所借用的房數間。小休息即往工地。上半年所挖的坑,已填實並已耘植。但此部分禾苗不好,小坑間的留梁上面却與别處同樣好。芝荃説下面土鬆,所以苗長不好,我覺得發掘把土層翻亂,生土翻到上面,或也有些關係。芝荃説第四季再發掘,農民雖得補償,恐不歡迎,交涉要增加困難。我説:這應該與所領導商酌,增加補償數額。此前鑽探,較重夯土範圍,我覺得此後鑽探應擴充範圍,對於灰土和陶片散布範圍,也應探知。回村午飯後,小息即歸。公路間有水坑,去時尚未陷入,回時陷入兩次,大家下推並除泥,才能前進。晚到劇園觀演《日出》。

廿七日,上午同芝荃進舊城,買點水果。下午上車回北京,芝荃、瑋章及吕友荃三同志送到車站。在洛陽,除外出外,翻閲近十餘日的《人民》《光明》報,又有兩日的《參考消息》。

二十八日午後約半點,到北京。

二十九日,本擬到所,後始知今日爲星期,遂止。同季芳、小波、小江往游中山公園,桂惀及十週則先到公園等候我們。中午到民族飯店餐廳午餐。上午錢良玉、平凱姊妹來求爲其母題墓碑,未遇,留字而去。

三十日,上午到所,與作銘、子衡談,也遇到王天木。十一點

---

①編者注:原於"並"後空闕一字。

後即歸。下午五點許大雨,但良玉姊妹於晚飯時冒雨來。

三十一日,上午領小波、小江、十週往游動物園,李友恒同往,招呼十週。晚給小波、小江談故事。

八　月

一日,上午到所,見澤敏、照勳諸同志。仍十點後即歸。下午存鈞來,他從山東歸,將回家務農。晚看電視放演話劇《井岡山》。餘時翻閱《狼牙山五壯士》。

二日,看前數日及今日報紙。補作前七八日的日記。看《中共中央文件》四件及3391期的《內部參考》及3392期的一部分。晚飯後出到西直門外,走到展覽館門前,始返。沿途大人小孩,絡繹擁擠,可稱大觀!雖因天熱人皆在外乘涼,但也可見我國人口問題仍還是待解決的一個問題。回家後給小江講一段《森林報》,才預備就寢。

三日,上午到所,接到《新建設》社送來楊□□①所寫的關於共工傳説的文章,請代審查。約略看過。又看《中國學術》所載吳澤教授關於女媧傳説的文章。他看過我的書,對於我的主張大致同意,又添了些對於問題的説法。內中有一部分我可以承認,另外一部分還很有問題。如他拿冰川的變化講解女媧補天的傳説,實在冰川變化在數十萬年或百萬年以前,百萬年前人類是否已誕生還成問題……②傳到近古的可能性。吳氏把女媧看作是

———————

① 編者注:原於"楊"後空闕約二字。
② 編者注:原稿此處有一行餘字不清,無法識別。

從原始群到氏族社會時的女系首長，大致不誤。如此，那她最大也不能超過一兩萬年，那怎麼能與冰川變化發生關係呢？此外他引《竹書紀年》關於伏羲的傳説，仍沿呂振羽教授的粗心錯誤，也不應該。囑黄石林找出《竹書統箋》參考，作文糾正。到外文書店，取回第 27 册的俄文《馬恩全集》。下午看報而已。

四日，上午除看報外，爲錢夫人題墓碑字。下午看完《内部參考》的 3392 及 3393 期。

五日，上午給錢良玉打電話，請她①來拿其母墓碑，她不久即來取去。後一張同志來，他是錢平凱的同事，平凱托他把前日所借用的雨傘和衣服送來。介眉夫婦來談。下午章瑞珍再來，同往室外校場小六條訪李象宸同志。他今年已七十九歲，精力均好，殊爲可喜。

六日，上午到所。雲甫和式薰托我約天木爲式薰退休事與作銘談。作銘允許考慮。寫楊□□②所寫關於共工傳説文章的審閲意見，送還《新建設》社。石林把糾正呂振羽錯引《竹書紀年》文字的文字寫出。因爲徐文靖引《外紀》，借來《通鑑外紀》檢查，也並無此文。疑其錯引《路史》，檢《路史》，也無此文，對於後幾項，五色分配五方官職的説法並曾駁斥，並斥杜君卿的誤信。因此又借《通典》檢查，始知徐文靖又誤以《通典》爲《外紀》。下午看報而已。

七日，上午曲令鐸的兒子曲信先來談。他曾上科技大學二年半，學習生物課，但據他説，他對於科技並未發生興趣，他所喜歡

---

① 編者注："她"，原誤作"他"。
② 編者注：原於"楊"後空闕約二字。

的是文學，並已寫有關於義和團的劇本。他因病休學二年，現即復學，因爲本年未招生，也没有相當班次，所以想設法轉學，並想轉入文科。我對他説：這很不容易，無多大希望。下午開始給小江念和講《把一切獻給黨》中的一章。

八日，上午到所。金學山來談。前日匆匆認爲徐文靖誤以《通典》爲《外紀》，今天細看，才知道是《通志》，非《通典》。再進檢，又知道鄭樵所説本於《古三墳》，而《古三墳》本北宋人僞書，不足信。至此吕氏錯誤來源完全弄清楚，心甚痛快（痛快過甚，實在由於識量太淺）。下午仍繼續給小江念和講《把一切獻給黨》的一章，此後每日不停念，即不記。

九日，上午有爲兒童所放的電視。

十日，上午到所。看黄石林所寫糾正吕振羽所錯誤引的文章。下午五點全家游北海公園，在大衆食堂吃飯，後雇兩船，泛舟一小時半，有月光，但時有雲遮。

十一日，因昨日未給小江念《把一切獻給黨》，今日上下午各給她念講一章。

十二日，（因自九日後的日記爲十三日補寫，遂錯記一天！實則，十日下午僅看報及翻閱今年第一期《考古學報》中楊建芳所寫的《略論仰韶文化和馬家窰的分期》。此後所記十、十一兩日事，實爲十一、十二兩日事。）

十三日，上午到所。下午看3354、3355及3356一部分的《内部參考》。

十四日，昨晚天氣悶熱，可與河南的暑夜相比。給師大六十周年紀念籌委會信一封。上午看報。下午把3356的一部分及

3357—8—9 的《内部参考》看完。

十五日,上午到所。劉漢同志來訪,他係劉子静之姪,他伯父讓他來問我對他寄來的稿件是否已經看過及作序,答以尚未,允許他一月内必將完成看稿及作序。劉在師大工作,據他説,他自抗戰初期即參加革命工作。下午僅看報。又帶回《内部参考》七本。

十六日,看 3400—1—2 及 3403 的一部分的《内部参考》。

十七日,上午到所。下午看報。近三天未給小江念、講《把一切獻給黨》,今天繼續講、念。下午小斧回東北。

十八日,僅看看報。

十九日,上午帶小江、小週游紫竹院公園,汪文昭同去,招拂小週。

二十日,上午到所。下午看報。晚同季芳往展覽館劇院看演話劇《武則天》。但因恐散場後趕不上末次汽、電車,未散場即歸。

二十一日,上下午把 3403 號一部分及 3404—5—6 的《内部》看完。

二十二日,上午到所。下午看報而已。上午到外文書店,取回 26 册的俄文《馬恩全集》。

二十三日,上午同季芳到中關村訪建功,爲曲信先打聽是否能轉學事。又同碧書到北京大學,見馮太太,把申荆吳所托帶給他們的像片給她,並把荆吳所托轉達的希望告訴她。芝生今暑假到海拉爾休假,現在在長春講學。

二十四日,上午到所。下午看報而已。

二十五日，上午理髮。

二十六日，下午領桂愉父子、小江到紫竹院公園一游，天氣已涼爽。

二十七日，上午到所，作銘來談對於雲甫所寫《再談逍遥園等問題》的意見，並命我看後也提意見。下午給小江講、念完《把一切獻給黨》。

二十八日，上午同桂愉父子、小江同游頤和園。走到蘇州河的一部分，這一部分我從前没有走到過。

二十九日，上午到所。中午到韓里新搬的家。接方酉生信一封。下午看雲甫的《再談逍遥園等問題》。

三十日①

卅一日，上午到所。下午看報及 16 號的《世界知識》。

九　月

一日，開始照例上班。再看劉子静的《中國古代神話之研究》。

二日，上午出到新街口路北新華書店，購得《革命生涯》一本、《戰鬥在南泥灣》一本、《1960 年的短篇小説欣賞》一本、《毛主席在重慶》一本、《千里躍進逐鹿中原》一本、《蔣家王朝的覆滅》一本、《佧瓦人》一本、《偉大的戰略决戰》一本、第 16 册的《紅旗飄飄》、第 6 册的《星火燎原》。又到路南舊書部購得廉價的《中國農村的社會主義高潮》三本。此書從前買過，後送給瑾軒。

---

①編者注：原稿此處未寫完。

再後總想再買，可總沒遇着，今日所得，仍屬新書，很高興。下午看 1960 年的兩篇短篇小說，又看《戰鬥在南泥灣》數篇。

三日，下午把《中國古代神話之研究》看完。也看《仵瓦人》中的小說數篇。

四日，接到中華書局送來《"知識叢書"選題計劃（草稿）》一本，沈起煒寫的《文天祥》一本。下午即看《文天祥》，完。寫的各方面全顧到，文筆通俗，殊不容易。翻閱劉子静的《華夏與戎狄蠻夷》。

五日，下午把《華夏與戎狄蠻夷》翻閱完。提早半小時回家。

六日，上午到公安部禮堂聽傳達陳毅同志關於國際形勢報告。下午除看報外看 17 期的《紅旗》中文數篇。

七日，邵望平想翻一篇載在《蘇維埃的考古學》中的文章，腳注中有法文若干段，請代翻譯，遂令黃石林寫，我口譯，譯出。下午看報。後仲良來談。

八日，學部所召開的坐談會，今日上午九點在絨綫胡同四川飯店開暑假後第一次會。本所仲良、子衡也參加。下午午睡後，僅看報。昨夜睡的不好。晚王維庭來寓，說即將到天津的河北大學教書，特來辭行。

九日，上午領晞奕母子、小江到紫竹院公園一游。下午何舉同他的弟弟□□①、妹妹何麒同來。□□考入②石油學院，何麒考入師範大學。

十日，接到中華書局贈送《中華文史論叢》第一集，翻閱

①編者注：原於"弟"後空闕約二字。
②編者注：原於"考入"前空闕約二字。

數篇。

十一日，把劉少奇同志的《論共産黨員的修養》的最近與49年本對照一下，覺得在文字方面的改正，比49年本更簡潔、更清楚、更有力。增加的只有一段。在49年本中所有並舉"人生觀、世界觀"處，全把"人生觀"去掉，僅餘"世界觀"，這一點我現在還不明白他去掉的原因。

十二日，下午在學部有一報告會，自由參加，我本意要去，但以後由於關係着看檔案，可是我近來工作叢集，實在沒有工夫去看，遂也沒去聽報告。看自3407至3410的《内部參考》。

十三日，林澤敏同志來談，才知道昨天應看的檔案，相當重要，下午三點還需要討論，才後悔昨天未去。下午三點中心小組，開會討論明日上午當往學部補看文件。看3411至3414號的《内部參考》及408號035及419號036的《中共中央文件》。

十四日，上午到學部看關於修正主義的檔案，並將上星期六因忘帶糧票而借的糧票還黨委會的張同志。下午看報後，想看黃石林關於船山歷史哲學的文章，而仲良來，遂談至下班時。

十五日，上午集體坐談我打落U-2飛機事。工間操後，即歸室看報。下午翻閱《山海經》，查蒙文通所主張經爲巴蜀文化産物説是否有理，歸結是覺得他説的太牽强。

十六日，上午微雨，下午晴。獨往紫竹院公園一游。雨後氣清，西山層次分明。看《毛澤東同志的初期革命活動》，拿他當日的見解同我當日的見解相比，覺得我歲數比他大五歲，當日也還覺得自己很不錯，可是我當日的見解比他差的不可以道里計！真令人羞愧汗下。

十七日，仍看《毛澤東同志的初期革命活動》。

十八日，上午邱遲來談。下午再看《毛澤東同志的初期革命活動》的幾段，又看《中國共產黨簡要歷史》中從 1922 至 27 年的經過。看第十八期《紅旗》中的兩篇。

十九日，看黃石林關於船山歷史哲學的文章，看後，同他談，晚飯鈴已響，遂中止。

二十日，繼續與石林談。看李亞農的《殷代社會生活》的跋語。他的意見有一部分與我相同，就是他也說周滅殷前，是氏族社會，是“小邦”，殷是“大邦”。可是他覺得周滅殷不能同日爾曼征服羅馬（他甚至不承認他們是征服！）相比，因爲後者輸入些較好的因素而前者不能，並且有相反的趨勢，比方說殷朝帚（王妃）還可以打仗，還有政治上的地位，而周朝婦女却完全不管外事。他這些主張與我大異。總之我所主張周人滅商後，除很少數統治人物外，絕大多數未脫離生產未知能成立否。如果我的主張能成立，才可以駁倒他的說（從基本上），否則難望。

二十一日，看李亞農《西周與東周》的幾節；看 3415 及 3416 號的《內部參考》，447 號 038 及 449 號 039 的《中共中央文件》。又看《中國科學院研究生暫行條例》及《中國科學院哲學社會科學關於研究人員招收和升職的暫行辦法草案》（僅看關於研究生部分以便明日開會發言）。

二十二日，全日陰，雨時下時止。上午到南河沿政協文化俱樂部開座談會討論 1962 年研究生培養工作。下午回所看報外，看第十八期《紅旗》中文章兩篇。

二十三日，上午領小江、小週到北海公園一游。

二十四日，與作銘同志談指導研究生問題。翻閱《中國上古史綱》《殷代社會生活》《中國的奴隸制與封建制》等書。

二十五日，找尋關於陶唐氏地域的材料。

二十六日，上午新招研究生劉一曼、劉金山、烏恩岳斯圖三人□①見，同他們談本年研究工作計劃的大略。下午仍找尋關於陶唐氏地域的材料，並看第十八期《世界知識》中文數篇。

二十七日，把《世界知識》中文看完。翻閱第九期《考古》。也□②找尋關於陶唐氏地域的材料。

二十八日，夜睡不好。上午開所務會議。下午填寫《研究人員業務情況調查登記表》。

二十九日，看《歷史將宣判我無罪》。

三十日，今日星期日，但規定仍上班，以便國慶節後可放假休息兩天。把《歷史將宣判我無罪》看完。

十　月

一日，上午到天安門前觀禮。昨天晚報公布 11 路電車可駛至景山東街，八點停開，可是今晨我七點左右到車站，而 11 路已停駛，只好坐 7 路，到地安門下車，步行到所。九點過後乘學部來汽車前往。汽車停在東華門內北約里許，後到車，在東華門內外，人即下車，可是我們未被通知，又多走里許。我在西二臺，離天安門臺很近。上幾次觀禮，所站臺均遠，當毛主席檢閱畢，到門臺兩

---

①編者注：原稿此字無法辨識。
②編者注：原稿此字無法辨識。

側,向觀禮群衆致意時,我因離的遠,認不清楚。此次我盡力向東、向上邊靠攏,以求離門臺更近。果然,各位首長來西側向觀衆致意時,我對毛主席、劉主席都認的很清,也隨大衆叫了幾聲萬歲,心中非常興奮。游行次序大約是工農商學兵(民兵,無正規軍),再次是文藝及體育大隊。觀禮畢,出穿中山公園及北海公園,到什剎海,才坐電車回家,時一點剛過。晚因覺累,未再往天安門參觀文娛樂節目;在家看電視內放映話劇《紅岩》。

二日,夜睡僅二時餘,因此終天覺累,未出門,僅洗刷屋子,給小江講故事而已。

三日,把四本《近代世界史教程》給秔岐寄去。由郵局出,到新華書店舊書部,買幾本兒童文學書。下午掀閱《少年鼓手的遭遇》。

四日,上班,下午與黃石林談。因我説話總是牽拉過多,不久,已快到五點。因爲今晚要到人民劇場看演話劇《井崗山》,遂提早回家。吃晚飯後,即往觀劇,散時,不到十一點。

五日,上午與作銘、莫□□①談指導研究生學習俄文事。後劉金山、劉一曼來談。下午看《内部參考》的第 3417—9 號,9 號未完。

六日,上午在南河沿政協文化俱樂部開學部招集的坐談會。由周新民傳達日内瓦會議的經過,劉斗奎傳達阿爾及利亞的現狀。傳達後有短時討論。下午黨小組開會,念兩個文件及坐談。

七日,上午同季芳、景發領小江、十週到北海公園一游。下午

---

①編者注:原於“莫”後空闕約二字。

看報及給小江講故事。

八日，把《內部參考》的 3419 號看完交回。仍搜關於《堯、舜、禹》的史料，翻閱《尚書大傳》（用王闓運補注本）。

九日，續寫《堯、舜、禹》。

十日，上午到北京醫院求診（近日睡眠不好），回所時已十一點三刻。下午看報外，續寫《堯、舜、禹》一小段。今日就診等待時，看第十九號的《紅旗》中文章，未全完。

十一日，上午到隆福醫院，打 B12 的第一針。待治療時把第十九號的《紅旗》看完。回所九點三刻。接到中譯《馬克思恩格斯全集》的第十二册，讀《英中衝突》《山地戰的今昔》兩篇，《鴉片貿易史》《英中條約》數篇。仍寫《堯、舜、禹》一段。

十二日，上午到醫院打針，回所時八點半。吳世昌來談。下午仍檢堯的材料。劉金山、劉一曼來談，有些問題，我不能立時答復，對他們說，考慮後再答復。與黃石林共研究一段英文。

十三日，上午仍往打針，回所時八點半。集體坐談中印關係等。下午黨小組開會，念文件並討論。

十四日，上午獨到西郊一游，見數里外均闢爲種菜地。

十五日，上午仍往打針。下午翻閱《二十二史考異》。

十六日，上午仍往打針，回所時九點少五分。下午到懷仁堂聽陸定一同志關於八屆十中全的録音報告（部分），六點五十分畢。

十七日，上午劉金山、劉一曼來談。下午翻閱《史記志疑》。今早仍往打針。回所時已九點二十五六分。

十八日，上午仍往打針，回所時九點過兩三分。劉金山、劉一曼來,給他們談作工作計劃時應注意事件。下午除把本日報看完後,工間操後由於今晚將爲韓里赴蘇聯留學餞行,提早回家。

十九日,上午仍往打針,回所時將九點。下午看第十九期的《世界知識》,完。接到王船山逝世二百七十周年學術討論會請柬一封,說於下月十五日在長沙舉行紀念學術討論會,請參加。

二十日,上午仍往打針,回所時約九點。劉漢來,把劉子靜的稿子交還他,囑他向他的伯父說明我不便爲他作序的原因。集體學習並討論《論共產黨員的修養》的前四節。下午黨小組開會,坐談陸定一同志的報告。

二十一日,上午領小江到景山公園一游,小週因他的托兒所阿姨患肝炎,有嫌疑,留在家內。下午有一杜增瑞同志(係前師大生物系學生,我作校長時,他已畢業,後留學德國,現任長春醫學院教授)同秉琦來談。今日報載印度悍然對我進攻。

二十二日,上午到醫院打最後的一針。

二十三日,上午兩研究生來談他們的研究計劃。下午想爲《第二批全國重點文物保護單位名單(草案)》提意見,但記憶多已模胡,尋找舊材料,因未把意見寫完。

二十四日,上午看第二十號的《紅旗》,還未完。下午因爲《文物保護單位名單》提意見,把還遺留的日記大約整理一下。《意見》寫畢。考慮研究生應讀的書目,未成熟。接劉子靜信一封。

二十五日,夜睡不好。上午仍斟酌研究生應讀書目,成初稿,將來或有修正。斟酌時,參考史學所所開書目,有些書注,我未看過,想找出一翻閱,在圖書室未能全找到,僅得劉寶楠《論語正義》、朱熹《楚辭集注》，略加翻閱。下午工間操後，因北大考古專業今年畢業的有十餘人來所工作，初次見面。曲信先來，請代借一本《奴隸起義》，遂爲代借，約一月後還。

二十六日，翻閱董增齡的《國語正義》、翟云①升的《覆校穆天子傳》、孫詒讓的《周書斠補》。下午黨中心小組開會，傳達周揚同志關於哲學社會科學學部工作的報告。

二十七日，上午集體學習，先談我國與印度的邊境衝突及美帝侵略古巴二事。後再閱讀《論共產黨員的修養》的第一章。下午黨小組開會，坐談譚震林②同志的報告。今日《人民日報》載《從中印邊境衝突再論③尼赫魯的哲學》，材料充實，分析力很強，説服力很高，爲一極好的論文。

二十八日，上午領小江到紫竹院公園一游。下午往洗澡，但因等待的時候過長，僅理髮而出。

二十九日，上午秉琦同北大的劉慧(?)達同志來談整理南北響堂材料事。下午翻閱第五期《歷史研究》内的文章。

三十日，上午看3423—4兩號的《内部參考》。前一號中載有阿爾巴尼亞《人民之聲》報的《對馬克思列寧主義的大叛變》一文的摘要(十月十三日)。這篇文章對於赫魯曉夫一幫人的聲討，實在是痛快淋漓。前些時我看見勃列日涅夫訪南斯拉夫時所發來的公報，覺得很不是味，但未能對問題細加分析，所以到美國對古巴發動侵略戰争，赫氏出來抗議的時候，對於他還抱有若干幻

---

①編者注："云"，原誤作"允"。

②編者注："林"，原誤作"麟"。

③編者注："論"，原稿此字爲空闕，據1962年10月27日《人民日報》補。

想,昨天閱報看見他已發出投降信件的時候,還不免非常氣忿,如
果早看《人民之聲》的文章,見到它所舉毫無疑問的證據,那就會
早明白他是馬克思列寧的叛徒,對他就絕不會存什麼幻想,投降
屬必然的結果,也自不必有氣忿了。下午翻閱《周易外傳》。又
看我從前所寫《王船山的道德進化論》,以便下月到長沙開會時
不致複述從前所已說過的話。

卅一日,看《歷史研究》內的文章。

十一月

一日,仍看《歷史研究》內的文章。下午四點許因天雨提早
回家。

二日,下午翻閱福斯特的《美洲政治史綱》。

三日,近一二日,常有風,氣溫降低。上午在南河沿政協文化
俱樂部開學部召集的各所中心小組坐談會。主要為中印邊境問
題及美帝侵略古巴問題。下午回所,仍翻閱《美洲政治史綱》。

四日,上午領小江到韓里家送行,他將於七日起身到蘇聯留
學。在彼處午飯後,回家。

五日,下午想找宋真宗遣使到占城求早稻種事年份,未找出,
僅得一有關事,為大中祥符五年江浙旱,從福建取占城早稻種頒
賜令種。今日溫度頗低,室內僅十一二度。湖南省哲學社會科學
學會聯合會信一封。

六日,上午查俄文大百科中人種學條,考人種學在歐洲發達
的歷史。下午仍查與王船山道德進化論有關的材料。詢問往長

沙購票事宜。

七日，仍查與船山道德進化論有關的材料。看 3426 號的《內部參考》。

八日，仍稍查與船山道德進化論有關的材料。晚到政協禮堂看婺劇，共演折子劇四出，我看三出，即歸。時月色很好，有風，很冷。

九日，仍查與船山道德進化論有關的材料。四點四十分提早回家。

十日，今日爲季芳生日，晞奕要中午請我們兩個到三里河路飯店吃涮羊肉，所以上午十一點鐘就回家，但因顯廷要來，遂未能往。顯廷同他的孫媳來，小談，又回所。開小組學習會，仍坐談古巴局勢。

十一日，領韓爭到契園觀菊（上午）。

十二日，上午十點過後，往車站，十一點十分開車。車上遇哲學所吳同志，也要到長沙開會，同室。同室的還有一位在湖南機床廠工作的張同志，後過石家莊，又上一位張同志，也是到長沙去的。又遇劉耀廷及朱芳圃二同志，在隔壁房間，也是往開船山紀念會的。途中快談，頗不寂寞。

十三日，天將明，車已到信陽。車過長江南，氣候覺暖，我穿的絲棉襖，過厚，頗不適。七點剛過，即到長沙。來接的人頗多，紛紛介紹，我記憶力壞，不能記憶，至以爲苦。據説，本議十五日開會，但因所請同志多到曲阜，開孔子學術討論會，時間冲突，已推遲到十八日開會。住湖南賓館七樓上，我所住有寢室，有會客室，有洗臉及洗澡，極堂皇富麗。蕭蓬父同志來談，他爲武漢大學教授,治魏晋哲學。

十四日,由黃華同志引導,同黃石林游烈士公園、歷史博物館,看到近代革命部分的豐富的材料。古代部分還無暇看。下午本意游岳麓山,黃華同志説,時已較晚(三點許),不如改期,遂與吳則虞同志、黃華、黃石林二同志往船山學社,擬觀關於船山手稿及抄本的展覽。但今日據説執事人往聽報告,展覽從六點才開,未能進觀。遂同到舊城中一游。晚詹劍峰同志來談,他也是在法國學習哲學。後有湖南師範學院三同志來訪,其一爲林增平,該校歷史系主任。餘二人,介紹過,但我未記住。

十五日,上午同吳則虞、黃華、黃石林用汽車往游岳麓山。山不高,離本地地面不過二三百公尺,但我們由於在麓①山寺喝茶,廢時久,又不願在外吃午飯,遂未至頂即歸。下午到博物館看古物部分(引導的爲易曼暉同志,石林隨往)。此地出土的(出土地多在洞庭湖濱)有石器與頗古的陶片,概指爲楚文化,似乎並不妥當。晚同吳則虞、莊印、黃華、黃石林往湘江劇院看演《燕子箋》的《鑽狗洞》,《邯鄲夢》的《雲陽法場》,《長生殿》的《驚變、埋玉》。散場時尚未十點。回家,飲水、出恭、洗濯後就寢時已十一點半。

十六日,因前日送來印出來的論文,這兩天僅看過不到四篇,故今日未出,擬多看一些,但因上午忙於看報,下午有一江漢學報的傅玉琳同志來訪,坐談頗久,晚耀廷來談,所以只看三篇半。内蕭萐父的《王夫之哲學思想初探》一文,對船山的全體著作大約

①編者注:"麓",原誤作"廬"。

全已讀過，所得頗深，所談均得要領，水平殊高。

十七日，看論文三篇。下午雷敢同志來談；熊子烈同志來談。晚飯後出到市內買桔子二斤。

十八日，上午看論文一篇，仍未完。黨委書記周禮同志、朱凡同志、方克同志（仍有一同志忘名）來談。後又有二同志來談，未知姓名。午飯後，與文甫談。寫家信一封。一點二十分往開會。除李達同志致開幕詞外，周禮、潘梓年、吕振羽、嵇文甫四同志講話。散會後，照像。與芝生小談。中共湖南省委員會、湖南省人民委員會聯合請到會人吃晚飯。晚陳克明同志（在哲學所工作）來談。

十九日，今日上下午均開小組會。共分三小組，我參加第二組，作哲學討論。上午我與芝生有相當劇烈的爭論。他大約説船山反對宋明道學，所討論的命題，仍爲朱熹所提出的命題；反對朱熹，在道器問題、理氣問題方面，很成功，在心與理關係方面却不成功。所以他一方面超過朱熹，另一方面不及他。我强調過去的惟物派學者多注重自然，忽視主觀能動性，惟心派學者，對於主觀能動性有貢獻，但多數重視動機，忽略效果方面的問題。船山的惟物主義相當澈底，而對於主觀能動性則又非常强調，他在十七世紀的早期能將其辯證世界觀與惟物主義結合起來，雖受時代的限制，未達馬恩的高度，但在當時實爲中西哲學家所未有。小組中也似有此高調、低調（這是芝生提出的名詞，以我們主張高估船山哲學者爲高調，他們比較不很高估者爲低調）看法的差異。我覺得芝生對於船山哲學不够深入，並且他主張新理學時的成見也未脱净，可是我對於史料尤其關於朱晦庵的史料没有他熟悉，很難説服低調同志。

二十日,上午仍開小組會討論,下午停開。下午與博物館、圖書館、師範學院等六團體(餘三團體經熊子烈同志介紹,我未聽清楚)的歷史工作人開坐談會。他們提出十三問題由我解答,有的是根本還無法解答,有的却是可解答而我不能解答。昨夜風達五六級,今日温度驟降。早晨室內十五度弱,窗外約九度。

二十一日,今日開大會。下午最後我發言,仍講船山道德進化論的幾點補充材料,談畢,又對上午談船山階級立場的同志所主張,提出一些意見。

二十二日,上午林增平及其他同志來,同出到湖南師範學院,我作一關於治傳説時代歷史與考古工作關係的報告。歸途到百貨大樓買一日記本。下午參加大會,後又參加討論如何出版船山著作的會。寫給桂璋信一封。晚往看湘劇。因不願晚睡,中場休息時即歸。

二十三日,全天開小組會,上午參加哲學組,下午參加史學組。

二十四日,今日開大會:上午嵇文甫、吳澤兩同志作報告,下午關鋒、姚薇元兩同志作報告。文甫報告使我很得益處。

二十五日,今日休息一日,與很多同志乘汽車往訪韶山冲。八點一刻許出發,路上走兩點多鐘。韶山冲四面環山,東南方最高,風景佳麗。訪毛主席舊居。下午在招待處留言簿上題詩一首:高山仰止來韶山,蒼松翠柏插雲間。甘霖蔚爲天下雨,沾濡衆生遍大千。又看□□□□①展覽。毛氏宗祠在旁邊,門閉,未能

---

①編者注:原於"看"後空闕約四字。

入。約兩點，即起身回長沙。晚范揚同志來談。

二十六日，今天開大會：上午楊榮國、譚戒甫、呂振羽作報告。呂報告未完。下午呂繼續報告，他的報告有總結報告的性質。後潘梓年同志作報告，有指示工作的性質。後李達同志致閉幕詞。晚與諸同志到紅旗劇院，看演《龍舟會》。所演對於船山原著略有改動，大致尚好，當再與原著一比。回寢時十一點已過。

二十七日，上午同芝生、石林等人到清水塘船山學社毛主席所嘗活動的地方參觀。後又陪同他們到博物館參觀。下午同石林到城內轉一大圈：想買一土産手杖，不可得，買蓮子二斤。晚開《龍舟會》坐談會。會前曾將原著翻閱一過。

十一月二十八日，上午八點三刻，同呂振羽、謝華、陳克明、黃華、黃石林諸同志乘汽車往衡陽。到時不及兩點。午飯後同出到岳坪公園，看園中所成立的船山紀念館，館新成立，有待改善與充實。出到湘江大橋上一望。望見東洲，洲爲此間勝地，上有船山書院。時大家疑惑是否應往游，呂同志說要取決於我，我因爲他的身體不好，不能主張往游，遂不往。歸途同二黃、陳克明往游石鼓書院舊址。舊址建在蒸水、湘水合流處一半島上，風景佳勝。書院據說爲南宋四大書院之一，抗戰期間爲日寇所毀，現只存斷垣殘壁，隙地開爲農田。半島左側有一朱陵洞，陳同志說內有宋人題詠刻石。往尋則洞已圮毀，壁上還可看出刻石字跡，但剝落無法串讀。此地由於風景及歷史價值，應恢復爲一文教勝地。晚飯後各同志全往看地方劇，我想早休息，因未往。

二十九日，早飯後，同乘車往訪船山故居。居在衡陽西偏北約九十里處。車到曲蘭公社，就不能再往前走，遂下車步行，約四五里,至湘西草堂,堂爲船山晚年所建讀書處,解放後已修理一新。堂外有一楓樹,據説船山常在其下游憩,其根部盤屈如馬,因名之曰楓馬,現仍繁茂。聽説石船山離此地還有七八里,山路很不好走,謝、吕諸同志都停在這裏,我隨同些年青的同志前進。約四五里,到敗葉廬,現在居住王家子孫。門前懸有"竹花菌"匾額。見一王鵬,自稱船山十二世孫,説他們族間幾乎全是貧農,只有一户地主,就是他家。他曾在某中學裏教課。以後聽人説他前幾年由於思想反動,被定爲右派,因此失業,在家種地。聽説觀生居舊址,也離此不遠,但現已開爲稻田,遂未往尋。出敗葉廬,迤邐入山。未幾,即到石船山,現已無洞穴可尋,僅存此如覆船的大石山包。有人提議:將來可請毛主席題石船山三字刻於石上以利游人。回公社吃午飯,時已將兩點。離公社一二里的歸途附近小山包上,船山墓所在,松柏尚茂,解放後已整理修潔。墓旁有王闓運題聯。王氏對於船山學術無所知,他的讚揚自不能中肯。瞻仰畢,即回衡陽,仍住於招待處。

三十日,早飯後,就首途北歸。過衡山,招待人在半山亭招待所預備午飯,遂以汽車上抵所,所中房子大半爲何鍵建築爲別墅者。午飯後,謝、吕二同志因明日在長沙有事,先回長沙;我同二黄、陳克明及所中鄉導上山。招待所在半山亭坡上,約二三里,故仍乘汽車下抵半山亭,下車,開始攀登。路頗寬整。還有工人在幾段開石,擬明年汽車可直達南天門。過郗侯書院,爲唐李長源故居。沿途有些廟宇,可休息,因急着上山,僅在一處休息片刻。沿途所種幼松因前幾日落雪,融結爲大冰塊,多被壓倒在地,間有折斷者。在此高處種松,仍須摸索經驗。有人説在深秋時當將枝的大部剪去，等它們長大後就可以不怕，話也説得有理，但也必須實驗後才可推行。時陽光很好，地上多泥，增加登山困難。過南天門、獅子岩，到上封寺。寺規模頗大，但抗戰時毀壞一部分，現正擬修復。寺内現有氣象站，工作人員多屬女性。看錶，時已四點二十分。此地離祝融峰極高處，不過里許，高也只剩三五十米，路也不太難走。但我原擬四點鐘不到頂峰，就要下山，因爲恐怕泥滑，路不好走。遂決定年青同志願上的就快上，不願的就先慢慢下。黄華、陳克明繼續上，餘均下山。歸途因日已被雲遮，山風不小，路又漸凍，比上時容易走。過南天門後，有數山谷風聚到一塊，幾將倒人，但也僅一小段，餘時都還好。到招待所時天已定黑。

十二月

一日，昨夜不能成眠，約至四五點鐘時睡着兩點多鐘，醒時太陽已出，起出到福嚴寺。寺建於南朝陳光大元年，規模弘大。有大逾數抱的公孫樹，相傳它曾受戒於慧思禪師（天台宗二祖，在此開山），樹齡當已兩千餘年。還有幾棵，當亦逾千年。寺後山石壁上有鄞侯所題"極高明"三大字刻石。回所早飯後，即坐汽車下山，到南岳鎮招待所，稍息，即往游南岳廟，廟極弘敞。東廊有古文物陳列，所藏書畫不少。大殿中有男婦拜跪求籤，人民迷信尚待掃除。出游祝聖寺。寺大約亦唐古寺。清趙申喬想將此地改建爲康熙皇帝南巡行宫，遂大興土木。後皇帝未來，遂奏改爲祝聖寺。寺有藏經閣、羅漢堂等建築。堂内有心月和尚所雕刻的五百羅漢平面石像,嵌於壁間。回招待所午飯後即別招待人員回長沙。五點餘到賓館。鎮黨委書記曾吾同志贈我《南岳導游》一本。

二日,上午同石林坐汽車出到第一師範參觀。校爲毛主席求學的地方,前後曾在此地工作八年之久。時楊昌濟、徐特立諸先生均在此任教。校中還保存有主席當日辦公的案子及鍛鍊身體的水井。校爲南宋城南書院舊址,張南軒曾在此講學。下午改我前幾天在師範學院的講演稿。晚林增平同志來談。向執事同志辭行。

三日,六點餘起,早飯後即起程回北京。朱凡院長、劉□□①校長、王□□②所長、黃華、陳克明二同志送至車站。七點半後開車。過武漢,未到河南境天已定黑。

四日,早起時,車已快到安陽。下午四點六七分時到北京。

五日,未上班。上午到新街口浴池洗澡。到新華書店舊書部,買得蕭三同志所著《和平之路》一本。下午在家補寫前數日日記。

六日,開始上班。上午僅看報及與子衡談。下午仍看報,未到三點半即提早出換汽、電車月票,後即回家。

七日,上午往看作銘病。回所時已九點一刻。看《父母必讀》一段。劉一曼、劉金山來談。下午文青的次子孫燕來談。

八日,上午在民族文化宮開學部召集的學習坐談會。張友漁同志作關於第二屆亞非法律工作者會議的報告。此會議雖名法

①編者注:原於"劉"後空闕約二字。
②編者注:原於"王"後空闕約二字。

律工作者會議,實爲一種政治鬥爭的會議,其中情況異常複雜,一不小心,即可陷入反對派的圈套,我們的到會人員驚惕性很高,會議開的大體上成功。午飯後回所開會討論修正主義的前途問題。

九日,未出門,終日翻閱前多日未看的《參考資料》。

十日,看第23—24兩期合刊《紅旗》中文數篇,並看列寧的《工會在新經濟政策條件下的作用和任務》。

十一日,上午僅翻閱《父母必讀》。接政協全委會信一件,説十四日下午二時半在政協禮堂第二會議室開會討論第二批全國重點文物保護單位名單,請出席。接學部信一封,説:1.聘我爲1963年招考研究生委員會委員;2.今天下午兩點半在學部開該會討論研究生招考工作。下午往學部開會。

十二日,把《父母必讀》翻閱完。上午開小會討論招考明年研究生事。下午與研究生談修改工作計劃事。王世民交來我離京時收到信件:孟令德、曲信先、馮國瑞各一封。

十三日,下午到學部聽傳達支援古巴的報告及中宣關於教育方面指示的報告。

十四日,下午到政協禮堂開討論第二次古物保護重點名單問題。

十五日,早晨在家聽廣播《人民日報》今日社論(駁斥捷共在第十二次代表大會上攻擊我國支持阿爾巴尼亞及對古巴危機的態度的文章),因爲時間延長至七八十分鐘,所以到所時已晚二十分鐘的光景。上午開會傳達中央對於農業和商業的指示後即分組討論。下午黨小組開會討論前日所聽關於支援古巴的報告。看第3439期的《內部參考》。

十六日，上午同季芳到朱宏復同志家，想退還他給小斧結婚的禮品，但不可得。下午往訪介眉談，又同他們夫婦往訪侍峰，他已搬到他的第四子宿舍（西河沿 179 號），因未見。聽他的兒媳說他因冬寒身體活動更不靈便。

十七日，下午看第 3441—2 兩期的《内部参考》，中發（62）625—7 三號的《中共中央文件》。翻閱文青由臆想所作的《唐虞本紀》。

十八日，續看第 23—24 期及 22 期《紅旗》中的文章。接到學部轉來教育部制定的《關於 1963 年全國招收研究生工作的通知》《關於 1963 年全國招收研究生工作的規定》《1963 年全國研究生招生考試工作進程表》各一份。

十九日，上午看《江漢學報》（11 期）内文數篇。下午看《中國思想通史》中關於王廷相、黃綰、呂坤部分。

二十日，上午開所務會議。下午孫蒸來，把他父親的兩本著作交還他，並給他提一些浮泛的意見（因爲没有工夫細看）。劉一曼送她與劉金山的工作計劃來，並談。看第 3444 期的《内部参考》。今日黃石林因兒子患病久不愈回家。

二十一日，上午到學部（歷史所禮堂）聽傳達劉少奇、鄧小平兩同志的報告。下午看卡斯特羅（菲德爾）1962 年 11 月 1 日電視演説及 3443 期的《内部参考》。

二十二日，上午開由學部召集的座談會。

二十三日，上午領小江到南綫閣韓里家，他們夫婦自然都不在家，他們的父親同韓争也出門，小波來我們家，因遂歸。午睡後獨到紫竹院公園一游。五點前，回到門口，與一自行車相撞，倒地，右鬢角受傷。此後即人事不省。他們把我用汽車送到積水潭醫院，將傷口縫上，因無床位又回家。這經過一切，我完全不記得。覺得到下無軌電車即到家。晚季芳不在她室中招呼小孩睡覺，却來我室中搭鋪，才覺得有異，然亦未問。**次早**醒，摸着頭上綳帶，才知受傷。問季芳：我怎麼受傷。答：你不是昨晚摔倒了麼？問：何處摔倒。答：即在門口。後起早飯後，坐汽車到北京醫院，診視後即住院，共住一星期。**三十日**出院回家。醫囑休息三星期後，再往診視。本想休息兩星期即上班，後因春節即臨，大家也要休息，無事可作，遂止。

一九六三年

一　月

一日，今年春節，孩子們都回來。中午碧書全家人來同度春節。此外即在同院中熟人家賀年。（此爲春節事誤記。）

二日，晚到人民大禮堂，劉主席及其他國家引領人接見一部分科學家。劉主席並加勗勉。接見後，看歌舞晚會，過九點，即出歸。（此與上節同爲春節第二日事誤記。）

在第二星期中（從十二日到十七日），曾往北京醫院一次，看腦及腿，腦醫囑仍照三星期後再來驗。腿給一點膏子藥，早晚揉搓。

廿一日，早到北京醫院，驗腦，據說經過良好。

廿五日，春節。

廿八日，同秔岐母女逛廠甸，到永寶齋購毛主席《沁園春》橫披一幀。

廿九日，開始上班。因日記本未能找出，故未能記日記。昨日，桂愉返杭州。三十日，秔岐返哈爾濱。

二　月

一日，桂忱同未婚妻袁桂枝返友誼農場。

三日，才把日記本找出，但初發現自來水筆已失去，故此後數日仍未能記日記。

九日，下午往作銘寓，問其療養情狀，並與商議二研究生工作計畫。

十日，下午獨到紫竹院公園一游。歸，愛松來家談。

十三日，上午到百貨大樓買一自來水筆，又到外文書店，取回俄文《馬恩全集》第25本的第二部分。

十四日，看《參考文件》《中共命令》及《内部參考》。

十五日，上午到展覽館劇場聽張勁夫副院長關於修正主義的報告。回家午飯後到所，才把前多日日記補齊，但遺忘很多並不免有錯誤。接《新建設》社信一封，請我審查孫作雲所作饕餮形象與饕餮傳説的綜合研究。

十六日，上午在首都劇場聽秦柳芳同志（經濟所）對於南斯拉夫資本主義復辟的報告。今日降微雪，三點半前即提早回家。接到《江漢學報》一份（12期）。

十七日，晴。上午同季芳領小江、小週出到動物園前下車西行到天文館前，季芳領小週留在那裏，我同小江再向西，轉南順三里河路,走到□□路①回,與季芳等會,進動物園,只到水禽湖一轉,即歸。午飯、午睡後往新街口洗澡。

十八日,看9、10、11三號《簡訊》,3451—56六期的《内部參考》(56號未完)。

十九日,看完3456—59的《内部參考》。翻閱5497期的《參考資料》。收到學部送來《學部1963年招考研究生各種數字統計表》一份。

二十日,看5547期的《參考資料》。下午到外文書店買俄文《馬恩全集》的第22本。給曲信先寫信一封,要他早還所代借《斯巴達克思》。

二十一日,看去年第六期的《歷史研究》中文數篇,今年該雜誌第一期中文一篇。

二十二日,前幾天在《内部參考》上看見赫魯曉夫去年12月12日在蘇最高蘇維埃會議上報告的摘要及《真理報》1月7日編輯部文章的摘要(當時均誤認爲全文),這兩天《人民日報》載全文,以爲已看過,遂未看。今日下午開小會談此問題,上午又把《内部參考》載文翻一遍,談次,才知道不對,因此談的不好。

廿三日,上午在民族文化宫開學部召集的坐談會,由葉水(?)夫同志對蘇聯近十年來文學界方面的變遷及動向作報告,頗爲詳明。午飯後回所,看報。接到學部來函,報告本月15日至17日1963年度研究生考試情況。

二十四日,韓争、波、昱同他們的保姆來。下午午睡後領韓波

---

①編者注:原於"路"前空闕二三字。

步行到動物園一轉。

二十五日，早晨上車時又跌一脚，眼鏡碰碎。今後當格外謹慎，使不再受到這一類不必要的損失。下午工間操後開小會談論多列士及陶里亞蒂攻擊我國的文章。今日風很大。

廿六日，看 5548 號的《參考資料》。5549 號也看一小部分。因爲要往配眼鏡，下午工間操後，即出。

廿七日，今日《人民日報》發表一篇長社論《分歧從何而來》，係駁斥多列士的謬論，並指明分歧發生實在經過，非常有力。上午工間操後開小會談此問題。下午劉一曼來談。

廿八日，翻閱 5551 號的《參考資料》。昨天的《參考消息》載有《蔣幫在金門發現鄭成功真冢》一條，可是看內容所發現的不過是明魯王(曾稱監國)冢，與鄭成功無干。香港《真報》開始錯誤，《參考消息》跟着錯誤。

三　月

一日，由於昨天晚晌零點以後要廣播《紅旗》編輯部所作《再論陶里亞蒂同志同我們的分歧》的提綱，聽完後零點半已過，一點後才睡着。看 001 號的《中共中央文件》。晚飯後往紅星電影園看些世界紀錄片，如□□①訪蘇聯、保、匈諸國黨中央開會等。

二日，上午在南河沿政協文化俱樂部開學部召開的學習坐談會。下午回所，看 002、003、004、005、006 號的《中共中央文件》。

---

①編者注：原於"如"後空闕約二字。

三日，上午在家聽廣播。下午三點半後獨游紫竹院公園，穿過，到萬壽寺村，過後，又走大半里，乃歸，坐34及27路汽車。

四日，翻閱魏源的《書古微》。

五日，上午到北京劇院聽傳達周總理的報告。下午回所，略翻閱《詩古微》，再略看《書古微》。

六日，上午到歷史博物館，聽一尹（？或殷）同志作關於中印邊境戰役的報告。畢，館中送尹同志汽車，並送我回所。下午翻閱《觀堂集林》關於殷都城諸篇。曲信先來還所代借的《奴隸起義》。收梁午峰信一封。

七日，上午給劉金山、劉一曼談我個人對於歷史分期的看法。下午看007、008、009、0010、0011的《中共中央文件》。接到梁午峰寄來他所著的《大學中庸新解》。

八日，上午雨雪，未上班。十一點先後，漸停。下午到所僅看報。提早回家。接陳紹棣（唐河人，在北大考古專業四年級讀書）信一封。

九日，上午到民族文化宮開學部召集的加開的學習坐談會。下午回所看0012的《中共中央文件》。又看3460—61—62的《內部參考》。又看意大利被開除的共產黨員們所著的《列寧主義永生》，曼徹斯特"大學學生會"給全世界共產黨人的一封公開信：《古巴——下一步如何？》

十日，上午在家澆花，下午領小江、小週到紫竹院公園一游。

十一日，看《巴西共產黨（新黨）關於保衛黨的決議》《巴西共產黨（新黨）綱領宣言》《尊重國際主義原則》《制止南斯拉夫的破壞活動》《爲了在美國建立一個馬克思列寧主義的黨》《爭取黨的馬克思列寧主義團結和國際共產主義運動的馬克思列寧主義的團結》（末件晚晌才看完）。接河南省人委會信一封，説本月廿八日開人代會的第二屆第四次會議。下午到外文書店把俄文《馬恩全集》的第 2□①卷取回。

十二日，看了 3463—64—65 的《内部參考》，又看該刊物的 3469。又看第 15 號的《簡訊》。

十三日，上午到北京醫院看牙，打了一針。看 3466—67—68 的《内部參考》。翻閱第 5596 的《參考資料》。

十四日，下午開會討論《考古學十年規劃（草案）》。翻閱 5597 的《參考資料》。接到學部送來的《研究生考核登記表》，並請題意見。

十五日，看 5598—99—5600 的《參考資料》，3470—71 的《内部參考》。

十六日，看 3472 的《内部參考》。翻閱 5611—12—13—14 的《參考資料》。接趙全嘏信一封。

十七日，下午獨穿紫竹院公園到萬壽寺沿河北向西行，二里半後過河南再向前到井板村，上公共汽車，到動物園站換車回家。

十八日，看 5615 的《參考資料》。下午三點半同子衡、照勳往北京醫院看作銘病，他已能下床，並吃饅頭和米飯，精神良好。聽説嵇文甫也因膀胱瘤在醫院上星期四動手術，現在休養，同子衡往看他，他精神良好。

十九日，翻閱 5616—17—18—19—20 的《參考資料》。

---

①編者注：原稿於"2"後空闕一字。

二十日，看第五期的《紅旗》，有半篇未完。

二十一日，上午黃展岳來説下午兩點牛所長傳達周總理報告，下午午睡初醒，看錶爲近一點（想是看錯），遂又睡。後佟柱塵來，才又醒，看錶，已近三點半！午睡如此久，這樣誤事，還是第一回。後開小會，討論本所應如何緊縮人問題。看《歷史研究》（今年一期）內文兩篇。

二十二日，下午開會談關於研究生問題。看孫作雲所著《饕餮形象與饕餮傳説的綜合研究》的稿子，他的説法將來是否能成立，大約還有問題，不過總算持之有故，言之成理。

二十三日，上午到豐盛胡同中直禮堂聽張勁夫對於修正主義的報告。下午到所，寫復孟令德信一封。

二十四日，下午領小波、小江、小週往游玉淵潭公園，汪文昭隨往，招拂小週。

二十五日，上午到所與二研究生談。後王岩來談，他是南陽石橋一帶人，去年到所，現將到山西隊工作，故來談。他去後，即回家。午飯午睡後，檢點行裝。六點餘，所裏來車送行，黃石林及二研究生也乘車來送行。不久即同乘車往車站。火車八點廿分從北京開。同室：一袁同志，束鹿人，大約係老幹部，現在解放軍工作，此時往西安；一王同志，單縣人，亦老幹部，五〇（或五一）年即到西藏工作，此次回北京，因尚有時間，即利用它到成都看他的兒子。

二十六日，八點半後到鄭州，別袁、王二同志下車。此次因早來一天，車站上尚無人接，遂雇一人力車到河南飯店。此時微雨。到後，人代會執事人叫一汽車，送我到中州賓館住，住 121 號房間。午飯後，見邃青、孟模等（餘人只知有一黃同志，此外不記姓名）。終日補昨夜不足的睡眠及看《紅巖》多段而已。

二十七日，今日上午仍如昨日微雨。今日同志多來。到室內談的有孟模、劉耀庭諸人。仍看《紅巖》多段。下午外出買蘋果九兩，價一元零六分。

二十八日，上午八點，開黨員會，劉鴻文同志作報告。九點即畢。午後牛蛟來談。昨晚我由於健忘，喝了兩杯茶，致一夜未能好好睡眠，牛蛟去後，離開會還有一點多鐘，但我仍未能睡着。兩點半往開預備會。晚飯後，孟模來，與談印海帆遺著事。

二十九日，正式開會，我今天爲執行主席中之一人。上午文敏生省長和王□□①院長作報告。下午小組討論。晚飯後，牛蛟來，同出走到燕莊。回到賓館時，覺不太舒適，但當時還不覺得有毛病。後牛蛟去，我精神不好，未洗浴，也未作日記，匆匆睡下。近數日大便每次不過幾小片，近二日因吃蘋果，今日大便有一大塊。

三十日，上午開小組討論會時，常發冷緊，會畢回賓館，頗昏迷，覺得照例吃午飯，後經同志證明，並未吃。大約當時曾告賓館作醫務工作同志以不適，他們即來，扶我到醫院檢查，出到過道，即大吐。出乘汽車到□□②醫院，檢查很詳細，透視，又照相，他們很怕此次感冒引起舊肺病病灶③活動。經時間頗長，至三四點鐘才回賓館，作了飯吃。到七八點鐘又作一頓飯吃，這兩頓是完

---

①編者注：原於"王"後空闕約二字。
②編者注：原於"到"後空闕約二字。
③編者注："灶"，原誤作"皂"。

全病號飯。飯後不久即睡下。已睡後醫務工作員來，力勸起來到醫院住，竭力辭以明早再看。今日大便通暢。但今日已無苹果。

三十一日，昨夜醫務工作員二人守我一天，心中非常不安。早起吃一點東西，即由他們陪送到肺結核醫院診視後即住院，牛蛟及全蝦同送。今日溫度最多，也不過 37 度二。僅一次，餘時全正常。同室者爲吳迪之，河北永年人，曾在我辦學時擔任女師大附中教務主任，曾相識。我不記憶，他説後我才知道。人很健談。今天大便完全不下。幸全蝦送我二斤多苹果，即開始服食。晤王……①

四 月

一日，終日與吳君及□□②談。還有幾起人來探視，因不很熟，現忘記姓名。牛蛟及全蝦也曾來。今日大便又通。溫度退至正常。

二日，上午出院，回賓館。今日天陰，氣溫降不少，室內覺寒，不敢脱大衣，因疑出院時又受風寒（幸不然），故下午仍未往開會。晚飯後，邃青來稍談。牛蛟、申荆吳均來談。

三日，上午大會發言，我開始出席。下午任老、高老、彭老同來談。後稍睡，起出席，開始仍係發言。後通過各種決議，大約四點餘，即閉會。趙文甫來談。後荆吳、耀庭同來，談一會，同出到荆吳家，吃晚飯。談至八點半後，回賓館。今日下午大便兩次，均

---

① 編者注：原稿此處未寫完。
② 編者注：原於"及"後空闕約二字。

屬堂恭。

四日，上午想出院中小游，未至大門，即覺有液質自肛門出，遂歸大便，內仍有不少糞，小便仍通利。找醫務人員，求得合霉素試服。終日未出。牛蛟來兩次，外全暇、耀庭均來過。晚又出恭一次，有不少大塊糞便。下午劉鴻文同志來談。

五日，上午又出恭，液體從肛門出的現象停止。肚子算好了。牛蛟、荆吳均來過，荆吳並送來粉條及粉麵，因無法帶，堅決請他拿回去。將四點，再出恭一次，即吃晚飯。後即往上火車。上火車前，爲全暇工作事，給張柏園寫幾個字。全暇與鄭處長送至車站。五點十七分開車。

六日，上午五點約二十分即到北京。回家後，上午及下午睡覺兩次，可以補昨夜的不足。

七日，今日風頗大，故未出，僅上午到新華書店舊書部一轉。餘時在家看報。看《春笋集》。

八日，上午到所，見照勳同志。回家吃午飯。

九日，上午到北京醫院約定下午檢查身體。回家吃午飯。下午兩點到醫院，檢查身體。在鄭州，他們總糾纏我從前的肺病：出醫院時，他們給我的藥，囑咐的打針，全是按照治肺病的辦法。最後我自己也疑惑起來：今天請求全體檢查，也就是想破這種疑惑。透視的結果，僅見舊結疤，並無新近活動，心境霍然痛快。檢查畢，約五點少過，即回家。

十日，開始全天上班。上午與二研究生談。看學部向上級黨組關於所屬各所現狀及將來應注意爭取事項的報告。下午看報及看本所十年內研究計劃的草稿。

十一日，上午看《世界通史》譯本（第四）的《序言》，未完。九點，開會，討論昨日所看兩報告的稿本。昨日劉一曼把她所作關於亳都的筆記交來，略看一遍。今日劉金山把他所作同題的筆記交來，下午翻閱他所引的書，又看見關於不同古書內所引關於禹時水災的記録（《墨子》畢沅注本），檢查原書，發現他很有錯誤。

十二日，看《世界通史》（第四卷）譯本的一段。下午微雨。本意晚飯在所內吃，後就看話劇，但因早晨減衣，恐怕晚散場時天凉，遂於將五點時回家。吃過飯，加衣，再回東城，到首都劇場，看《霓虹燈下的哨兵》話劇。回家時約十一點半鐘。

十三日，上午九點到北京飯店開學部召集的時事坐談會，談蘇共答復中共的文件內容問題。下午三點到歷史博物館聽周揚同志報告（關於學部規劃），我聽的不清晰。

十四日，上午領十週到紫竹院公園一游。早晨對第五屆區人民代表選舉投票。

十五日，下午翻閱《竹書紀年義證》。

十六日，上午九點後黨員開會討論周揚同志的報告。下午向黨外同志傳達（我由於已談過，可不必再去聽）。下午看前些天的《光明日報》。昨夜雨不小。

十七日，上午八點半後開會討論周揚同志的報告。下午把兩研究生的工作筆記閱畢，並交還他們。看 3481—82—83—84 號的《內部參考》。

十八日，看 3480 號的《內部參考》；又看 218 及 210 號的《中共中央文件》；又看《中央文件》的 199 號的一部分。收到內蒙古大學歷史系蒙古史研究室信一封。看本年 6、7 兩期的《世界知識》內文數篇。

十九日，檢查《阻卜非韃靼辨》《阻卜年表》中的錯字和錯誤標點，復蒙古史研究室信。翻閱《古籍整理出版情況簡報》的第二號。早晨到北京醫院想收拾牙，但坐候約一點鐘，仍須長候，遂出，約下星期一再來。看224號的《中共中央文件》。

二十日，上午到學部聽傳達第四屆國家機關黨組（？）會議的經過、主要報告及決議。下午黨內開會討論上午所聽的報告。科學院黨組下月要開會，本所應選代表一名，候補代表一名。王伯洪同志提林澤敏爲代表，李筠爲候補代表，大家同意通過。

二十一日，今日季芳同碧書南游杭州，早起，約六點，送她走。後因家中無人，終日未出，僅上午到郵局將寄蒙古研究室的兩本《阻卜非韃靼辨》、兩本《阻卜年表》發出。

二十二日，早晨到北京醫院治牙，照了像，約星期四再往。看本年第二期的《歷史研究》內文數篇。預備本星期三到北大講演稿。

二十三日，看《歷史研究》內文一篇。餘時均預備到北大講演稿。收到周振華還錢120元，給他復一信。

二十四日，上午仍預備到北大講演稿。今日本所同人均往游十三陵，廚房不開飯，因往大同酒家午餐。下午到北大講演《治傳說時代的歷史工作人所應注意的幾點》。雖也講了兩三點鐘，所說幾屬舊說，並無新意，近年學問無進步，頗感愧悚。

二十五日，早晨到北京醫院收拾牙，但左上牙已大壞，無法再填補；左下牙，據醫生説，雖有小孔，但已停止發展，可暫不動。實未大收拾，遂歸到所，僅取報。今日所中大掃除，我插不上手，遂回家。下午僅看報。景發來，說他老太太從天津來，帶來很肥的螃蟹，送來幾個，因吃一點。接到季芳自上海給晞奕來信。看第六期《紅旗》內文一篇。今日晴，溫度頗高。

二十六日，看《再論陶里亞蒂同我們的分歧》的第五段。看《新中國的考古收穫》的一小段。下午讀《國家與革命》的前兩章。

二十七日，上午到首都劇場，聽傳達周總理及周揚同志對文藝界的報告。此報告雖對文藝界，但對作社會科學工作的人也極有關係。下午開會討論此兩報告。接到學部送來《關於1963年研究新生錄取標準的意見(草稿)》和《1963年招考研究生初步錄取人員情況表》；教育部《關於1963年研究新生錄取工作的通知》和《關於編製1963—1972年培養研究生規劃和1964年招收研究生計劃的通知》一份。昨晚微雨，今日溫度降低。

二十八日，今日仍上班以便下月二日可以放假一天。上午八點半起，牛照勳同志作關於修正主義起源的報告。下午兩點半開會再討論此問題。

二十九日，上午看學部送來的文件。下午到學部開會，來往均同照勳同志一起。開會討論中可以看出今年招考研究生的外文命題很有問題。散會時四點已過，即乘電車回家。

三十日，翻閱第5689、5690、5696的《參考資料》，並翻閱5695號的一部分。

五　月

一日，今日五一節，上午領小江到北海公園一游。下午看報，看第五期《世界知識》文數篇。

二日，今日放假。上午領小江、小週到紫竹院公園一游。下午如昨日。吃晚飯時曲信先同他的姐姐來訪。飯後到新街口影院看《三關排宴》電影。

三日，上班。看5691的《參考資料》。下午照勳同志作關於學習雷鋒的報告。今早落幾點雨，全日天陰，溫度降低。五點二十分後提早回家。

四日，早晨因牙疼而臉腫往北京醫院診視，需要打針，即打一針（青霉素），餘四針，將回家到轎子胡同門診部打。下午往門診部打一針。

五日，全日未出，僅到門診部打兩針。

六日，早晨到門診部打最後一針。昨晚臉腫較前少消。十點到北京醫院，醫生把膿擠出，命再打四針。下午即到門診部開始再打。接桂愉電報説季芳明日返京。

七日，今日除到門診部打兩針外，上午到所取報。下午看報。四點半同汪嫂、小江往北京站接季芳。火車五點四十八分到。季芳説杭州近日因陰雨，氣溫比北京更低，殊出意外。

八日，早晨再到門診部打最後一針。十點一刻又到北京醫院診視。醫生命服合霉素，一天兩次，每次二片，至星期六再來就診。遇劭西。

九日，上班。本意全日在所，但又因忘帶合霉素，只好於十一點回家。

十日，全日上班。下午看中共八屆十中全體會議的公報、《列寧論過渡時期的階級鬥爭》、《中國青年報》紀念五四的社論

《論雷鋒》、《人民日報》社論《永遠保持艱苦奮鬥的革命精神》。

十一日，上午到北京醫院，醫生囑於廿八日早晨九點往拔牙。回所，九點已過，參加集體學習。下午看 9 號的《世界知識》內的各文。五點後即回家。

十二日，上午由於小江明天要考試，帶她到紫竹院公園空處溫習功課。下午到新街口購得第四套廣播操圖表一紙，《從祖沖之的圓周率說起》《百鍊成鋼》(此係舊書) 各一本。回家後翻閱《從祖沖之的圓周率說起》。我覺得没有看過《百鍊成鋼》，看一部分後，才知道曾經看過，不過幾乎全體忘掉。

十三日，翻閱 5692—3—4 及 5695 的一部分的《參考資料》。黨內發出《做一個好的共產黨員》的小册子。

十四日，下午看石林同志所寫《中國國家成立時期問題試探》的一部分 (還未寫完)，並提意見。工間操後開一小會，討論本年、明年和十年所應招收研究生的名額問題。昨晚及今日時看《百鍊精鋼》。所內發《毛主席的好戰士——雷鋒》一本。

十五日，昨晚睡不佳。下午看 16、17、18、20 四期的《簡訊》，19 期未看完。仍時看《百鍊精鋼》。上午夢家來談。

十六日，下午同二研究生談。以後他們又來，援別所例要求我給他們講一些書，此請求使我頗為難，但答應與以考慮。把昨日未看完的 19 號的《簡訊》看完。《百鍊精鋼》也看完。

十七日，看《五帝本紀》；翻閱《尚書孔傳參正》第一本。

十八日，上午研究組學習討論。下午黨中開會，澤敏同志報告院黨部開會經過；後又把馬玉書同志所作近四年黨內工作的報告及黨部決議念一遍。又因盧兆蔭、許景元出差，關係轉出，支委缺人,補選李筠、陳存洗二同志爲委員。看吕叔湘培養研究生工作資料。看《毛主席的好戰士——雷鋒》數段。

十九日,昨夜通夜大雨,今日上午雨雖很小,却未嘗停,過午才停。上午出理髮。下午領小江往看《燎原》電影。

二十日,陰。下午與二研究生談。翻閲束世澂作的《夏代和商代奴隸制》及許順湛的對束文的意見。二文皆不洽人意。

二十一日,下午方國瑜、譚其驤、韓鴻庵來談。翻閲《金文曆朔疏證》(吴其昌著)。

二十二日,仍看《金文曆朔疏證》。特別注意吴氏駁郭沫若毛公鼎爲周宣時器的説法,他舉出十五條證據,雖覺確鑿無疑,我細按起來,似乎可以使郭氏無法反駁的證據還未有。現在想判斷他二人的誰是誰非,還嫌過早。考據工作難作如此!

二十三日,陰,下午微雨。看郭沫若的《毛公鼎之年代》及王國維的《毛公鼎銘考釋》。鼎文有“迺唯是喪我國”語,看圖録,“喪我國”字跡顯著,絶無訛誤。王及郭釋均同。吴氏堅執鼎爲康王時器,引《大誥》内文以證此時也可能有“愴懷時事”“蒿目時艱”“痛定思痛”的話頭,可是無論如何,在康王時説“喪我國”,怎麽也難説通吧!吴氏對於此點毫無解説,是否是有意規避呢?繼續翻閲完吴氏書。將六點即提早回家。晚到民族文化宮看話劇《奪印》。

二十四日,看《世界通史》第四本非洲、美洲在十六世紀以前的情形。

二十五日,上午研究組集體學習並討論雷鋒及南京路上好八連問題。下午黨内開會念文件並討論。接到師大送來《中國史學史資料》五本(由於收入我的《讀〈山海經〉札記》),張鴻翔送來他所著的《明代必里衛考》一本。寢前對於後者翻閱一過。

二十六日,由於稚岐同晞奕要爲一位黃同志及李女士介紹婚姻,約在我們家裏相見,下午三點兩方均到。稍談後,同季芳、稚岐、晞奕、小江、小週及黃、李出,往紫竹院公園。將至,讓黃、李先行,我們後到園内划船。回家時已七點餘。

二十七日,收到《紅旗》的第 10—11 合刊,《世界知識》的第十期。對二刊物全看了些篇。二研究生來談。劉一曼想研究春秋時期的階級關係,劉金山想研究商代以及先商的考古資料的時代問題。答應竢考慮後給他們談一些有關資料。接到《新建設》社信一封,催審閱孫作雲所著的《饕餮形象與饕餮傳説的綜合研究》。此件前曾看過,覺得還好,但因把來信失去,不敢確信爲該社來件,即欲去信詢問,時候長了,又完全忘却!

二十八日,上午到北京醫院,本意拔牙,但因牙床發炎未全消,致未能拔(也許以後不拔)。後即回家,下午未上班,在家看報而已。

二十九日,寫《饕餮形象與饕餮傳説的綜合研究》的審閱意見。看 21、22 兩期的《簡報》,3498—99 兩期的《内部參考》,3500看一部分。下午上班前出到東安市場買了五斤蘋果,一個夾月票的夾子。

三十日,把 3500 的《内部參考》看完。看《世界通史》第四本的美洲在十六世紀以前的情形。

三十一日,看《左傳》數節,又看《四書稗疏》論語部分。下午黨中開一短會,布置"五反"運動事宜。

六　月

一日，今早原約八點半到醫院看牙或拔牙，可是這個鐘點又有"五反"動員報告在天橋劇院作。昨天下午黨内開會時我談到此點，澤敏和伯洪兩同志都勸我不必去聽報告，我決定今天無論如何不拔牙，看罷即往聽報告。按時到醫院，醫生給我作補牙工作，決定不拔。補畢，出到崇文門外，坐有軌電車到天橋。入場時，九點半已過。導生同志正作檢查。畢後姜君辰同志作檢查。昨日本説上下午全開會，今日因聽衆離家遠，吃飯不便，改爲散會延至一點，下午不開會。實則散會時還不到一點。坐五路無軌車回家。吃飯後因昨夜睡覺不好，即午睡，醒時已將四點，未再上班。禮拜一上班時聽説今日下午所内開會，布置"五反"工作。

二日，下午獨往紫竹院公園一游。餘時在家看報，賣舊報而已。

三日，上下午均開會討論動員報告。

四日，上午開會給學部的同志提意見。下午翻閲《讀四書大全説》。昨日忘換車票，因爭一天四天與車上人爭吵，事後思之，殊屬無謂。六點後即出往換票。出門後始知錢不够，即回家。

五日，上午開會給學部潘、張二老，本所夏、牛二所長提意見。下午看《春秋世論》。

六日，上午到北京醫院。初意牙已補好，醫生看一下就完事，可是他又把前補毁一部分，又拔一小部分碎牙，後囑下星期三上午九點四十分再往就診。回所時九點半已過，照勳同志正在作檢查。他檢查畢後,馬得志報告他們小組檢查農村基地賬目結果。下午三點開小組會,給照勳同志提意見。

七日,看《春秋世論》及《春秋稗疏》。

八日,仍看《春秋世論》。因朱弘復夫人劉玉素去世,往吊。

九日,上午領小週到紫竹院公園一游。爲劉玉素作挽聯。

十日,仍看《春秋世論》,完。看《左傳》昭公三年"齊侯使晏嬰求婚於晋"節及附近各節。

十一日,天氣轉熱。上午劉金山來談。下午看《左傳》。看黃石林所作《中國國家起源問題試探》的稿子(一部分)。

十二日,天氣很熱。預告最高溫度達 40 度。看第 11 期的《世界知識》内文若干篇。看石林文稿,同他談。

十三日,今天早晨問人,才知道今日已星期四,那末往醫院看牙已失約一天! 終於去,可是由於失約,等的很長。診治後,醫生説:下星期三應最後再來一次。回所時十點半已過。下午看《史記·孔子世家》,看孔子同六藝的關係,並附帶看《陳勝世家》。看《皋陶謨》。

十四日,看 23 及 24 號的《簡訊》,3501—02—03—04 號的《内部參考》,也看 3505 號,未完。又翻原摘録的古史材料稿,找尋有關皋陶典刑的材料。

十五日,再看《人民日報》中的《一個值得注意》和《阿爾巴尼亞〈人民之聲報〉發表文章揭露南斯拉夫修正主義者"經濟合作"的掠奪性質》,《參考消息》中的《肯尼迪鼓吹進一步推行他的"和平戰略"》。又想找出岑仲勉所著關於《堯典》中星的文章仔細讀一回,但未能找出。所中來言下星期一上午有朝鮮友人來所參觀,囑早來所。

十六日,上午同晞奕領小江、小週到動物園一游。

十七日,今日看報,讀我於本月十四日答復蘇聯信。上午朝鮮友人因送崔庸健回國,未能來,下午四點餘來,共三人:一李姓,一金姓,一朴姓。他們三位是要同我們商議合作,在我東北發掘以尋朝鮮民族的來源。看《尚書孔傳參正·皋陶謨》及《禹貢》。

十八日,看《觀堂集林》中的《釋史》。檢查它所引的《儀禮·大射儀》文。與夢家談。翻閱于省吾的《雙劍誃吉金文選》。接桂珍信一封。

十九日,夜雨,後漸晴。上午到北京醫院,對牙作最後一次的補。回所已九點一刻。作銘來談。下午再繼續寫《堯、舜、禹》的注。

二十日,仍續寫《堯、舜、禹》的注。

二十一日,上午朝鮮朋友來與本所同人談,考古家金用玕談朝鮮考古家駁斥日本御用學者歪曲朝鮮歷史的概略。下午繼續把《堯、舜、禹》此節注寫完,又寫正文一小段。

二十二日,上午集體學習《關於國際共產主義運動總路綫的建議》的第17、18、19三條。下午黨內開會談"五反"的布置,後念關於階級鬥爭的文件二件。

二十三日,上午領小週到北海一游。

二十四日,上午同二研究生談《左傳》昭三年"齊侯使晏嬰求婚於晋"節大意。下午照勳同志傳達導生同志的補充檢查,他自己也補充檢查。看完《內部參考》的3505號及3506號,3507號僅開一個頭。

二十五日,上下午均到學部聽傳達周總理及毛主席關於農業及階級鬥争的報告。

二十六日,上午到近代史所集體閱讀關於農業及階級鬥争的文件。下午與劉金山談其學習計劃。又與石林談。

二十七日,上午繼續到近代史所集體閱讀文件。下午仍讀兩件文件。因天陰響雷,四點三刻即提早回家。今日比前幾天更熱。

二十八日,上午仍到近代史所把文件看完。下午看《關於國際共産主義運動總路綫的建議》的第 17 節,兼看第 18、19 兩節;再看《革命幹部參加勞動的偉大革命意義》及《昔陽幹部勞動成風》,《在階級鬥争歷史的熏陶下》及《用階級鬥争的歷史教育青年工人》(均見《人民日報》),《用無産階級思想武裝自己》(見《光明日報》)。接民族工作指導委員會信一封。晚復一信(因他們說我對僮族族源問題有特別研究,請我去開會,實則我對此問題毫無研究)。

二十九日,上午仍到近代史所開始討論。下午除看報外,看第三期的《歷史研究》內劉大年同志所寫的《中國近代史諸問題》,未完。

三十日,上午把從前所得的零星的稿費、審查費合起來到郵政局作爲長期存款存起來。

七 月

一日,上午八點半到近代史所去討論,但他們的小會議室有別種會占着，讓我小等一下；可是直到過九點，他們的會還未散，我要先回，他們還讓再小等一下。此時石林來説民族所有人來找。我知道是前天所接信，我雖有信往辭，可是他們又來纏。出見他們，他們纏的很緊，我也未能堅辭，遂跟他們去。在會上，我倒得到不少新知識。回所午飯後，翻閱廣西同志所輯的《關於僮族歷史若干問題的討論（内附史料摘要）》。

二日，上午仍到近代史所，開始討論所學的文件。下午研究組開會討論上午照勳同志所作對於自我檢查的動員報告。六點在所提早吃飯，後到紅星電影院看演在西藏所攝的自衛戰争記録片。

三日，上午仍到近代史所參加學習，但他們所談的，多屬彼所的事，擬此後即回本所學習。下午研究組仍開會，繼續討論自我檢查事宜。

四日，翻閱《後漢文》内所輯的《四民月令》。看《歷史研究》（第3期）内文數篇。

五日，仍看《歷史研究》内文。下午研究組開會，佟柱塵作自我檢查，此後大家給他提意見。

六日，仍看《歷史研究》内文。下午兩點半鐘尹達同志在歷史所禮堂作一報告。我本決定去聽，可是我午睡醒後，時針已近三點，遂不往。四點五十分，提早回家。晚飯後同季芳、晞奕領小江、小週到紫竹院公園，晞奕同小週先歸，我們到園内玩一會，才回。

七日，早晨七點同季芳、晞奕領小江往電影院看《怒潮》電影。晚飯後同季芳往訪介眉。章瑞珍説他已退休，係廠中意。她還疑廠中或對她有不滿意處,故命之退休,我們向她解釋。

八日,下午本定我作自我檢查,上午柱塵來説安志敏同志因近來事忙,希望提早檢查,問我是否可以讓他先檢查,此事當然允許。下午安同志作檢查,很深入。接到湖南省社會科學學會聯合會寄來去年我們在湖南開會時還未印出的發言記錄多份,内有我兩次發言。

九日,看尹達同志所著的《新石器研究的回顧與展望》。下午研究組開會,我作自我檢查。前些天接到劉蕙孫寄來其近著兩本,今天才開拆,也還未看。

十日,今日把《歷史研究》(3 期)翻閲完。看劉蕙孫所著的《我國原始婚姻情況和從"姓"到"家"》的一小部分。下午研究組開會,夢家作自我檢查。

十一日,今日僅翻閲《史記》的《留侯世家》。下午研究組開會,顔闔作自我檢查。

十二日,下午研究組開會,秉琦作自我檢查。上午到近代史所,把胡耀邦傳達毛主席的意見的報告文件重念一遍,觀念比上一次較清楚一點。

十三日,上午到近代史所討論我於上月 14 日答蘇聯的復信。下午到人民大會堂聽周總理在人大常委會報告中國際形勢部分的録音,約一點半鐘(三點至四點半)。後又回所看報。

十四日,上午領小週到北海公園一游。下午理髮。晚落雨不小,可惜到十一點鐘前後就停了。

十五日,看完第 13 期的《世界知識》,也看第 13—14 期的《紅旗》中文數篇。

十六日，上午研究組開會作前三反的總結（九點到十一點）。下午看完 13—14 期的《紅旗》。又看 3508—09—10 三期的《内部參考》。接到學部招生委員會送來的《1963 年研究生録取名單》和《1964 年招收研究生計劃》各一份。並説於 18 日下午三時在學部召開會議討論一切。雲甫給我兩本《保健按摩》的小册子，翻閲一下。

十七日，接到第七號的《考古》，翻閲一下。翻閲《尚書孔傳參正》。上午兩研究生來談，下午與石林談。看學部送來文件。

十八日，中午照勳同志告訴我説學部召集今日下午開的會已決定不開。下午尹達同志希望大家對於他所著作的《新石器時代研究的回顧與展望》提意見，我前幾天雖有看過，但今日已大致遺忘！又無工夫再翻一遍，不能有意見提出，約以後再細看後再提。看 3512 期的《内部參考》。

十九日，又看《内部參考》數期。中國書店□□□①來，送來我所請他找的《遵生八箋》。掀了一下，覺得内有些荒謬東西，多數無大用處，又索價 25 元之多（明末年版），遂請他仍帶回去。中華書局丘□□②來談。下午看已寫出《堯、舜、禹》稿。

二十日，上午聽廣播《蘇聯共產黨中央委員會給蘇聯各級黨組織及共產黨員的公開信》，此信係答復我們於上月十四日交給他們信的答復，極斷章取義和歪曲的能事。下午研究組開會，談論此文件。

二十一日，上午領小週到莫斯科餐廳每人喝一瓶汽水，出，想

---

①編者注：原於"中國書店"後空闕二三字。
②編者注：原於"丘"後空闕一二字。

游動物園,小週要拉屎,又未帶紙,只好回家。今日天氣悶熱。

二十二日,上午照勳作對"前三反"總結和"後二反"動員的報告。午前後大雨。下午兩點後漸晴。下午研究組開小會,討論"前三反"總結。晚到蟾宮看《甲午風雲》電影。

二十三日,上午到學部聽幼漁同志作國內形勢的報告。由於我開始忘記,到所後,經李筠提起,才前往,來回均獨坐所內汽車,甚違初意。下午研究組開小會,討論"後二反"動員。

二十四日,續寫《堯、舜、禹》。下午大雨一陣。

二十五日,夜中雨,晨止。仍續寫《堯、舜、禹》。

二十六日,看《關於國際共產主義運動總路綫的建議》和《蘇共中央給蘇各級黨組織和全體黨員的公開信》。下午有院人事處楊、□二①同志來談。接到北大歷史系送來講課費 15 元。

二十七日,上午到南河沿文化俱樂部開學部召集的學習會,談中央六月十四日給蘇共中央復信及蘇共中央給蘇聯黨組織和全體黨員的公開信。下午回所,找關於《堯、舜、禹》的史料。在學部會,我也發言。賀昌群、侯外廬發言全比我分析的深。

二十八日,上午出,將往看子衡病,想給他買點水果及點心,可是從在東四下電車以後,從崇內大街北頭走至南頭均不合適(水果只有桃,色不佳;我忘帶糧票,不能買點心),未往醫院,遂歸。下午命保姆往西直門外水果站買水果,一部分裝一小簍(未買點心),再往北京醫院,見到子衡,據他説醫生言再療治兩星期,當可出院。

①編者注:原於"二"前空闕約一字。

二十九日，續寫《堯、舜、禹》一小段。餘時尋材料。

三十日，續寫《堯、舜、禹》。

三十一日，續寫《堯、舜、禹》。接劉敦願信一封。

八　月

一日，續寫《堯、舜、禹》。接劉敦願寄來他所著的《古史傳說與典型的龍山文化》。看《中共中央文件》十件（自　　　　①），《内部參考》（　　②）。

二日，續寫《堯、舜、禹》，看《内部參考》（　　　③）。決定今夏不出外避暑。因午餐不合適，回家午餐。下午未到所。

三日，上午到學部聽傳達李富春關於第二個五年計劃結論，李先念關於1961—62兩年決算，周總理關於國内階級鬥爭的報告。未聽完，經澤敏、照勳二同志勸，同出。回家午飯後到民族文化宮聽□幽桐④作關於國際婦女大會的報告。出遇楊□□⑤略談。到平安里，買本月月票，歸。

四日，今日大雨兩陣。看石林所寫《中國國家起源問題試探》的一部稿子。

五日，早晨到所裏一轉。下午到佩青家，值他趁凉快出游，未遇，見他的夫人及幼子，小談即歸。

---

①編者注：原稿此處空闕。
②編者注：原稿此處空闕。
③編者注：原稿此處空闕。
④編者注：原於"幽桐"前空闕約一字。
⑤編者注：原於"楊"後空闕約二字。

　　六日，上午想往訪作銘，值佩青來，遂不出。下午黎晨同志來，是由於前幾天李筠找我問我看過的黨內文件，我誤記爲交黎晨，她昨天曾給我打電話問，我說如果不急需，我星期四到所，就可找出交還，可是她今天親來，我說明天到所找出交回。

　　七日，上午到所領薪金，往訪作銘，他夫人説他已往所，遂又回所，見澤敏、照勳二同志問，他又未來，我回工作室與石林談。未幾，作銘來，我同他談改正寶雞工作報告錯誤事。後，即歸。晚小週有點發燒，到門診部診視，打針服藥。

　　八日，今日大雨。在家看《烽火春秋》，看了一半。

　　九日，昨日小週燒退，晚又發燒，時雨很大，遂叫汽車，晞奕、汪嫂帶他往兒童醫院診視，據説由於扁桃腺發炎，又打針服藥。回時兩點已過。今日雨停仍陰。把《烽火春秋》看完。

　　十日，晴。上午往中關村訪建功，想同他商議往燉煌事，但他家無一人。往學校，門口遇一考古專業學生黑龍江温君，引我去找，並替我打電話問，回電説他已進城開會，下午才能回，只好回城。午飯後到所看報。往學部聽傳達周總理對朝鮮科學代表團團員談話。後又回所。來往均坐所中汽車，此汽車並曾向家中去接（此點前天打電話時，因門外小孩喧鬧未聽清楚，所以没有堅辭。我並且忘掉照勳同志已往東北，以爲他可以同去，所以到所，致造成來往獨坐汽車的行動！）。

　　十一日，上午介眉夫婦來，談至下午一點鐘許。他們去後午睡。起後於四五點鐘時，同季芳到北海公園一游。早晨中國書店來二店伙，把拓片舊帖購去若干件，付價十元。

　　十二日，下午再看劉敦願的《古史傳說與典型的龍山文化》。

他所看到的材料,有些爲我所忽視,就是現在我還不能同意的幾點,他也持之有故,言之成理。也看佩青所寫關於恕的文章。

十三日,上午往看《地雷戰》電影。出即到所,澤敏同志不在所,人事科同志總勸讓黃石林隨往燉煌以便招拂,石林也很想去,我沒有完全答應。後即回家。下午石林來家中,我囑其參考燉煌資料,並作一簡短工作方案。十三日晚同季芳、桂愉到民族宮再看《霓虹燈下的哨兵》。

十四日,上午顯廷來。今日同桂愉、韓爭、韓波、小江、小週往游頤和園,划船至蘇州河盡頭處,爭、波、江先已下船,我同小週此時也下船,我們兩個登至衆香界,下到排雲門前,再會合,西到畫中游前,午飯。後回到知春亭前,桂愉、爭、波、江下水,我同週在岸邊看。三點半許出園,上汽(公共)車回。

十五日,上午佩青來談。不久即出到所,看到《文物》1955年所載北大同志所作關於莫高窟的報告。

十六日,看十五期的《紅旗》中的文章;細讀高征繩的《學習馬克思關於再生產的理論》,但尚未完全理解。晚到人民劇院看《雷鋒》話劇。

十七日,上午到所。接周國亭信一封。

十八日,上午獨出,到龍潭湖一游。此湖分兩部分:我繞西湖一周;至東湖則未游。下午出到銀行取出路費二百元。到新街口,想買一帽子,但需工業券,我却未帶,遂歸。

十九日,上午到所。劉金山自烟台歸,來談。中午歸,在新街口下車,買帽子。下午碧書來。晚檢點行李。復錫昌信一封。

二十日,上午檢點行李。十點許黃石林、劉一曼、王俊卿皆來。提早吃午飯。後坐所中汽車，又到所，取看近鏡。出到車站，劉一曼送至車站。十一點四十五分車開。臥鋪每間六人。同室者除建功夫婦（帶他們的孫女小紅）及石林外，有錢、何二同志，錢係地質工作者，何在蘭州民族學院藏文系教研室工作。

二十一日，早醒，已到呼和浩特。快十一點到包頭。過包頭後即爲我未走過的路。過臨河後，路向西南。又過黃河東南岸，地甚荒凉，大約爲鄂爾多斯沙漠。後又過西岸行。

二十二日，醒，已到銀川。現在看不出"塞北江南"的情况。再往前走，境愈荒凉。山盡砂石，草也很少，問錢君，如此類山，將來是否有法可以利用，他也想不出來。與何君談，始知藏族語言，一爲拉薩語，行於西藏，一爲安木多語，行於青海、甘肅等地。蘭州民族學院所教爲安木多語。它與拉薩語的分別，若北京語與上海語的分別，還不到北京語與閩、廣語分別的大。路再前進，近蘭州，又見耕地。將近十一點到蘭州，王世泰及金少英皆來接。金爲此間九三學社主委，他說他在北大時曾聽過我的課，我已不能記憶。到世泰家，他留我同石林住他家，不要再住旅館，我也未能堅執，遂全留下。午飯及午睡後，與建功夫婦、春書同出訪何樂夫，談頗久。晚趙秘書來談。決定明日上午游五泉山，看八嫂及桂珍，下午參觀博物館及訪常書鴻。

二十三日，上午接樂夫一束，說博物館同志下午學習，參觀不如改爲上午，遂出同到博物館。看武威所出《儀禮》竹簡。據說是三部，樂夫還未細對，如果對出果係三不同本，對於推測墓主職業，當有神益。也看到其他舊寫本，及陶器多件。回寓午飯後，常書鴻來談。後同出游五泉山。此小山由於水隨山高，樹木亦茂。

歸，常公送我至寓。後省委員統戰部長蒙定軍來談，蒙也是同劉志丹共作革命工作的老幹部。此地九三學社幹部請吃飯，我因桂珍要來，想不去吃飯，但由建功推挽，遂往。飯後，桂珍同其愛人勇桂龍尋至社，遂同歸寓。本約今晚往看劇，也辭掉，同他們兩個談至十點多鐘。

二十四日，上午找着桂珍，同到她家，見八嫂，她今年八十四，精神還好，惟耳重聽。在他們家午飯。見着他們的三小孩。飯後，歸寓。午睡後同建功、石林及交際處王同志出參觀煉油廠，廠基東西三公里，南北一公里，爲國內最大的煉油廠。由工程師開封張同志導觀。此廠自動化程度高，故工人不很多。我近年雖也參觀若干工廠，但如此大廠，尚爲第一次見。此廠當蘇聯召回專家時，已開工年餘，故受影響不大。本年生產才達到飽和點，設備時的計劃生產量是每年一百萬噸，今年才達到。原油來自玉門、東北、新疆克拉瑪依，它們的比例大約是 3：3：4。晚飯後到交際處洗澡。

二十五日，今日星期，無處可參觀。上午同世泰、建功、石林、小明、小江游白塔山（也有人寫作北塔山）公園。從前也是光禿禿的山，僅有一廟，建自明正統年間。後嘉靖、康熙、乾隆年均曾修緝。並有一塔。在大躍進時，用電激水上山，流注山頭，才種出不少林木、莊稼、花草。又把各處的名建築、雕刻等類，拆遷過來，聚在一起，遂成黃河北岸一名勝。中午樂夫、春書請吃飯。飯後很睏，遂同建功夫婦步行歸。午睡起，補昨日未完日記及今日上午日記。六點即吃晚飯。後同建功、世泰夫婦、小明、石林坐汽車游雁灘。灘爲黃河中心一洲，東西約十里，南北約二里，土地肥沃,麥每畝可收七八百斤,現多種蔬菜、果樹。

二十六日,上午十點後乘車到車站,上車,十一點後開車。蘭州西莊稼比東方遠勝。晚過烏鞘嶺,時溫度很低,上身穿毛衣及夾衣。

二十七日,醒已至張掖。聽説從烏魯木齊來車在張掖西出事故,以致本車開車須遲兩點鐘。後近張掖,水草禾苗都好。稍遠即出戈壁灘。祁連南山積雪皚皚,爲近山所蔽,時隱時現。過嘉峪關後,所見幾全爲戈壁灘,愈覺荒凉。七點餘,到紅柳園,有二吉坡車來接,落雨幾點。車行很速,約十一點時,到千佛洞接待所見王毅同志,他常住此間,對附近的古迹相當地熟。略談。就寢時,約十二點。

二十八日,上午開始參觀佛洞,史葦湘同志引導講解。參觀大小二三十洞。内有北魏大統四—五年及隋開皇四—五年題記。在壁畫中可以看出我國繪畫界受印度畫的影響而摸索着創造美妙山水畫的經歷。下午午睡後,再往參觀,萬庚育(女)同志引導講解。略見魏、隋、初唐、中唐、宋、元畫風的異同。

二十九日,上午參觀仍由萬同志引導講解。看了好幾個與曹氏有關的佛洞,内有"乾德""太平興國""曹元忠""曹延禄"的題記。有唐洞内有貞觀年號,"觀"字很清楚,"貞"字露下足,爲"貞"字不成問題。有數宋洞,壁畫保全很好。下午參觀,導游如上午。有一大佛像高三十三公尺,建於唐代延載後,張氏、曹氏均有增修。一洞有曹議金的女壻于闐國王李聖天的供養像,也有議金夫人回紇公主供養像。又有一洞内有曹議金出游畫像,據説是仿張義潮出游畫像,但張畫未見。一洞内有一唐碑,據説是大曆

十一年的,但未知何據。背面文較晚。正面年月行剥蝕頗甚。一
行有"十五日"三字頗清楚。上字不很顯,但頗像"月"字下半。
再上有一"龍"字,頗明,"龍"下字不可識。再上一字疑爲"年"
字。再上有一"十"字,很清楚。如有大曆年號,似應在"十"字
上,上字不清楚,但輪廓不似"曆"字。姑存此疑點,以待將來的
研究。上午早點前曾到東邊戈壁小山上一望,略知西邊鳴沙山的
輪廓,晚飯後同石林續晨游,又多下一溝,上一坡,西望更清楚。
歸途在向東第一坡上有二佛龕,內有畫壁。

　　三十日,上午參觀,仍由萬同志導游。南大佛高 25 公尺,建
於開元、天寶年間,比北大佛建造年稍晚。石林在 196 洞壁畫中
發現聽法衆坐有椅子,內靠背及扶手均極明顯。洞前有索勳題
記,建於晚唐當無疑問。從前疑唐人尚無椅子,此發現可解疑問。
石林於另一唐洞壁畫中發現唐人築城已用磚,可破築城用磚始於
明代的謬論。於另一洞中見張義潮出行畫像。有數洞曾經白俄
住過,烟熏毀一部分。下午因喝茶過濃,致妨午睡。三點後與此
間工作人員見面,談燉煌學的前途及希望。晚飯後,又看一大洞,
內壁畫保存尚好(僅缺一額角),但無佛像。此洞建於宋初,建時
二隋洞被破壞,尚存一部分可見。想看武周時記有佛洞始建於苻
秦建元二年的碑,此碑尚存一部分,但載苻秦年及武周年部分均
不見。

　　三十一日,早晨出到北山口,西登嶺上,原意上嶺後南行,在
走完佛洞上部後再尋路下。登嶺後才知道上起伏很多,且路不好
走,恐怕回去太晚,或致誤今天的火車,遂下。路窄,又多積沙,極
不好走。以後我用二手撐地,兩腳前撐,脾股亦着地,成了五腿前

行！歸後，敦煌許縣長、高書記來訪。十點左右，別此間同志啟行。初行，戈壁灘中還見歷歷落落的青草，再行，彌望，寸草皆無；再行，間有草及紅柳，但皆半枯。三點許，到紅柳園，四點過一刻開車東行。入嘉峪關時，天已昏黑。

九　月

一日，天明到張掖，氣温很低，穿毛衣及夾襖，僅可不冷。同車有一易老同志，江西宣黄人，二十八九歲即參加革命，打游擊，今年已六十三歲。他曾參加井崗山鬥爭及長征。解放後即到新疆，現已十三年。他現在退休回家。過武威，附近莊稼很好。到蘭州下午十點已過。仍住世泰家。

二日，上午樂夫夫婦來談，下午同石林及交際處王同志參觀化工廠。署爲中國化工貿易公司。據介紹説共分八個單位。主要工作是支援農業，但也與國防工作有關係。似乎有幾個機構，是對主要兩三場作補給工作的。所作有人造（合成）橡膠及硫酸胺、塑料原料等類。我對於這一方面的知識，貧乏的驚人，所以可以説參觀沒有什麼收穫。前參觀的煉油廠，雖對於它知識也很貧乏，可以收穫比今天還較多一點。晚他們約看電影，我因前兩天的日記還沒寫，並且精神困倦，遂辭不往。後桂珍來談，日記也未多寫，就寢也不早。

三日，今日同建功全家、世泰、春書、石林、王同志（交際處）往參觀鹽鍋峽水庫。庫去蘭州西七十餘公里。有發電棧。全局擬安發電機十台，已安好兩台，已發電的一台，餘一台擬今年底發電。機器運到正在安裝一台。一切機械、安裝、設計全由我國自作。提出的施工方針是"土法先上馬，方法多樣化，土洋相結合，逐步機械化"。開始施工時的右岸圍堰，既不用混凝土加鐵筋的作法，原計劃爲木籠棧橋土石混合圍堰，後因木材缺乏，改用我國舊用的草土圍堰，"節約施工費用 81 萬元，並贏得時間"，效果很好。其他工作也是土洋並舉，效果都不差。實在所謂土是我國先民積纍的寶貴經驗，所謂洋也不過是西方科學家所積纍的寶貴經驗。土法將來總有一些變成洋，這就是説它也取得世界的價值。迷信一方，抹殺一方，均屬不當。水庫中前曾放從武漢運來的魚秧若干萬條，成績不好。現又放從銀川運來的魚秧若干萬條，成績像是還好。晚九三學社請看本地的隴劇《楓洛池》。金少英約我對蘭大、師院的歷史系學生作一報告，答應他。

四日，上午未出，預備報告材料。下午一點餘，桂龍、周桂珍來，照幾張像片。兩點半到省政協禮堂，三點開始談近些年本所對於夏代文化所作考古研究的概略。統戰部約吃晚飯。後看《紅日》電影。決定明日從南路回京，先到西安。

五日，上午十點後即往車站，桂珍來送行。十一點半後，開車，約明日下午四五點到西安。

六日，醒，車停在甘谷站。據説前面路旁有塌方，正集民夫搶修，約須十點才能前開。時有微雨。下車見禾苗全很好，但土人説，不旱，但雨澤過多，穀苗吃虧。蘭州患旱，此間又患潦，未出省而旱潦不均如此！至十二點，車還未能過。據説塌土已除凈，能前行，但坡間有大石突出，查路工怕震動後落下，出更重要事故，必須把它炸掉，才可前行，而此地又無炸藥，現正派人到天水取炸

藥。約須下午四點才能開,然則又須在車上過一夜了! 至四點,
還未開,據説石未炸盡,還須再炸一次。直到快五點半,才前開。
事故現場離此地還有二三十公里。過新陽鎮站,才説快到。到現
場時,車走極慢,過後才加快。此塌方附近,還積有許多修車材
料,有不少餘工須趕作,聞明早約五點才能到西安。今日早餐吃
兩頓,午餐未減,晚餐才減。

　　七日,三點後即未再睡。五點前後到西安站,雇一三輪,往工
作站。到時天還未明(時微雨)。又少休息一會。早餐前後,見
工作站各同志。後即同盧兆蔭、黃石林往游雁塔。九點後與交涉
才開寺門,晤一□君①,引觀籌備中的玄奘展覽室。後即登塔。
塔已修理完整,外有磚台環圍。登六層。頂層因現還有工程須作
不能上。回看近日《人民日報》及《參考消息》。午飯後午睡,繼
續看報。晚飯後與同人往小寨(在南城門外)看電影《罪惡之
家》。係英國出片,揭露"上級"人士罪惡,但我對於戲劇細節,不
能了了。

　　八日,今日早飯後同石興邦、黃石林二同志往參觀半坡博物
館。説明指爲此遺址在距今六千年左右,我看遺物,覺得指爲五
千餘年,或較適合。它上限似不能超出"五帝"。郭沫若院長題
字確信此地陶片上各各記號爲文字,他從前相信夏代尚無文字,
然則他現在已停止他從前的相信了。後出到興慶公園,地據唐興
慶宮遺址,建設的很好。内有沈香亭、花萼相輝樓,均唐人舊名,
建築的不錯。出園,我急着回寓,石同志總想請我吃陝西特別菜

---

①編者注:原於"君"前空闕一字。

"葫蘆頭"，遂致越走越遠。到東門外，他們給我雇一三輪，回寓，他們前去吃"葫蘆頭"。

九日，上車同兆蔭、石林乘汽車往豐西，工作站在馬王村。見張長壽、趙永福及其他同志。看此間采集物及車馬坑。坑內二車：一四馬，一兩馬。保存尚好，但室內潮濕，骨殖已開始發霉，應早日研究並妥善處理。又同登磚廠停用窯上四望。午餐並休息後，出看村外發掘處所。現初開工，未出器物。離此間到大明宮，登麟德殿及含元殿遺址上回望各處。至丹鳳門遺址，據說在一醫院院內保存，未往觀。又往西市發掘處，見劉隨勝及李德金，工人不少，正在工作。現所發掘爲當東西路及南北路交插處，出砃骨很多，疑爲當製骨廠所。歸寓。晚餐後，淋浴。多日未浴，沈悶一掃，甚快。

十日，上午看石興邦所寫關於我國母系氏族的文字，給他提些意見。下午看本所發掘所得的古器物。古人用貝爲孿飾，我從前未見過。七點半坐三輪車往車站，時微雨。八點五十七分，開車。不久即就寢。

十一日，天明已過陝州。七點餘至洛陽東站，時雨不小。雇一三輪到工作站。晤景元、酉生、九恒、緯章及其他同志。上午休息。下午看二里頭發掘所得的古器物。晚飯後同酉生、石林出散步。

十二日，原擬雇汽車到二里頭看一看，早晨才知道是要借車，開始說十一點鐘來，真來時，下午一點半左右，遂不往，要明天再往。終日翻閱《哲學研究》及《文史哲》各雜誌。晚餐後同酉生、石林出，我獨往理髮。出，酉生擬看電影，票已買好，我因未穿夾衣,覺凉,怕散場時更凉,遂退票步行歸。

十三日,今日得二汽車,往二里頭。要開工的同志高天麟、關甲塈、呂友荃同往。此外爲景元、酉生、石林。景元到白馬寺附近,因有別事,先下。現工作站已移到四角樓村。到站,休息,吃飯,再休息。後與方、高、黃同出看村東及東北上半年工作區域。歸,四點餘,回洛陽。因後車車袋癟,換一輪胎,遂致太陽入山時才到(六點半已過)。今天翻閱《文學評論》數篇。

十四日,翻閱《解放軍文藝》。下午七點往西車站,景元、酉生來送。開車時將九點,到十二點仍未睡着。洛陽車站有豫東受灾處逃出小孩討飯。

十五日,將三點,下鋪婦人同小孩下車,我移下鋪後才睡着。大約睡一兩點鐘醒,已到邯鄲。此地聞爲水力破壞鐵路綫的中心,現火車不敢快走。橋梁全冲壞,過便橋時車走比人行還慢。莊稼很受損失,村莊内房屋塌陷不少。離河岸近處有不少地被沙噴過,此等地短期内恐難恢復。有些青苗恐怕是雨後補種的。過保定後火車才恢復速度,到北京九點半,到家,十點一刻已過。

十六日,上午洗澡。到新街口百貨商店買兩片本國造的刀片;到新華店舊書部買《王廷相的哲學選集》一本。

十七日,上班。除看報外,與澤敏同志及其他同志小談。和仲良小談。下午整理舊報和看報。五點前提早回家。

十八日,上午到外文書店取回俄文《馬恩全集》第二十六卷的第二分册(昨天因爲沒有取書卡片,所以沒去,晚在家中遍尋不見,今天上午在工作室抽屜内找出,可是取書後,他們沒還我,我又忘記問他們要)。下午到歷史所禮堂聽傳達關於國際時局的報告。

十九日，下午開大會，作銘作關於調整工資的報告。把《紅旗》第十七期内未看過的文章看完。舊研究生引新二研究生來談。他們一鄭姓，四川人，由子衡指導；一趙姓，遼寧人，由柱塵指導。

二十日，上午佩青來談。下午把第十八期《紅旗》中未看過的文章看完。看《簡訊》的第 27 和 28 號，29 號未看完。意義不全了了，大約是由於資本主義國家的學者看蘇聯政治同我們看法不同的緣故。夢家來談他關於洪水與我不同的看法。仲良亦來，未多談即去。

二十一日，上午十點後開所務會議，討論學部交來近三年（63—65）的充實工作計劃和後三年（66—68）的補充工作計劃草案。下午看四期的（3537—3540）的《内部參考》。接學部信一封，說本年十月開一學部委員會第四次擴大會議，囑作一學術講演。看《歷史研究》2 期中文二篇。

二十二日，上午領小週到紫竹院公園一游。

二十三日，下午看《内部參考》四本、《歷史研究》4 期中文。將六點雨頗大。

二十四日，下午看完《簡訊》的 29 號和 30 號。

二十五日，上午到西郊友誼賓館開慶祝世界科學工作者協會北京中心成立大會。周培元同志主持開會。張□□①同志報告籌備經過。仲揆同志及協會理事長繼續發言。後有朝鮮、日本、

---

①編者注：原於“張”後空闕一二字。

緬甸等代表發言。回家吃午飯。午睡後看報。將四點又到所，想尋找鄭和西行材料，所獲無多。在所少吃一點東西，往人民大會堂，應協會的晚宴。回家已將十一點。

二十六日，上午仍往開協會北京中心成立大會。發言者有越南、印尼、澳洲、馬里、亞爾及利亞、加納、墨西哥、巴西等國代表。回家吃午飯。下午大會仍開會，不往。下午在家看報而已。

二十七日，哲學社會科學委員會於下月中旬開第四次擴大會議，命各研究員屆時作一學術講演。我擬講"我國在鴉片戰爭前原始資本積纍遲滯的直接原因之一"。終日翻閱資料。錫永來小談。

二十八日，上午到民族文化宮聽薩空了關於香港、澳門現狀的報告。他對於香港報告的很詳細，澳門雖也說到，但非常簡略。聽畢後同黃、郭二同志到西單附近一飯館吃午飯。後返所。又到學部聽潘梓年同志作關於反修中四個問題的解釋。

二十九日，上午到院部聽張勁夫同志作關於中央工作會議的傳達。後回所。下午看《幹部培養工作資料》。看31、32兩號的《簡訊》。看艾思奇所作的《反對現代修正主義的幾個哲學問題》。今日發來《把哲學變成群衆手中的銳利武器》《不能忘記階級鬥爭》《論民族資產階級的兩面性》《維持馬克思列寧主義的前途》《美國〈每月評論〉對於國際共產主義運動分歧的看法》《答赫魯曉夫》《馬克思列寧主義者聯合起來》《蘇共領導同我們分歧的由來和發展》各一本，《學習資料》(6、7、8、9、10) 五本，《簡訊》(31、32) 兩本，《關於國際共產主義總路綫的建議》一本。

三十日，接到歷史研究編輯部信一封，請代審閱陳占郎所作的《三皇、五帝的時代內容》一文。上下午把此文略看一遍。又看《答赫魯曉夫》《馬克思列寧主義者聯合起來》《不能忘記階級鬥爭》《維持馬克思列寧主義的前途》。四點三刻提早回家。

十　月

一日，上午七點半後，院中汽車來接，同澤敏同志到所。後大年同志和□□同志①同乘車到天安門觀禮。今年觀禮人特別多，在台上直立四點多鐘。等到十二點半左右禮畢時，我耳中轟鳴不適，仍坐院中汽車回家，飯後午睡，後愈。同季芳領小週到稚岐家吃晚飯。後在門前看天安門前放花。九點後歸。

二日，上午到王府井大街外文書店，問他們忘還我取書卡片事，他們問我號數，我不記憶，他們說等下次取書時再找出還我。出到榮寶齋在附近所開的分店參觀。

三日，上午到所取報及第一卷的《資本論》。下午讀《資本論》中的《所謂原始積纍》章，未完。

四日，上班。全日補看《中蘇會談的記錄》，看完兩冊（共四冊）。

五日，上午繼續看《中蘇會談的記錄》（看完第三冊，第四冊看了一小部分）。下午到北京展覽館劇場看內部影片：共二劇，蘇聯片。亂七八糟，我不完全懂，但可知是反對戰爭的宣傳片。

六日，上午同季芳領小週出到德勝門外一游。

七日，上午繼續看《中蘇會談的記錄》，下午繼續看完。又看

---

①編者注：原於“同志”前空闕二三字。

3547—49 三期的《内部參考》。昨晚因看《白蛇傳》的電視,睡着時 12 點已過,將四點醒,以後未睡着。

八日,上下午看完 3541—46 六期的《内部參考》。

九日,看《資本論》的《所謂原始積纍》及《近代殖民學説》二章(前者是繼續看一部分)。

十日,上午寫《"三皇""五帝"的時代内容》的審閲意見,並送出。下午看《資本論》的《由剩餘價值到資本的轉化》章的一部分。人事課來説:學部打來電話説河南有一副省長去世,想使夏所長同我加入治喪委員會,問我是否可以。問此副省長的姓名,他不知道。答應可以。

十一日,上午到所,接到河南來電説是稽文甫去世,遂復一電代向文甫家屬致吊慰。下午看第 19 期的《世界知識》。又看《由剩餘價值到資本的轉化》章的一段。

十二日,接程德祺信一封(或係十一日)。上午開小會討論潘梓年同志的報告。文濤來談。下午作銘來談。看一點《堯、舜、禹》的稿子。

十三日,上午洗澡。下午獨到紫竹院公園一游。把元人雜劇内的《西游記》同現行的《西游記》一對。現《記》中關於玄奘父母遇難事,大約是本劇《記》,惟現《記》作"江州",劇《記》作"洪州"。劇《記》説賊人冒充刺史後,不久即辭職間居,被擒,與現《記》也不同。後面與現《記》同的,僅有孫、豬、沙、龍馬四衆已具。孫非石猴,却姊妹兄弟五人,齊天大聖是他的哥哥,他是通天大聖。神通也小,哪吒三太子就把他捉住了。壓在花果山下;他有一棒可藏在耳内,但非金箍棒;功也不多。豬神通像是不比他小，灌口二郎用細犬，僅能使他被擒。取經後，三人皆涅槃，佛給他四弟子基、光、昉、測回東土宣揚佛教。

十四日，下午同季芳及澤敏同志坐所中汽車到建國門外看新建宿舍，尚未完工。

十五日，找前數年的日記中關於我打奴夫加因針的記錄，以便明日到北京醫院詢問醫生時可以說。下午吳則虞來談。想起前接一信，忘寫日記，遍找不得！又發現三月間陳紹棣來信，也忘記復信！記憶力減退，其苦如此！後石林給我把信找出，才補寫到十二日日記上，但日子不一定對。接桂潔信一封。

十六日，上午到北京醫院，詢問是否可繼續打奴夫加因針，醫生答可以。回所時，十一點半左右。下午工間操後開會歡送今年大學畢業來所的即將出發勞動一年的同志。我也說一段話，但因事前不知，毫無預備，非常不稱意。

十七日，上午到隆福醫院，掛號檢查打第一針，回所，十點半已過。下午借得《瀛涯勝覽》《星槎勝覽》。翻閱《瀛涯勝覽》。

十八日，仍尋找講題材料。但看《新建設》的學術界動態報告，才感覺到我所理解的原始資本積纍，或與《資本論》所說不盡符合，急取《資本論》，再看有關章節，果與我所理解有出入！主要是《資本論》所說的原始資本積纍與使生產者脫離生產資料的行動爲一事的兩方面，我却理解爲不很相干的二事；我太注意積纍資本方面，以偏概全，忘掉它與使生產者脫離生產資料的關係。前提既誤，不好再提出，乃急寫一信與學部，請其取消講題，因讀書不夠精細，致鬧出此次的言行不踐，心中極不快。

十九日，繼續寫《堯、舜、禹》。早晨打針。

二十日，上午到中關村，訪熊迪之（爲出版海帆舊譯古爾薩數學書事），他病高血壓，入醫院已十數日，因未見，見他的夫人，談後歸。晚看電視劇《三人行》，睡着時，十二點已過。

二十一日，繼續寫《堯、舜、禹》。早晨打針。

二十二日，繼續寫《堯、舜、禹》。

二十三日，早晨往醫院打針，因找不到療治單，輾轉往復，回所時九點已過。仍繼續寫《堯、舜、禹》。

二十四日，上午同季芳、小江往參觀日本工業展覽會。回家，午飯、午睡後，來所。吳則虞同人民大學的尹明、王俊義二同志前來所，未遇，因往家，又在路中岔過！遂又來所，才能見着。原說明天學部委員擴大會議開會，今天知會不開，會期後定。因此遂商定於三十日上午九時到人大，對王船山學術作一報告。後仲良來談。接到開擴大會議的文件。

二十五日，上午佩青來談。接學部來信，說明日上午九點在政協禮堂舉行擴大會議全體會議。下午把各種文件看一遍。接韓里信一封。

二十六日，上下午均到政協禮堂聽郭院長及周揚同志的報告。

二十七日，上午領小週到北海公園一游。

二十八日，到醫院打針。到北京飯店開小組會。晚歸看《人民日報》所轉載阿爾巴尼亞《人民之聲》報所撰駁斥修正主義的長文。看罷，十點鐘已過，洗濯後就寢，恐不易成眠，服安眠藥一片。

二十九日，上午仍往開小組會。下午休會，在家看文件。

三十日，到醫院打針。上午仍往開小組會。下午休會，到政協禮堂聽薄一波同志作關於經濟報告，他的山西口音，我聽不清楚。

三十一日，上午仍往開小組會。下午休會，看《中共中央關於目前農村工作中若干問題的決定（草案）》及昨日的《人民日報》中所轉載朝鮮。

十一月

一日，到醫院打針。全日開小組會。

二日，上午休會，到所看報。下午仍往開小組會，僅報告下星期的開會日程及傳達周揚同志的若干指示。畢後無人發言，即散會。

三日，下午到西單商場，購一自來水筆，一練習本，《中國歷史常識》一本、《琉璃廠史話》一本、《魏晉南北朝小説》一本。晚翻閱此三書。

四日，上午往北京飯店，開小組會，此小組係以學科分。我分在歷史三組。午間回家午飯、午睡後，再往聽林默涵所作關於蘇聯修正主義文藝的報告。早晨往醫院打針。

五日，上午仍往開小組會。午間仍回家，午飯、午睡後，往聽宦鄉所作關於修正主義政治工作的報告。下午去稍晚。

六日，上午仍往開小組會。午間回所，午飯、午睡後，往聽艾思奇所作關於修正主義哲學的報告。

七日，黎明大風，至午後未停。今日本組無會。到所，與二研究生談下年工作。因温度低，未增衣，遂於兩點後提早回家。晚晌看文件。

八日，上午仍到北京飯店聽鄧拓同志所作《歷史科學的戰鬥》的報告。下午回所看文件，並讀《國家與革命》的第五章。

九日，上午聽黎澍同志所作《蘇聯修正主義歷史學》的報告，下午到政協禮堂聽錢學森同志所作《當代自然科學和工程技術的發展》的報告。

十日，上午佩青來，同出往北海公園看菊花展覽。有特闢的小菊展覽室。這些小菊品種大約離野生不久，品種不少。據説明，現在北京菊花有一千七百餘品種之多。佩青覺頭暈，先歸。

十一日，早晨到醫院打針。仍往開小組會。下午往聽潘梓年同志作關於學部工作的報告。後再開小組會，仍以地區分。

十二日，我以爲上午不開會，下午開會，下午前往，才知道上午開過會，臨時決定下午休會，乃歸。看第21號《世界知識》内文數篇。

十三日，上午到醫院打針。上午仍往開小組會，下午繼續開會。

十四日，上午仍開小組會。下午四點到懷仁堂，聽劉主席的報告，後又到北京飯店，開小組會，討論劉主席的報告。

十五日，早晨到醫院打針。上午仍往開小組會。下午讀《德意志意識形態》中的首段。晚往民族文化宫，看《年青的一代》話劇。下午曾看周伯符著的《篆刻學今論》。

十六日，昨晚睡着時，十二點已經打過，三點過後即醒，未能再睡。上午又到北京飯店,出席閉幕大會。吳玉老説一段,周揚同志作總結報告,我的精神不給,未能聽懂。後郭院長説話時,我的精神較好,能聽懂。即在北京飯店吃午飯。後大家同乘汽車到懷仁堂,劉主席先來,後毛主席、董副主席、彭副委員長、康生諸人皆來,在一塊照像。散後回所,僅看報。接秔岐信一封。

十七日,上午往新街口浴池洗澡。中午韓親翁及麇岐、波、昱等來。今日小江行入隊禮。

十八日,早晨到醫院打此療程的最後一針。下午翻閱第十一期的《考古》。

十九日,下午看于光遠同志所寫的《現代修正主義和社會主義的經濟問題》。接桂忱信一封。

二十日,上午同季芳一塊到所,因爲她要同澤敏同志談談搬家各事。後來我又陪她看看美術展覽館前小園,送她上電車。下午接讀《德意志意識形態》一段。看劉一曼所譯的《左傳》兩段。今日中午微雪,後因陰提早於四點半回家。

二十一日,下午續寫《堯、舜、禹》。

二十二日,上午趙文甫、劉鴻文兩同志因開會來北京,來訪。同來者還有兩位,僅握手未問姓名。下午看《關於國際共產主義運動總路綫的建議》。周伯符來談。

二十三日,上午續看《總路綫的建議》。□□來①訪雲甫,適雲甫已回家,他就來我屋內談多時。下午黨內開支部大會,討論

---

①編者注:原於"來"前空闕二三字。

李遇春同志隱瞞曾入三青團事。

二十四日，上午理髮。到文華殿看曹雪芹逝世二百周年展覽。出到田景發寓午餐，季芳已先往。飯後季芳同稚岐往民族文化宮，看《年青的一代》話劇，我回家午睡。起後往訪侍峰。因日記上記他住西河沿 175 號，找到後那裏並無徐姓。出問路警，又到椿樹胡同派出所問（甚不易找），才知道他住 179 號。到他家，室中無他人，他正酣睡，我沒有驚醒他，遂歸。

二十五日，下午看第 22 期《紅旗》中文數篇。預備後日報告材料，讓石林抄出。

二十六日，下午仍預備報告材料，翻閱《張子正蒙注》。

二十七日，上午到人大作報告。回家看報、午餐。後又到所看報。看《內蒙古大學學報》中的《蒙古族科學家明安圖》，未完。

二十八日，上午九點半，在山坡上有傳達。下午把《蒙古族科學家明安圖》看完，又翻閱《庫騰汗——蒙藏關係最早的溝通者》。餘時與石林談。

二十九日，下午看《關於國際共產主義運動總路綫的建議》。仲良來談，想起前些天開擴大會議時的需要交回的文件還未交回，清理後交到人事課，請代交回。

三十日，上午集體討論《總路綫的建議》。下午看報。提早於四點後即回家。接趙全畡信一封。

十二月

一日，上午出到新華書店舊書部購得《水滸》一部。到西單盛錫福,購棉帽一頂。

二日,下午看二研究生所譯的《左傳》。又看王□□①所寫的《爰田考》(在 57 年的《歷史研究》中)。接嵇文甫著作編輯組信一封。

三日,下午想續寫《堯、舜、禹》,但寫一兩行,即遇困難,借得《禹貢錐指》,翻閱一下,又遇困難,遂止。

四日,下午續寫《堯、舜、禹》數行。早回,擬到天橋劇場看演《紅旗》,但風很大,季芳及晞奕全反對去,遂將票送人。

五日,續寫《堯、舜、禹》。

六日,下午到山坡聽傳達宦鄉同志關於國際形勢的報告。後續寫《堯、舜、禹》。因要看電影,在所內吃晚飯。後到蟾宮,看《野火春風鬥古城》電影。回家將八點半。

七日,上午到南河沿政協俱樂部開學部召集的坐談會。在那裏午飯。後到東安市場,買一錢夾。歸所,看報。續寫《堯、舜、禹》一小段。

八日,上午同季芳坐所中車再往建國門外看新房。歸途中到子衡家商議搬家事,郭夫人對搬家在情緒上很有抵觸。

九日,上午與澤敏同志談,將郭夫人的情緒反映給她。後又與子衡商議。下午續寫《堯、舜、禹》。

十日,上午到展覽館劇場,聽田家英同志所作關於農業政策的報告。回家已將一點。午飯午睡後將四點,又到所,指導研究生工作。

----

①編者注:原於"王"後空闕約二字。

十一日，上午到北京醫院，請允許繼續打奴夫加因針，回所十點。下午續寫《堯、舜、禹》。

十二日，昨天醫院給奴夫加因針劑共二十針（今日誤認爲四十針），實只十五針。當時疑應分開打，但遲疑未問，今日上午工間操後，往問，則昨日的郭大夫未到院，囑明日打電話聯繫。下午續寫《堯、舜、禹》。今早大霧。

十三日，上午十點後開會商議本所冬季活動。下午續寫《堯、舜、禹》。仍大霧。接學部送來學部擴大會議參考文件八件。看《反對現代修正主義的鬥爭和自然科學哲學戰綫的一些情況》。又接嵇文甫著作編輯組信一封，介紹陳懷德等二人來談。

十四日，上午到學部聽尹達同志所作傳達周總理發言的報告。後導生同志又提出擴大會議後布置工作所發現的新問題，命各所討論。下午開小組會討論《五評》《六評》二文中所提出的問題。

十五日，上午到王府井大街，買月份牌及曆書。下午僅同小波、小江到西萬廣買兩本學習雷鋒日記分給她們兩個，獎勵她們入隊（小波兄妹同來，報告她已入隊）。

十六日，上午到隆福醫院開始打此療程的第一針。今天才發現北京醫院所給的針劑，仍爲十五針，非二十針！回所時將十點。工間操後方酉生來，他今冬領導二里頭發掘，得有很多柱礎基址，可斷定夯土上面當日築有宮殿。現在二里頭爲在安陽、鄭州以前的遺址，已無疑義；爲一大都會也因此發現無疑義。雖還有不少問題須待繼續工作解決，但它的重要性已可奠定。非常喜悅。下午續寫《堯、舜、禹》。

十七日，上午陳懷德及郭玉堂來談。下午續寫《堯、舜、禹》。看35號的《簡訊》。

十八日，早晨到醫院打針。回所後二研究生來談。下午續寫《堯、舜、禹》一小段。

十九日，上午有在河南新鄉公安局工作的劉君來問糜岐的住址。下午續寫《堯、舜、禹》。

二十日，早晨到醫院打針。回所續寫《堯、舜、禹》。與二研究生談。下午看報。伯符來談。接學部來信一封，説明天上午九點在科學會堂大劇院開會，作關於世界科協北京中心等報告。

二十一日，上午到科學會堂聽范長江同志所作報告，知道九月開會時與修正主義分子鬥爭的激烈。回家午飯午睡後到所，黨中開會念搶救天津水災時動人事蹟的報告並討論。

二十二日，上午到建國門外打聽小江可能轉的學校，但尚無結果。明天爲我陰曆的生日，糜岐同她的三個孩子來祝我的生日，中午吃羊肉涮鍋子。午睡後同糜岐、小昱、小江游動物園（三個大小孩已經先往）。

二十三日，早晨到醫院打針。下午續寫《堯、舜、禹》。上午有周成勳來談，據他説他同我相識頗久，但我絲毫記不得。晚大風。

二十四日，上午看本所64年度工作計劃。下午續寫《堯、舜、禹》。昨夜睡眠不好。今日風仍不小。

二十五日，早晨到醫院打針。下午續寫《堯、舜、禹》。今日風止，溫度很低。

二十六日，全日開會（殷周小組），上午談全組工作問題，下午談夏代文化的探索問題。

二十七日，早晨到醫院打針。上下午全忙着討論近九年對夏代文化探索問題的細節，並擬計劃。看36、37、38三期的《簡訊》。接科協會全會信一封。

二十八日，上午到人民大會堂聽大慶石油礦的工作報告。散會時已三點半。十二點休息時有賣麵包及點心的，我因未帶糧票，未能買。到家，已將四點。吃飯睡覺而已。

二十九日，上午再去看侍峰，他的孩子們仍未在家。有一保姆在，與她談，知道病情。

三十日，早晨到醫院打針。續寫《堯、舜、禹》。提早於四點半即出回家。

三十一日，上午二組開會討論計劃。下午與伯洪、彥煌二同志談將來工作。又與劉金山談。晚看電視中豫劇《朝陽溝》。

一九六四年

一　月

　　一日，上午照勳同志以汽車來，同乘車到西郊參加科學會堂開幕典禮。會堂原爲西頤賓館的一部分，撥出三座樓堂爲會堂。下午到西直門購電車月票。

　　二日，早晨到醫院打針。上午周成勳（北研舊人）來談。下午開工作報告會，有安陽、豐西。

　　三日，上午王錦第來談（他前月餘曾同炳辰到家中談，忘記）。下午仍開工作報告會，豐東、侯馬、漢水三隊報告。

　　四日，早晨到醫院打針。上午仍開工作報告會，山東、山西、蒙古三隊報告。下午黨內開會，念去年李富春在人代大會工作報告。

　　五日，上午將往西郊看雲甫。未出門，所中派鍾□□①來接，

———————

①編者注：原於“鍾”後空闕一二字。

同往,坐七路及三路電車。雲甫身體還好,就是睡覺和吃飯方面,有些問題。看見他個外孫女,小外孫女十一歲,寫的文章很能傳神。他的女兒,他先叫她來我家,告訴他的身體頗佳,請我不必往,但她未到,我已先往;她回去後,才見到面。我回家時,她又送我到家,小坐即去。下午幫助糜岐、景發、晞奕檢點搬家時應處理的書報。晚看電視內《千萬不要忘記》話劇。

六日,早晨到醫院打針。上午王錦第再來談。下午仍開工作報告會,二里頭、漢魏故洛陽城報告(後一項未完)。

七日,下午仍舊開工作報告會。漢魏故洛陽城繼續報告。長安隊渠道報告(未完)。上午周成勳來,小坐即去。今夜睡時已近十二點,入眠已過十二點。

八日,早晨到醫院打針。下午仍開工作報告會,長安隊續報西市發掘。後漢城部分報告探測漢建章宮情形。最後馬得志同志報告支援敦煌發掘情形。

九日,下午安志敏、王仲殊兩同志報告我們在東北與朝鮮同志合作調查高句驪、渤海、紅山後及夏家店文化遺址的情形。晚又睡頗遲,快十二點鐘了。

十日,早晨到醫院打針。下午顏誾同志報告其審定骨骼工作,□□□同志①報告其審定舊石器時代動物化石工作,□□□、□□□兩同志②報告其籌備炭 14 定古物時代工作。下午落雪,提早半點鐘回家。

十一日,夜仍落雪,上午還落一些。因路滑全日未上班。在

---

①編者注:原於"同志"前空闕二三字。
②編者注:原於"兩同志"前空闕兩人名。

家看報而已。

十二日，上午同晞奕出到擬新搬房子，會糜岐、景發、小波共量新屋面積以便計算搬移位置。同回家，已一點鐘。他們幾個全日計劃位置。

十三日，上午到醫院打針（提早一點）。回所八點四十分。九點爲同志作一《關於堯舜禹歷史的初步試探》的報告。下午出到東四擬取款，但值銀行同人休息，遂回所。看近三天的報及今年1號的《世界知識》內文。

十四日，下午兩點多即出到東四銀行辦事處取款，但因昨日未注意它的辦公時間，到的過早，遂往南走一會兒，等到三點半他們開門，才進去取款。回所時已四點多。全日翻閱新出的《中國史稿》第二冊。

十五日，早晨到醫院打針。下午續寫《堯、舜、禹》。將六點到紅星看《走人民公社的大路上》及《海上南泥灣》電影。

十六日，續寫《堯、舜、禹》一段。搜檢材料。因爲明天上午要開會討論大慶石油會戰經驗對於我們工作有什麼用處，遂看《關於大慶石油會戰的匯報提綱》。

十七日，早晨到醫院打此療程的最末一針。全日均開會討論如何把大慶石油經驗精神適用於我們工作的問題，我上午開會時精神還好，下午精神不佳。

十八日，上午到人民劇場聽關於作社會主義教育第一批工作人員慶功大會的報告。回家午飯後，到所，聽作銘同志所作他們到日本訪問情形的報告。

十九日，上午曾獨出，走到展覽會門前，即返。下午同景發、何犖等談並布置關於搬家事宜。

二十日，下午仍搜檢《堯、舜、禹》的材料。

二十一日，上下午（下午工間操後停）皆開小會討論大慶石油會戰經驗與精神，並討論在我們自己的工作中利用這樣精神。

二十二日，上下午仍繼昨日討論（下午仍工間操後停）。續寫《堯、舜、禹》。

二十三日，上下午仍如昨日討論。

二十四日，上午照勳同志作學大慶經驗第二段工作應如何進行的報告。續寫《堯、舜、禹》一段。下午開會開始第二段工作，檢查近數年工作的成績。

二十五日，上午繼續昨日下午會；下午續寫《堯、舜、禹》。

二十六日，上午同麋岐、晞奕（？）到所整理要搬的書籍，未完。由所中來電話説明天應往東郊某村參加某公社鬥爭地主大會，上午七點餘由所中汽車來接。

廿七日，早晨汽車來接，後又接安、顔、黃諸同志。到學部，才知道鬥爭地主大會停開，改爲三級幹部會議，可自由參加，不必一定去。仲良即歸，也未接郭、佟二同志，僅由我同顔、安三人前往。過馬□橋[1]，到麥莊開會，實爲憶苦思甜大會。約十一點鐘開會。今日天陰，在院中開會。我本來内穿皮衣，經濟所一同志怕凍着我，又把他的大皮外套給我被上，身上一點不冷，可是脚、腿凉得很。會上由□樹元[2]等三人報告他們的慘痛經過，約到四點鐘。

---

①編者注：原於"馬"後空闕一字。
②編者注：原於"樹元"前空闕一字。

會外貼有各地主所藏的預備變天的地契多張，最早爲道光二十□①年的。我昨晚嗓子就不適，回時幾乎發不出聲來。但脚却未凍，很高興。

廿八日，今早嗓子較好，但仍啞。上午又同縻岐、十七弟到所整理書籍。畢後，出時風不小。縻岐想看繪畫展覽，到門口，才知現展覽已完，他們即歸。我本意要往北京醫院看嗓子，但十點半已過，恐晚，就到隆福醫院掛號請診，可是是時號頭已掛完，囑下午再來，我因無必要，遂回家。下午到轎子胡同門診部就診。

廿九日，今日服藥，但午後身體覺睏不適。量體溫，至三十七度七，乃停止服藥，晚請陳西源大夫來診視，服中藥。

三十日，燒退，終日在家。

三十一日，仍吃去嗽藥，但下午仍不適，量體溫，至三十七度八。乃叫一出租汽車，到北京醫院就診。由晞奕陪往。

二　月

一日，全日在家休息。

二日，今日搬家，我與季芳、小江、小週先到縻岐家（由於小週前數日也有點發燒）休息。由縻岐、晞奕、景發、十七弟諸人照拂搬。我們於四五點時才返新居。

三日，在家整理書籍。

四日，到所中謝幫助搬家諸同志並取報。在路上因忘記時日

---

①編者注：原於“二十”後空闕一字。

誤用上月月票,與汽車站上人有不少爭論。後細看月票後規則,才知道錯處在我。我因犯此類錯已不止一次,但終未細看規則,疑惑人家執行政策不正確,故致屢犯! 此後當嚴厲改正。下午理髮。

五日,早晨出游到日壇公園,很整齊廣闊。上午仍檢點書籍。桂愉、桂忱皆回。下午寫《堯、舜、禹》一小段。

六日,早晨游到日壇公園。上午到所,第二組開會討論探討夏文化的具體作法。下午續寫《堯、舜、禹》。

七日,上午所內一部分書籍運來,同桂愉、桂忱整理上架。將晚作銘來談,後同乘車到政協禮堂,應學部招餐及開晚會。回時十點左右。

八日,昨夜雨雪,早晨仍霏霰,冒雪到(日壇)公園一游。上午到所檢還小部分所借圖書室書籍,又檢還《簡訊》多本。昨日檢書,覺《觀堂遺書》的三集缺本,在所內遍尋不得。回家再檢,始知不缺。下午看報而已。

九日,早晨游公園。上午續寫《堯、舜、禹》。下午看報。

十日,早晨游公園。上下午續寫《堯、舜、禹》。晚同季芳坐所中車,到政協禮堂,應院部所開晚會,爲京劇《三打祝家莊》。回到家時,十點半已過。今日風不小。

十一日,起已七點,未出。早飯後出到公路北林中。太陽好,風仍大。想看報,手冷不能執,遂歸。看報後續寫《堯、舜、禹》。

十二日,早晨游公園,出北門,循神路街,直走到東嶽廟門口。上午到所,借得《逸周書校釋》二本,又取回《新華字典》及我的《傳說時代》。下午續寫《堯、舜、禹》。秉琦來,同他一塊往訪尹達同志。邵達成來。晚看電視。

十三日，今日爲陰曆元旦。早晨往訪志雲。早餐後同桂愉、桂忱、小紅、小週往游公園。返聞佟柱塵來，未見。黃石林、胡才倫、王世民、劉金山來。照勳同志、學部張主任，還有一同志介紹過，我忘姓名；還有二女同志，一係舊師大學生，同來。下午碧書、何琪、糜岐、韓爭、小昱等來。晚同桂忱、汪嫂往人民大禮堂看科學會堂所開的晚會（歌舞部分），九點即回。

十四日，早晨到公園，出西門直走，到舊城濠，轉南，回家。早餐後，出到子衡家，談。出到佟柱塵家，他出門，同佟太太小談。出，本意訪作銘，乃誤到元胎家，談。後同到胡厚宣家，談。出，同到作銘家，也遇到所中馬得志諸人，談。又同出到楊向奎家，談。出，元胎返，獨訪顏闓，他出門，出，訪吳世昌，談，並談到他對於《紅樓夢》的研究。他對於"戚本"，全同各本對過，信其真實，並信曹雪芹隱暗中有民族之痛。本意再到所，但時已晚，遂回，到家，一點半已過。

十五日，早晨游公園，昨夜雨雪，今日未停，冒雪游園，別有風味。回後聞志雲來，未見。後子衡來，魏銘經來，容元胎來。吳子臧來，胡厚宣來。顏闓夫婦同來。將晚，又出一轉，回時聞楊向奎來，未見，送我一本他所著的《中國古代社會與古代思想研究》。讀鄧拓所著的《歷史科學必須戰鬥》及黎澍著的《蘇聯歷史中的修正主義》。又看2—3合期的《紅旗》文一篇。晚飯後到一單元回看張主任及王副所長（法學所）。

十六日，今早風大，約到六七級。僅出外到東邊小游。早飯後，進城，到美術展覽館，看公社風光、年畫、新興勢力運動會照片三展覽。出到所，見着幾位同事，但多數我全叫不出姓名。出時近十二點。回，午飯及午睡後，把2—3合期的《紅旗》所餘兩篇看完。出游公園。回，作銘來談，他去後，尹達來談。

十七日，早晨游公園。早飯後到北京醫院請問是否應繼續打奴夫加因針，允許後，即在該醫院打針（編號爲十八號）。下午午睡後，晞奕哥哥來小坐。繼續寫《堯、舜、禹》。後出向東走到大北窑附近。

十八日，早晨游公園。餘時看《堯、舜、禹》的已寫成稿，並改正。整理舊雜誌。看第三號的《世界知識》内文兩篇。

十九日，早起即進城，過東單公園，到醫院打針。後又要安眠藥二十粒。出到東安市場，購得《吴承恩和西游記》《王禎和農書》二小冊子。到所，看完二小冊子。回，午飯、午睡後，翻閲《説文釋例》。看完第三號《世界知識》。接錫昌信一封。今早桂忱回東北。

二十日，早晨游公園，到烈士馬駿墓前。上午學習《蘇共領導是當代最大的分裂主義者》，參考《哥達綱領批判》，細讀一遍。下午繼續學習《七評》一部分。將晚愛松來。

二十一日，早晨到醫院打針。回又從東小林向東又向南，從南齊家園回。繼續學習《七評》。下午看馬克思《致巴·瓦·安年科夫》書。桂愉明日回南，今晚往公主墳寓住。晚飯後出東過大北窑，向南又走半里始歸。

二十二日，早晨游公園。早飯後到所。參加傳達反修文件，内有赫魯曉夫罪狀十二件。傳達後即開小組會討論，下午繼續討論。晚飯後，出東過大北窑口百步，即歸。接桂璋信一封。

二十三日，今日起晚至將七點，未出。上午整理書，下午同季芳、晞奕、小江、小週出，晞奕往展覽館，看《千萬不要忘記》話劇，我們往舊居二宿舍到各熟人家小坐。回到家，六點半已過。

二十四日，早晨游公園。早飯後到醫院打針。出，因昨日未找出近數年日記，疑忘在所內，又想打聽鮑爾漢同志確實職務，遂到所，仍未得舊日記。回家，午睡後，再檢舊日記稿，終於找出。後而翻閱日記，找入黨一切經過。

二十五日，早晨游公園。回桂璋父子信一封。晚科學院在人民大會堂招待阿爾巴尼亞地拉那大學訪華團友人，各所去人作陪，我同兆勳、作銘、顏闔三同志往參加，不過看舞蹈、雜耍，聽獨唱、京劇而已。到家時將十一點。

二十六日，早晨游公園。早飯後到醫院打針。後到所，看報。回家午飯。下午看《世界知識》（4）文多篇。晚飯後出，西到舊城濠，東到豫王墳（過車站）。

二十七日，早晨游公園，出北門，自東大路返。看《新石器時代研究的回顧與展望》，兼參考《新中國的考古收穫》。寫王世泰、魏乃信一封。

二十八日，昨晚睡下後，王卓成來說所裏來電話說：“有一封電報，上款是徐旭生（只音），下款是景籍，原住址是王府井大街九號，找不着，就找到我們這裏，電報是否收下？”我對於景籍毫無印象。季芳說：“進德在西安鐵路醫院，是否他來的電報？但名又不合。”卓成往給電報局打電話，問電報內容，答：“是報告他父親去世日期的。”猜測不透，教等明天上午我到所細問再定。季芳說：“祥已退休，也可能就養西安。”又睡後，我想：名雖不合，但進德係他家用名，出外工作，可能改名。他人馬虎，可能忘了是否曾把新名告訴我們，就冒然打來。早晨游公園，出，仍從東大路歸。早飯後到醫院打針。換電車月票。到所，取到電報，上款爲徐續生，是否進德發，仍未敢定。看《內部參考》兩本。因下午要聽報告，午飯在所吃。後同黎晨、王伯洪、盧兆蔭三同志坐所中汽車到電報大樓聽陳毅副總理在昆明發言的錄音報告，講他同周總理訪非洲及阿爾巴尼亞的聞見。畢，仍由汽車送歸。晚出由東大路轉到公園門口，進走一節。出，往西，順西大路歸。

二十九日，早晨游公園，出北門，轉西，由西大路歸。早飯後到所。集體學習，討論《七評》前兩段。我雖已看過，但未細想，雖也發言，但很不滿意。歸午飯。下午僅看報。晚，出，遇何犖來，讓他進家，我東走到大北窑第一站台即歸。收鮑爾漢回信一封，並寄來畏文課本數本。

三　月

一日，上午同季芳、小江、小週游公園。張親家母來。下午看《紅旗》(4)文兩篇。讀《論持久戰》文中一段。晚出，往東，轉東大路，過公園門前，從西大路返，到公路，又向西走半里，歸。何犖來。

二日，上午到醫院打針。出，到所。看《內部參考》三本半。回家午飯。下午學習《關於若干歷史問題的決議》，未完。晚出，由東大路北行到拐彎處，拐向東一節，由原路歸。

三日，早晨游公園。上午到所續看《內部參考》，僅看兩本。

中午回家時微雪。下午學習完《關於若干歷史問題的決議》。又學習《在延安文藝坐談會的講話》的一段。晚看電視《于謙》，並稍翻閱《明史》中有關章節。游公園時，看東北角的兩通高碑。碑太高，看不太清楚，但可知的是爲修建佛寺而立；時間是萬曆二十七年，建寺人大約是當日的一個中官。

四日，上午到醫院打針。到所，續看《内部參考》兩本半。把已看的交回。回家。下午續學習《在延安文藝座談會的講話》，完，又學習《反對黨八股》，完。晚出從西大路北行轉西進公園北門，穿過公園，回。接國臣到家後來信一封。

五日，早晨游公園，從北門出，由日壇路（即西大路）回。改一點《堯、舜、禹》稿，有不滿意及未能解決處。取來《歷史研究》，看仲舒同志寫的《論〈戰國策〉的編寫及有關蘇秦諸問題》，因史料不如他熟，還有未能理解處。

六日，早晨游公園，出西門，從日壇路，轉建華路歸。早飯後到醫院打針。到所，看《中共中央文件》一本半。回。下午改《堯、舜、禹》稿，檢材料。晚出由日壇路北行，到北頭，更向北走二百餘步。回，進公園西門，穿園出，歸。

七日，早晨風不小，只到大路北小林中一轉，即歸。早飯後到所，集體學習，討論《七評》中數段。因爲預備較好，發言也較滿意。下午在室内看《中共中央文件》兩本半。有一劉君來談。他名世凱（名字很怪），福州人，現在院圖書館工作。後伯符來談，聽説雲甫近日手顫，寫字不易。

八日，上午獨出訪雲甫。坐一路公共汽車到木樨地下車，後步行過甘家口，即到。雲甫前些時，患血壓過高，近來已到正常。

十二點過後出，又到甘家口，坐一路電車進城到白塔寺下。後步行到西四同和居午飯。後坐三路電車，到東長安街，換一路公共汽車回。午睡後寫《堯、舜、禹》注稿一條。晚，出到公園一繞。來回均由建華路。

九日，上午到醫院打針。後到所，黎晨同志來，説上午在學部有傳達報告。十級以上黨員幹部集體往聽，遂到人事處，九點一刻過後，同出坐電車往，十點開始，報告中共中央答覆蘇共中央的三封信。畢出歸家。下午改《堯、舜、禹》稿，仍多亂雜的段節。晚出由東大路向北，西轉由光華路，過公園門口，西至日壇路，南行回家。

十日，早晨游公園，出北門，往東，快到東大路，但從內樹叢中走，後又轉西，到公園東界，往南，從東小林歸。早飯後到所，看《中共中央文件》五本，《內部參考》一本，歸。下午仍改《堯、舜、禹》稿。晚出再到公園內一轉。接進德信一封，説他沒有發電報。

十一日，早晨到公園一轉。出，從建華路南行，見口往東，再轉南，從東小林歸。早飯後，到醫院打針。後到所，看《內部參考》三本。十一點半即回。下午仍改《堯、舜、禹》稿。今早到所時即霏數粒雪珠，未幾即止。下午四點鐘許又落雪，至晚九點餘未止。前兩日天氣轉暖，今日忽落雪，未知對田苗及樹苗有損害否。

十二日，夜雪不大，今早晴。上午到所。看《石油工業部關於大慶石油會戰情況的報告》（昨日已翻閲一部分，今日與前些日看過的《關於大慶石油會戰的匯報提綱》對着看，此件更詳細），未完。十一點半後，即歸。來去時路上泥不小。下午看《世界知識》》(5)內文數篇。

　　十三日,晴,風和。早晨游公園,出西門,由日壇路,歸。早飯後,到醫院打針。後到所,僅看報。下午在家改《堯、舜、禹》稿。晚再到公園一轉。翻閱今年第3、4合刊的《古籍整理出版情況簡報》。

　　十四日,早晨游公園。早飯後到所。上午小組開會討論《七評》的最後兩段。下午仍以《石油工業部關於大慶石油會戰情況的報告》與《關於大慶石油會戰的匯報提綱》對看,完畢。三點半後即歸。後看報而已。

　　十五日,昨夜又落一點雪。今日上午進城,到王府井大街購得過期廉價的膠卷。本意決定要把裝卸學會,但歸結還是不準會! 到新華書店及東安市場,想買《簡化漢字表》,不得。爲小孩買三本兒童讀物(《列寧和修爐匠》《紅色少年連》《義務勞動日》)。下午看報未出。晚看電視《一家人》。

　　十六日,上午到醫院打針,後即回。仍改《堯、舜、禹》稿。晚出穿公園,出北門,順神路街北走,到朝陽區黨支部門前,由原路歸。

　　十七日,早晨游公園,出北門轉東,過芳草地,由東大路歸。上午到所,清理木箱,想把陳獨秀所著關於文字學的油印本找出,但裏面無有,不知道是否因不注意出掉! 非常鬱悶。回家,下午看應學習的毛主席著作。晚出往東,快走到大北窯的路口,即轉回。

　　十八日,上午到醫院打針。後到所,看報。下午小組開會,討論如何學習毛主席著作問題。

十九日,夜睡不好。夜寒,整理兩次被窩,才好一些(睡不好是因爲昨晚未出去,與寒無關)。早起,見夜裏又落一層雪。出向西走到近城濠的大水池,順着南轉,後又向東,過中心小學門口,歸(時仍霏微雪)。把《堯、舜、禹》的稿子尾結住。再從頭看,並小改。仍很有不愜意處。晚到公園一轉。今日室内①不到十五度(暖氣未停)。

二十日,昨晚聽説今天八點有汽車來接,到某地去開會,今晨不敢遠走,僅到東小林中站一會,即回。可是八點半車仍不來!電話去問,説是十點才開會,九點半車才來!(大約昨晚是汪嫂誤會)。到學部開會,傳達陸定一同志對教育意見的報告。下午翻閲《胡志明傳》。晚到公園一轉。寫給電報局信一封,把上次所錯收電報還他們,請他們再找應收信主。

二十一日,昨夜又落雪蒙地。早晨僅出到東小林中少站,即歸。早飯後,出到醫院打這一療程的最後一針。出步行到南河沿政協文化俱樂部開學部召②開的學習會。我恐怕到晚,但到時却屬第一!大家後陸續到,開會,討論時局。中午在那裏午飯。後坐所中車到所,把《漢書補注》的《地理志》四本取回。下午在家,看報而已。晚雖時霏微雪,但仍到公園内一轉。

二十二日,早晨出東走到大北窰十字路口。上下午翻閲《越絶書》。晚到公園走一轉。補《堯、舜、禹》注一條,未完。

二十三日,上午到所,十點後開所務會議,一報告籌備開考古會議的經過,二討論提升人員事。我對於人員性情和經過全不了

①編者注:"室内",原誤作"室子",據一九六二年十一月五日及二十日日記等改。
②編者注:"召",原誤作"招"。

了，所以全會幾未發一言。中午回家。下午繼續改《堯、舜、禹》稿。晚到公園一轉。

二十四日，早晨出到公路北小林中東西橫穿，後又向西走，到建外車站，才回。上下午仍繼續改《堯、舜、禹》稿，完畢。晚到公園一轉。雖風仍多凉意而月光極好。

二十五日，上午與子衡、作銘、仲良同乘所中車到展覽館看工業展覽。絕大部分爲機械，我們一點不懂，只好走馬看花式地周流一趟。回家吃飯後，到所，開學習會，討論如何學習毛主席著作。晚，風頗大。在室內看本日報，未完。

二十六日，早晨游公園，從西門出，順日壇路歸。上午補《堯、舜、禹》稿中一注。看各注號頭，仍有錯誤。下午看報，《人民日報》轉載日本《赤旗報》的一篇論説，介紹爲"乾净徹底肅清現代修正主義者美化美帝國主義謬論"，文極有力，介紹措辭尚非太過。晚再到公園，出東小門，順墻南行，再轉東，從南齊家園車站東路轉歸。月光不如前夜。

二十七日，早晨出從日壇路往北，進公園西門，繞到北門，即出自南門，順建華路歸。上午到所，查一點材料，即歸。下午再往美術展覽館，看六三年新書展覽。後買第二册《上海的早晨》及《晋陽秋》一本。又到所內一轉。出，到全素齋，買素菜一合，價2.66元。

二十八日，早晨游公園，至中區東北大亭。過一門，到西部，向南翻小土山坡，即歸。上午到所，學習討論修正主義者所説的和平共處及和平過渡。下午看前幾天的《參考消息》。四點過後，回家看本天報。晚再到公園一轉。月光更爲烟霧所蒙。

二十九日，全日看第二册的《上海的早晨》。僅下午同子衡坐所中車(仲良後往)到人民大會堂看周總理訪問十四國的照片。回時到子衡家小坐以便汽車往接仲良。

三十日，仍全日看《上海的早晨》，完畢。此册叙述上海五反運動時的坦白與抗拒兩家的分別處理。晚到公園一轉。

卅一日，早晨游公園，出北門由東大路歸。上下午看《堯、舜、禹》稿，並看《人民日報》所載《無産階級革命和赫魯曉夫修正主義(八評蘇共中央的公開信)》。晚再到公園出北門，從日壇路歸。

四　月

一日，早晨游公園。上午到所看近幾天的《參考消息》。下午休息後，繼續看。至四點看畢，即歸。看本日報。晚出東走到郎家園。看《晋陽秋》若干頁。

二日，上午續看《晋陽秋》。到二道街買鷄蛋。下午讀《春秋世論》，《春秋》不熟，有些事情找着頗費力。晚到公園一轉。

三日，早晨出從日壇路進公園西門，作一大轉，從建華路歸。今日繼續讀《春秋世論》，也續看《晋陽秋》，均未完。晚到公園一轉。

四日，上午就要到所去，還未出門，王俊卿來，送到今日中心小組學習會，今日請侯外盧同志作科學團到日本工作報告的通知，並以汽車來，出，車又接作銘同往。也接子衡、仲良，皆已先往。會址在慶霄樓。散會後，到仿膳齋吃午飯。後到所，取昨日

《參考消息》,看完,約四點,歸。看本日報。昨到公園,過北門,出西門,從日壇歸,時微雨。

五日,昨晚雨不小,終日陰,時微雨。晚變雪。不能出門。看完《晉陽秋》。餘時看報。

六日,昨夜雪不大,今早地上無雪,只房頂或木板上存有一層。晴。上午到公園一轉,山桃多數半開。讀完《春秋世論》。晚出東過豫王墳站。

七日,上午出到公園一轉。出西門,由日壇路,到二道街,想買水果,不得,買點青菜,即歸。看《續春秋左氏傳博議》數篇。下午再學習《改造我們的學習》《整頓黨的作風》。也學習《反對黨八股》,但未完。

八日,上午到所,室內僅有九度。遂不脱外套,看近二日的《參考消息》。下午到人民大會堂,聽周總理所作歷訪十四國報告的録音前半。晚在家看本日報。

九日,上午同季芳到公園內看花。下午再到人民大會堂,聽周總理報告録音的後半。晚出走到大北窰路口東。

十日,近兩夜睡的全不夠好。早晨游公園。出北門向東走到東大路內層小叢木間。再往西,穿東小林歸。再把《堯、舜、禹》及加注稿校對一過,即作定稿。晚再到公園一轉。

十一日,上午到所(時霏霧絲)。討論《八評》。下午看前幾天的《參考消息》。畢,約四點,即回家。看本天報。晚看電視中三段獨幕劇。

十二日,上午領小江、小週到天安門前,瞻仰英雄紀念碑。又進歷史博物館,看一小部分。小週鬧着回家,就出回家。下午對

《堯、舜、禹》的稿子又補一小段。

十三日，早晨出東走到建外站，又南走幾十步，即歸。上午到所，開討論尹達同志於□月①考古學會開成立會發言稿應如何補充的問題。我對於此問題，素欠研究，因未發一言。後即回家。下午看報後，寫與研究生工作指示信。晚到公園一轉。接芝生信，轉來國香信。

十四日，上午再看昨日《光明日報》附載。看《家庭、私有制和國家的起源》。下午本想續寫前未寫完復程德祺的信，遍找不見，連他的來信也不見！後同季芳說，她替我找，完全找着！我的粗心到什麼田地！因晚也未續寫。昨夜有微雨。今日全日陰，也落點雨。下午曾出到合作社買鞋帶。

十五日，上午到所，把《堯、舜、禹》稿和給研究生信交給仲殊，請他代交。看《參考消息》。下午研究組開學習會，討論學習《改造我們的學習》的心得。下午有雨。

十六日，上午隨便翻閱《晋書》陶侃諸人的傳。下午續寫完復程德祺的信。下午雨不小。早晨曾到公園一轉。

十七日，早晨出，有泥，須看着、躲着走。西行，從日壇路進公園西門，轉一圈，歸。上午到所，與作銘、兆勳兩同志談，決定二十日動身到洛陽，又留盧兆蔭多等三天，與我同行以便招拂（他原來要今晚就到洛陽）。下午學習明日討論材料。晚所裏來電話說明天中心小組在慶霄樓開會，汽車於八點半來接，請在家等。

十八日，八點半乘車與作銘一同到慶霄樓。討論《八評》。

---

①編者注：原於"月"前空闕一字。

潘梓年同志主持開會,他發言很多,與會的僅張□①生、賀昌群、黃仲良、吳子臧數人發言。畢,到仿膳齋午餐。後到所時,未下車。車往送作銘,畢,我又想起要到所取毯子,遂又到所。後到百貨大樓,買一對帶腰膠鞋,價6元7角。因東西多,不好拿,只得又命汽車送我到家。晚看電視《南海長城》。何犖來。接到師大寄來《中國史學史資料》一本,也翻閱幾篇。接伯恭的女人信一封。

十九日,上午微雨,出外向東走過南齊家園車站即歸。衣微濕。看《新中國的考古收穫》的龍山文化部分。同季芳檢點行李。

二十日,上午到所,時已微雨。到所後,雨大下一陣。盧兆蔭來,約下午五點半,坐所中車到家,同往車站。遂歸。下午檢點行李。五點過後,兆蔭同志已來。待至過六點,才出往車站。臥鋪同室人,一似爲洛陽拖拉機廠廠長。

二十一日,醒後仍雨。上半天未止,時大時小。十一點餘到洛陽西站,工作站有同志,在站外來接。到工作站,見伯洪同志等。下午三四點後,雨止雲破。翻閱《大唐西域記》。晚飯後同伯洪、兆蔭同游到洛河大橋,橋有壞柱,正在修理,禁行人往來。回到站,天已定黑。

二十二日,晴。上下午翻閱李亞農著的《西周與東周》。將午伯洪說今天可以往二里頭,大喜過望。下午一點半坐汽車同往。過舊城,順往偃師公路,沿鐵路北東行。未到白馬寺,南轉,

----

①編者注:原於"張"後空闕一字。

過鐵路南,擬從棗園村南過洛河,但因雨水漲,汽車上不了船。無法,只好回來。晚飯後,同薛玉堯出,進城,洗澡。回後想找人洗衣服,而玉堯同志强爲我洗,至意可感。

二十三日,全日多雲。看完《西周與東周》。書寫得很好。就是有些部分,立時還難取得承認,遼很值得深思。又翻閱《秦會要訂補》和《漢晋學術編年》。下午出買一盒火柴。看報。

二十四日,陰,時降小雨,氣温降低。上午同薛玉堯、劉國强二同志到拖拉機廠參觀。廠在西邊□□里①。幹部與工人共兩萬餘,外家屬約三萬餘人,合計五萬餘人。占地二十餘頃。每天製出東方紅牌機四十輛。現缺乏工人。如果人多加班作,還可增產不少。内共十七車間。我們參觀鍊鐵、鍊鋼、燃料加工、裝配、總裝配五車間。女工約占 1/5。由一白同志引導參觀(白,山西平順人)。回站十二點。下午看報而已。寫家信一封。

二十五日,夜雨,早晨晴。伯洪同志來説,可以往二里頭,甚喜。九點半動身。汽車向西走,司機回廠取修理器械以備不虞。出,南由一便橋渡洛。未幾,即下公路。土路泥很大,不好走。無法,由原路回,仍穿城向東走,因爲幾全爲公路,好走得多。到首陽山車站南,才下公路,不太難走。不久即走到河灘。汽車留河北岸,人坐船過河,經二里頭村西,再南,到四角樓工作站,與同人見面。時十二點剛過。汽車上東西,雇一架子車運回。午飯後,小休息,即出到工地,看同人工作。現工人有二三十人。還有一部分人,正在填挖過的坑。不久回,與酉生同志談,並看幾件出

①編者注:原於"里"前空闕約二字。

土物。

二十六日，晨起時，陰。後轉晴。下午仍多雲。上午到工地，並與酉生談，伯洪同志領導工作，似有未能瞭解衆情，輕率命令的毛病。回，即眠睡。午飯後，看《新中國的考古收穫》。兩點後，到工地。太陽隱雲中，風多凉意，少立即歸。仍看《考古收穫》。接到陳昊自徐州師範學院來信一封。他爲該院四年級學生，來信問《左傳》管仲答楚所言齊先君履地事。信封住址名字都不錯是我，内信頭却寫"中舒先生"！他大約把我同中舒鬧混了。他還有文章寄來。我對於此問題也不清楚，只好等看到他的文章，回北京把此問題弄比較清楚後，再斟酌如何答復。

二十七日，陰，時落幾點雨。上午到工地。西二坑南擴大開二坑。原西西坑出一銅箭頭。到十點鐘工人休息時我即回站。仍眠睡。午飯後，看一點《考古收穫》，後又眠睡。醒後，送報人送來兩天的報，遂在站看報，未往工地。今日吕友荃因病回洛陽站診治。此地炊事員王同志歸，劉同志回洛。

二十八日，上午陰，下午轉晴。上午到工地，風頗凉，雖也小心，可是下午就有點咯嗽。原西東坑出一帶角的頭，疑爲牛頭，但未敢定。下午看《人民日報》所載蘇斯洛夫在蘇共中央所作又臭又長的反華報告，有些事情和理論還不太清楚，需要努力搞清楚。晚他們開團内生活討論會，我也參加。他們進行得似尚好，我也發言勉勵他們。

二十九日，夜睡不佳。晨陰，微雨數點。後漸晴。上午到工地，但很困倦。工作也還有須改進的地方。比方説：工人對陶片還不够注意，隨便隨土棄去等。九點半即回。睡一點多鐘。下午再到工地。新開二坑已作得差不多，在南邊又開二坑。五點歸。晚飯後出從後門西行轉南才知道西邊還有一殘破土寨。

三十日，早晨走到北邊的小外莊（寫作小喂羊莊，念作小外莊）。同村人談，他們說：這村人全姓徐；並且他們也有人聽説我姓徐，頗有親意。這雖屬於封建意識，也還不惡。上午到工地，十點四十分左右，精神困倦，遂歸。小睡一會兒。下午仍到工地。在南邊（隔破院墻）又開一坑。此坑内出一小孩（約二三歲）骨，又出一骨刀。四點三刻餘即歸，看報。晚與酉生談他的疾病診治，又談我近幾天的吃飯的特殊化，力戒此後切不可如是。後又與同人斟酌明日五一節所應書的標語。

五 月

一日，今日爲五一節，仍上工。上午到工地，仍困倦，寫家信一封。十點半後，即歸，睡一會兒。下午到工地，西南坑出一小孩墓，以大瓦鋪並蓋。呂友荃從洛陽療病歸，説顔闓同志因不慎蹈空，致脛骨折斷，現入醫院，醫生説須兩三月才能痊愈。

二日，上午到工地，西大郊工地的許景元、陳九恒、曹延尊及其他諸同志來參觀。我十一點回站。（西東坑的南又開一新坑。）下午到工地，四點即回站，要看這兩天的報。到站，不知報在何處，疑呂同志接到，放在他屋中，遂再到工地問，果在他屋中。要回鑰匙，回開門取出，看至晚。許同志他們帶來《參考消息》六張，看了一張多。内有一張，在北京已經看過。

三日，上午在站看《參考消息》，將十一點，看完。到工地看，十二點，同大衆一塊回。（西西坑南又開一坑。）下午到工地，五點許，回。西邊有黑雲，隱隱聞雷，後雷聲更多，時落雨。現麥正揚花，希早止早晴。

四日，睡的不很好。雨早止且晴。以爲没有大壞處，可是據説麥要受一點損失，因爲麥揚花時，上面開口，大雨進去，即不結實。白天雨較好，夜雨更壞。我僅知道麥揚花時不宜落雨，還不知道張口的説法。不過此間雨不大，想不致受大損失。九點前後，出到工地，不久即歸。睡一點餘，才醒。下午洗内衣。看報。將四點，到工地。西東最北坑又見一柱子洞，與他洞相排。可是它東南不遠處，又有一段較淺、較小洞，未知何用。在此洞内出一折斷石刀。六點將半，即歸。晚飯後同方、焦二同志，走到小喂羊莊西一節路。聽説前邊地較低，只能種蘆葦。遂歸。

五日，上午到工地。西西北坑的西邊又開一坑。十點歸。睡一時餘。下午高天麟從洛陽歸，説兆勳同志今日將到洛陽，明日也許來此，我可以同他一起去慰問顔闇同志。四點許到工地。今日休息時，焦同志給工人同志念一段《人民日報》。

六日，上午到工地。開工前，焦同志又給大家念《人民日報》一段。十點我即回。睡一點多鐘。將午有汽車來，説兆勳同志現在西大郊，汽車來接我去看顔同志傷。吃過午飯，先到西大郊工作站，見兆勳及工作站各同志。小談，就到他們工地，才知道此地爲經歷多年服勞役人的葬地。現在已知的爲上起章帝，歷和、殤至安帝，上限與下限現在還未清楚，希望繼續工作，可弄清楚。又向西北走，仍從棗園村東南渡洛。不久就到整骨醫院。顔同志傷已漸愈，精神還好。顔夫人與牛所長同來，在院護理。酉生同志勸我到洛陽休息、洗澡、理髮，我因爲這些都是不急之務，拒絕接受，遂仍回四角樓。據酉生談，工地與洛陽站中間仍有不少問題，須待整理。但酉生脾氣有時也嫌過急。接湖南省志編纂委員會信一封，係通告其所出版《通志》第一卷《湖南近百年大事紀述》，部份記述"有嚴重錯誤"，決定收回。但我并未購此書。又接芝生轉來國香信，仍係請寫自傳事。接陳昊寄來其所著《關於〈左傳〉的"齊履"及其"四至"的問題等等》。

七日，上午僅到工地一轉，即回。睏睡一點餘。兆勳、景元同志來。談。看《參考消息》。下午看報。後與牛、許、方諸同志出到工地。後到燒窑，看技工作門頭花紋工作。此老工人六十三歲，知道的技術問題不少。又往北登一高土臺，上有盧醫廟，現正廢棄。頂可望遠。我上下時，他們或推，或接，維護頗力。晚飯後兆勳同志與同人談今後工作計劃。

八日，上午到工地。在東北坑東北方又開新坑，這是由於東北坑既填，原來積土的地方還未掀過，現在應該掀開研究的緣故。十點即歸。睡一小時。午飯後看報。同兆勳同志到南院看所積陶片。今早天多雲而溫度頗高，即怕有陰雨。此時開始降落，雖不太大而麥正揚花，頗可焦慮。翻閱《西周與東周》一二節。又看毛主席的《論反對日本帝國主義的策略》。

九日，幾乎終日陰雨，雖不大，也殊使人愁悶。晚西北方破晴，今日溫度頗低，明天也許能轉晴。兆勳同志原計今天回西大郊，明日回洛並回京。因雨似不能走，可是午間由洛來電話，說朝鮮考古友人將於明日到京，遂匆匆冒雨往首陽山車站，搭車回洛並回京。

十日，晴。上午到工地，雖少有泥，也還對付能作。十點半後歸，補看八日《人民日報》第二張。下午睡醒，已將三點。李景漢自洛陽回站。到工地。東南坑南側一深坑，未見生土，却已出水，只好棄置。宜由所請一水泵，庶此後工作時見水尚有繼續辦法。同工作人員一塊回。昨日及今日，均曾翻閱《毛選》數篇。

　　十一日，上午到工地。南坑内出一骨針，長寸許，很細，有孔。如此細針出殷商文化層，我還未曾見過。下午與酉生談，他說這並不少，自仰韶、龍山層，即有，大致相同。我覺得仰韶文化雖有已發明骨針的說法，但如此細小，還未必有。十點即歸，睡一點餘。下午未出，在室看這兩天的報。

　　十二日，早晨獨出，從小喂羊莊南西行，有一塊低地，却也種麥，大半都黄乾。還剩一部分，熟時當可超過種子。再前，地較高，都種蘆葦。前抵一南北大路，即歸。路西仍種蘆葦。上午到工地。十點歸，睡一點許。下午看報，至四點左右，往工地。東坑西遍，出石數段，約南北爲系列。六點後歸。下午風轉東南，約三四級。

　　十三日，上午到工地，十點歸。中午景漢同志返，得一整齊的銅刀，但已折成直角形。下午看報。三點後到工地，東北坑成排列的石頭，找出的有六七塊。六點歸。昨日與今日學習《井岡山的鬥争》及他篇。

　　十四日，夜間微雨，終日陰。上午到工地，但覺凉即歸。睡。學習《中國革命戰争的戰略問題》。下午看報，將四點到工地。小焦回家休息，今日踰期回來，即與酉生同志言語衝突。四點半休息時，我對工人同志念《人民日報》所載……①大部分，友荃同

———————————

①編者注：原於"載"後空闕數字。

志接着念完。下工時同返。今日東坑成排石又接續有發現。

十五日，終日陰雨，在室内非常鬱悶。看《新中國的考古收穫》數節。晚參加同人團內生活會。念《中國青年》上所載山西絳縣南柳大隊周明山苦鬥的經過。

十六日，仍陰雨。下午稍止，但東北風不停，尚難望晴。看《實踐論》一遍。看《新中國的考古收穫》若干頁。昨夜及今日常有四五級風，麥苗倒伏不少。

十七日，晴。但風向仍不變，將晚轉陰。上午曾出村向南走，想走到跟前看看窪地的情形，可是快到時泥大無法走，遂歸。下午多數時與景漢閑談。餘時看《新中國的考古收穫》中從前未看過的幾章。上午洗汗衫。

十八日，終日未雨，午間也出數小時太陽。上午到工地。看見東坑再東及南有三新坑。問後，知道南面二坑爲昨日下午開（昨日下午呂、高及小焦出工，李在站整理陶片，我幫他洗一部分），更東坑爲今早新開。我此時雖幾乎把所帶衣服全穿到身上，但風頗溜，仍覺寒，少站即歸。看《新民主主義論》，精神萎疲，未能理會。下午續看，較好。看十五、十六日的《人民日報》。

十九日，仍終日陰。也間見太陽。上午到工地，十點半回。小睡。下午看報（十八日）。將三點半，到工地。東西南坑又見一柱子洞。五點半後回。

二十日，終日偶有晴意，但不久就落幾點雨，天又轉陰沈。全日幾無風。上午未能上工。在室内讀《組織起來》及《學習和時局》。下午雖間落雨，同志仍上工。我看報；讀《關於若干歷史問題的決議》，未完。五點半後，到工地一轉。時落幾點雨，一轉即歸。晚聽同志學習討論，未完，頗困倦，即回就寢。

二十一日，晴。雖嫌稍猛一點，可是風向已開始轉爲西風，可以希望定晴。上午到工地，在東坑的南邊又開一坑，在北東邊也開一坑。十點回。讀完《關於若干歷史問題的決議》又讀《論聯合政府》，未完。下午洗汗衫。等送報的，可是到四點一刻，仍未來，遂出到工地。看見送報的回過，即回，看報。

二十二日，晴，但下午又轉東風。上午到工地，但忘帶草帽，覺熱，故九點過後不久，即歸。睡一點餘。讀完《論聯合政府》。下午看報而已。晚參加同人的生活討論會，我也説一些話。晚有黑雲接日。

二十三日，昨晚十點左右，月明如晝，四望無雲，以爲雖黑雲接日，而有“三日”的期限，今日當不會出問題；並且三日之內，風也許會轉，還有不變天的希望。今日上午多雲，但仍常見太陽。下午轉陰沈，並悶熱。五點左右，開始落雨點，此後越來越大，淅瀝不已。上午九點後到工地。在東坑南邊西方又開一坑。在此坑北面，土色有異，下有空處，但未下掘。西北坑北方出柱洞，上蓋紅燒土。下午看報。將四點到工地。上午所見的下空處，掘後也未見有空。

二十四日，夜間大雨，村中土墙倒掉的不少。今日上午陰，未落雨。下午仍淅瀝不已。翻閲《西周與東周》。因想起古人作戰不曉得取什麽方式；古人兵制又是一個聚訟的問題，很難解決；古人用車戰，步卒不知有何用途；等等。又想到：從前研究的人總以爲當時是一統的，制度是同一的；用此前提，取各國戰事實在的經過，盡力尋求，不合就損益事實以遷就其同一，因此愈進愈夢。現在須先定明：當時各國中間雖有大同的地方，而其小異部分，異點實在不很小。我們需要對各大國歷史分別研究，不強求其同一，找出來它們哪些地方相同，哪些地方不同，更進一步推究它們同異的原因，或者能得着比較滿意的結果。我現在的看法如此，等到回北京後試一試，再看如何。

二十五日，上午晴，有雲；下午轉陰。上午獨出到工地一轉。下午有坑子能對付作。我只在家翻閱《西周與東周》，並整理行裝，開伙食賬。

二十六日，本意今天如果仍像昨天，洛陽站就要派汽車來接，就可以回洛陽。可是天將明時，又淅瀝落雨。上半天陽，未落雨，可是車不能來。下午三四點後又淅瀝落雨。無事借得《播火記》，隨便掀掀。此書我知道寫得不好（它有一部分登載《北京晚報》，我看過），現看仍不覺好。晚雨止。

二十七日，上午晴，下午多雲。九點後，同西生同志以架子車拉行李，由小外莊村內，二里頭西，過洛河堤，到河邊。時船上錨壞，往收拾，等一會，開船，水仍大。過後，船不能靠岸，拉架子的把我背過河，以爲過畢，奈前又有河汊，他們讓我坐車上，酉生後推，泥大，過渡艱難。拉車的嫌酉生不會推，讓他拉，他自己推，才勉強過去。可是汊中又有汊，前面仍有汊阻。拉拉同志走前試探淺深，認爲車無法過去，遂又把我背起，困難前進，遲之又久，才能全出河汊，到堤根。他們把我放下後，又返入河汊，推架子車，費了不少氣力，才完全推出。推車人圪墦頭人，係十二隊長，孔武有力，要沒有他，過洛幾無辦法。下堤，酉生埋怨洛陽站不負責任，天氣如是好，不來接，可是此時聽見汽車叫，許景元同志用汽車來接。上車，過□蔡莊①，訪景陽岡遺址。岡在鐵路南，並公路南，洛河北，地面高爽，古陶片頗多。聽説上自仰韶、龍山，至二里頭，東周、漢、魏古物均有。南邊有斷崖，往觀，撿到一石斧。聞下麥田内，古陶片仍多。遂回上車，到整骨醫院，看顔闇同志病，他腿已大愈，能動，但還不允下地。出上車進城，後到站，與同人相見。晚同西生往理髮並洗澡。兩企業均由上海人經營。

二十八日，昨晚睡很少，頂多睡兩點鐘。今日上午看二里頭出土物，精神不够好。十點前即回休息，但仍不容易睡着，下午再睡，仍難判定是否睡着一會。到圖書室，與西生提意見，勸他不要太急躁。他成見頗重，覺得每次都充足的理由。我又不善分析，難説服他。他工作認真，但急躁病不除，也頗可慮。將九點，往金谷園車站，西生、景元、九恒三同志來送。十點車開。

二十九日，夜睡尚可。今日温度頗高，九十點鐘後，棉衣、毛衣全穿不着。下午一點五十五分到北京。王俊卿以汽車來接，石林、金山、一曼也來接。俊卿送我到家。

三十日，上班。先與作銘談。有傳達黨中關於對外賓禮貌指示的會。聽過後，研究小組開會討論，到工間操時即散。原定各自學習外交總路綫文件，但我僅看近日的《參考消息》。下午兩點左右，出到東安市場，想買《南方來信》，但昨早書到，現已賣完。出到新華書店問，也完了！僅在市場買得一本《山西地方史研究》（第一本），"紗帽"一頂。回家，翻閲《地方史》，並看報。

三十一日，上午同季芳、小週坐公共汽車到紅廟一游。附近

①編者注：原於"蔡莊"前空闕一字。

全已建築爲機關和工場區。下午休息後同晞奕、小江、小週到日壇公園一游。我雖然游過多次，但當日樹葉未茂，今日濃陰重綠，氣象自是不同。晚看電視中《不准出生的人》話劇（第一幕未看）。

六　月

一日，終日陰，時雨。上午看着雨止，出往所，走到花廠前，雨已不小，前行，等到上車，外衣濕一部分。加上袂襖，可不冷。到東單換車時，雨仍不小，只好到子衡家，他已往上班，我停留片刻後，借一雨傘，出買月票，後到所。報賬；問石林是否接到《堯、舜、禹》稿；看第十號的《世界知識》內文數篇；歸，時仍有雨。午睡後，仍看報及《世界知識》。後覺寒，加袂褲，換棉襖，仍覺寒，後喝一碗熱米湯才轉暖。晚飯後，出進東小林，轉西，過西小林；繼續走至舊城跟，始歸。接桂忱信一封。

二日，看完《世界知識》，看報。學習《國際共產主義運動總路綫的建議》。晚出從東小林到公園一轉，並作工間操。

三日，早晨到公園一轉，並作操。上午到所，途中還子衡家傘。昨天認爲今天討論《總路綫的建議》，今天才想到今天是學習毛主席著作。到所後，往學習，無人。往問柱塵，經他答，才想起會是下午！並且今天是自己閱讀。還買《南方來信》款。收到《馬恩全集》第□①本。收到中華書局寄來《中國原始社會史探

①編者注：原於"第"後空闕一二字。

索》（第一册）一本，請加審閱。看近二日的《參考消息》。歸。下午翻閱《原始社會史》一部分。此册所談均爲舊石器時代事，我對於此部分不熟悉，看過，得到些新知識。晚看電視内的《小兵張嘎》。接國香信一封，仍催寫自傳事。今天未看本天報。

四日，早晨到公園一轉，並作操。上午翻閱近來多天的《科學報》。看昨天的報。下午看今天的報。看《南方來信》，完畢。

五日，早晨到公園一轉，並作操。從西門出順日壇路，又穿西小林，回。下午林太太同一顏（？）太太來。終日寫自傳，並寫與芝生一信。看電視《奇襲白虎團》，因午後未休息，未能看完，即預備就寢。

六日，今早起少晚，只到東小林内作操。上午到所，研究組討論《總路綫建議》第十八節。下午看近幾天的《參考消息》。又看唐立庵著的《春秋戰國是封建割據時代》，未完。歸途中，過王府井大街，配一眼鏡合子。

七日，早晨出從東小林，循東路北上，想從東門進公園，但已杜死，遂從北門進，轉西，作操。畢後，即轉出，仍從東小林歸。上午進城，到西單，即下車，步行往訪介眉夫婦。談至十一點歸。他們送我到禮士路一路車站。下午僅看報。晚出，東走過豫王墳車站。聽介眉説，侍峰已去世。看黎劭西的《滿江紅》詞，他對於戰勝病魔信心頗足。

八日，早晨由東小林進公園，作操。出北門，轉西，又進西門，仍由東小林歸。全日先看完立庵文，後把《中華文史論叢》他文，均略翻閱一遍。下午碧書及何犖來談。犖先去，碧書晚飯後去。晚再到公園一轉。

　　九日，早晨到公園（此後從東小林過，即不再記），作操。出北門，向東，快到東大路，即轉南。見有麥田，又轉西，後又轉東，有碧清流水擋路，順往走，至一橋邊，上來，順公路轉西，仍從東小林歸。終日看《上海的①早晨》（2）。寫給文秀（鳳山的兒子）信一封。

　　十日，早晨到公園一轉，作操。上午到所。看近幾天的《參考消息》。下午三點研究組開會，檢查生活。時落雨一陣。後晴。

　　十一日，早晨到公園一轉，作操。從東門出。順墻往南，轉東，看清流水，後從東大路歸。上午看報。下午看《紅旗》（11號）文未完。四五點時雷，微雨一小陣。晚飯後到院中遇尹達同志談。

　　十二日，早晨到公園一轉，作操。上午看報。下午再學習《總路綫建議》。後找蘇斯洛夫反華報告，想把他所引馬克思、列寧的話全找出來，把前後文細一遍，看他怎樣歪曲。晚出向東少走，即歸。看電視《蠶花姑娘》。

　　十三日，早晨到公園一轉，作操。上午中心小組在慶霄樓開會。請曾參加四清工作同志報告體會。俞平伯、賀子昭、陳士林（？）、巫寶山四同志發言。後到仿膳吃午飯。出北海，回所。往北海及回所，均坐所中汽車，與作銘、仲良、子衡同路。與二研究生談。他們總結還未作完，匆匆即止。五點回家。晚與季芳、小江、小週同出，走過南齊家園站。

　　十四日，早晨出，先到南齊家園，看無軌電車的路綫牌，後到

<hr />

①編者注："的"，原誤作"第"，據本年三月二十七日、二十九日、三十日日記及原著名改。

公園一轉，作操。上午同季芳進城到佩青家，看他的病。下午休息後，又同季芳、小江、小週出乘無軌車到酒仙橋一游。此地在近郊，所見幾全爲新建築，未悉解放前何似。途中向東北走的一節，兩旁有寬林帶，想是近年所作的防護林。麥已全熟，有的已收。回到家已七點半。

十五日，早晨到公園一游，作操。出西門，順日壇路南走，穿西東二小林，歸。上午看報。下午看《哥達綱領批判》。看蘇斯洛夫反華報告一段。又看《評蘇共中央的公開信》。晚再到公園一轉。

十六日，早晨到公園一游，作操。上午看報。下午愛松來談，並借給我以吳恩裕所著的《有關曹雪芹十種》。晚翻閱一部分，他所訪得的曹氏舊居在香山、碧雲寺中間山跟，大約可信。晚外出，走到公園門口，未進，轉東，到公園東南角轉南。仍穿東小林歸。

十七日，早晨到公園一轉，作操。上午到所與研究生談，把《春秋世論》借給他們（另一部借給魏樹勳）。下午三點研究組開小會，討論《中國革命戰爭的戰略問題》第一章第四節。五點回家。今日溫度頗高，室內達廿七八度。晚再到公園一轉。

十八日，早晨出，遇呂叔湘，同游公園，因未作操。落了幾點雨。上午看報。下午看《中國共產黨簡要歷史》。發覺此書雖從前看過，不只一次，可是疏忽掉的事情不少。下午落雨不小。

十九日，早晨到公園一轉，作操，後出西門，順日壇路歸。上下午全看《簡要黨史》及《毛澤東選集》，圍繞着第二次國內戰爭時期的事變看。下午五點半前後落雨一陣。晚又到公園作一小轉。

二十日，早晨到公園，作操。出東門，順使館區牆東行，到東水溝，想看清水流動，可是水很髒！到下流，有一砌管在公路下流出清水，水才轉清。不遠，水又流進公路下口，不知到何處去。疑路東爲工場，可是只有很長的矮牆，内建築也不多。往北走，約大半里，才見門，署爲"化學工業部中國醫學研究院醫藥工業研究所"。循此公路歸。上午到所，研究組開小會，討論《總路綫建議》第十九、二十兩節。下午開會，作社會教育工作同志報告他們的經過和體會。畢，從澤敏同志處取得古納瓦達納所著的《赫魯曉夫主義》。歸。晚看古氏書，睡時，十二點已過。

二十一日，早晨到公園，作操。終日看《赫魯曉夫主義》。晚同季芳出到齊家園站。

二十二日，早晨到公園一轉，作操。上下午均到院部，聽傳達中央會議經過的報告。往來均坐所中車，與作銘同車。晚再到公園一轉。

二十三日，早晨到公園一游，作操。上午到所，看近幾天的《參考消息》。下午讀《反對黨八股》，看《整頓黨的作風》。

二十四日，早晨未出。上午到所，看《參考消息》，又看李亞農所著的《中國奴隸制與封建制》。下午看 36□①號《内部參考》，又看 36□②號未完。三點開會坐談前天所聽的報告。因天將雨歸。電車到方巾巷站時，開始雨。

---

①編者注：原於"36"後空闕。
②編者注：原於"36"後空闕。

二十五日,早晨到公園一轉,作操。上午到所,看□號①的《内部參考》。中午回。下午看報及《赫魯曉夫主義》。晚訪張皖峰,談。

二十六日,早晨到公園一轉,作操。上午到所。把昨日所看剩下的3627號《内部參考》看完。有《未定稿》二本要看,掀閱一本。與劉金山談將來工作,才開始想到我此前所計劃他們的工作不切實際。主要原因是我這年所作的工作全是歷史工作,忘了自己所在的所是考古所。我所計劃的全偏於文獻方面,現在他們及所中所要求的全是考古,而這正是我的短處! 將來如何指導,心中全没有底! 此事如何處理,非常棘手。中午歸。下午看報而已。

二十七日,早晨到公園一游,作操。上午到所。研究組開小會,討論《總路綫建議》第二十一、二兩條。與作銘談指導研究生事,他説我從江西回來後,可讓伯洪或他人幫助我指導考古部分工作。下午三點開會,再坐談星期一所聽的報告。

二十八日,早晨到公園一游,作操。上午進城,到王府井大街,後又到大柵欄,想買一塑料雨衣,但只有女衣,無男衣。歸,天氣很熱。下午看《紅旗飄飄》内及《民兵鬥争故事》内檢尋關於井崗山歷史。晚出東走過豫王墳車站。

二十九日,早晨到公園一游,作操。上午到所,同二研究生談。命黄石林打一電與張雲鵬,請他招拂到九江船票。中午歸。下午看報。五點後,石林同王俊卿以汽車來。同吃飯,六點三刻

---

①編者注:原於"號"前空闕。

往車站，七點二十五分開車。

三十日，晨起微雨。後漸止。下午六點十分到漢口。雲鵬來接，説明、後、大後三天均有船開。住海陸飯店。晚飯後同石林到江邊一游。

七 月

一日，昨晚未關窗睡，後半夜，蓋夾被，還覺點凉。早飯後與石林同出，到六渡橋，坐公共汽車，到長江大橋。下，上橋上，步行過橋，下至武昌、漢陽門，再上公共車，到博物館下，訪雲鵬，也見他們的李館長。看展覽品。出，雲鵬導游東湖公園。園頗大，游一部分。兼今年水大，有些地方被淹，未能往。還到雲鵬寓，在他家吃午飯。後即乘公共車，返漢陽門，由輪渡過江。回飯店休息。

二日，晨起，檢行李，到外面小飯館吃飯。雲鵬來送。雇人力車，到五碼頭上船。八點開船。船在黃石、武穴二地停。武穴街内有水，能行船。七點半左右，到九江，住九江飯店。今日船上同室的爲作地質工作的二青年。將就寝時鳴雷，並落雨。

三日，昨夜幸雨不大，今日晴。昨夜石林打電話與廬山療養院接洽，它説今天上午約十點有車來接，所以上午在室内，看《收穫》内小説及紀事以待車來。他來後，説下午還有人從南昌來需要接，希望待至下午同上山。又換往南湖賓館休息。下午三點餘動身。沿路風景很好。將六點，到療養院。晚飯後該院陳院長來談，陳河北磁縣人，軍人轉業。寫家信一封。

四日，上午出往此地市街，療養院派服務員張同志相伴。市街不長。有一小公園。到新華書店購得一《廬山導游圖》(一角),到工藝美術合作社購一本地所作僞竹手杖(2.45)以爲紀念(因要在上漆字,還未取出)。順路前行,到公路盡處,歸。下午再看《紅旗飄飄》内關於井岡山歷史。前幾天看過,幾全忘掉!晚飯後往訪陳院長,托辦明日出游伙食。

　　五日,隨一大隊(約四十餘人)坐汽車出游。過一人工湖,到含鄱。登到望鄱亭,途中還有一亭,名字忘掉。所望見的鄱陽,想仍屬港汊。初時,有浮雲從眼前過,餘雲多塊,瞬息變化,未幾時山谷彌滿,鄱陽不可見。含鄱離五老峰不遠,張同志説很不好走,他的話似有誇張;我因跟大隊走,不好强張同志隨我登峰。下,谷中有植物所的廬山工作站。花房中有木本□□①,據説一年可結實數次,味更酸。在站内休息室休息,喝開水,吃療養院厨房所預備的麵包、鷄子、蛋糕等物。出坐車到蘆林大橋,橋下有水閘,閘外有很長的瀑布。步行下谷前行。約二三里,到黄龍寺,明代古寺。少休息,稍下,見晋代的三寶樹,一爲銀杏,二爲水(?)杉。銀杏三人不知能合圍否。與一杉並。餘杉在稍下。又下,不遠,就到黄龍潭。又走不遠,到烏龍潭,有低瀑布。上坐車,不久到電站大壩。再前到仙人洞,仙人據説爲吕洞賓。洞内有石像。後有水池,永遠不乾。旁有御碑亭。碑文爲明太祖記周顛事,明人所書。洞再前有一門,題竹林寺,進前行,途中有亭,未見寺院。路窮處有一亭,内有石桌磴。張同志説蔣介石曾與馬歇爾在此處密談(也許是談賣國勾當吧!)。出前行不遠就到花徑,傳爲白香

①編者注:原於"本"後空闕二三字。

山看桃花的地方,現闢爲公園。中有花卉展覽室,内一種秋海棠,花特別巨大,爲我所未見。前一亭内地下挖出刻石花徑二大字,有碑(在他亭)記係民國時李拙翁所發現,也不知是何時何人所書。出乘車回療養院。休息。晚飯後從寓所南走,下一石坡,前行不遠遇一公路,順路北行,約離寓所已不遠,即右轉上坡,路已近寓所,即歸。

六日,早飯時見陳述同一位陳同志(調查語言工作)來,説他們昨天來到,就住在我旁邊一幢房内。飯畢,他倆來談。陳同志湖南石門人。據他説地方傳説李自成在那裏出家當和尚,有他一個大墳。這一類的傳説邃信爲真,自然是天真;即斷爲假,也未免太武斷。今天表停止不走,下午休息後往市街(路記不清,問人才到),找人修理,據説發條斷了,配發條並擦油,價三塊五,後天下午可取。回看《人民文學》内詩文。訪二陳,石門陳又問所傳李自成墓是否有發掘的價值,我答有。當時,我覺得是一孤墳,發掘不難,工作後可解決疑惑,所以如是答。他以後又説墓很大,略如武昌的龜山,我才知道並不簡單。他又説按民間傳説也有些綫索,我説:"您可以盡力搜集傳説綫索,越完備越好。然後交給考古學家,並請他到本地勘查一番,研究一番,然後才能開工與否。"晚餐時魏銘經來,説剛來到,還未定住何房間。

七日,上午登房後山,開始路還很好,以後路漸細,有草。再前無路,由於我想走到山頂,仍披深草小樹,向前進行(有時爬兩步)。後雖只剩一峰,但仍難上。路又漸好,隨路前行,到旱波口(?),有一小屋,屋前有大池,内水很清,不許人近。據屋内人説,這是人食用的自來水。後下山,全是好路,下到市街與公路接頭處。歸，休息。午睡後，再翻看《人民文學》內文，出訪陳述，也見一蕭君，據說是原子能所的。還有一位，未問姓。山相當高處，還有農民種植的東西，我們農民的勤奮，實在是可驚的。

八日，由於前幾日張書英（即張同志）對我說：他聽老人說前清末年，當外國人竊據廬山前，山中氣候比現在冷，冬天水結成厚冰，山中人把它打下，背到九江，上船運到上海賣。又一天我在食堂外遇一人，同他談及此事，他堅決否認它的可能性，我知道這是他的成見，但我因此更想把這件事弄清楚。陳述說：他對面住的有一位長沖居民委員會的職員，年約七十，應該知道清楚。因請他轉請這位職員來談。不久即來，王姓，滿歲七十。原係木工，民國八年（?）來此地。據他說：這裏是這裏住一家，那裏住兩家，無所爲村落。早先山中有三百六十庵（此數目字大約不準確）。解放後，分編八個居民委員會，長沖其一。問他氣候及挖冰事，與張書英所談大同小異。所異的是有一帝國主義分子在九江開一萬年旅社，由窮光蛋，來後發了大財。他自有冰窖，用一分錢一斤的價買鄉人的冰，到夏天他賣一角錢一斤。他也沒説此外人到上海賣，但這一類人物消息靈通，並且視財如命。如果他聽説上海可賣高價，轉口求厚利，自在意中。他去後又與陳士林同志談彝族原奴隸主今日情形。據他説彝族在西藏叛亂前後，也曾叛亂，二年始定。與西藏不同的是該族奴隸主並無首長，無代表性人物，故也無逃亡者。從前生產技術非常落後：不施肥，不拔草，種後等收。多種土豆、蕎麥、□麥[1]，也間種玉米。當日無鐵農具，全用

————————

[1]編者注：原於"麥"前空闕一字。

木製。他們並無陶器，食具也用木。奴隸主與奴隸雖階級森嚴，而吃飯却在一起，食品相同，由女奴隸主分配，不均即爲恥辱。叛亂平後，也曾辦公社，未成功，遂解散，現辦高級社。解放後，發放鐵農具，黑骨頭因不勞動即不得食，也開始勞動云云。回室內仍翻閱《收穫》內文。下午午睡後到市內取錶。並買桃一斤（三毛）。天氣很熱。洗澡。士林同志又説：彝人無桌、椅、床、几等高物，一切席地。他們褲分三種，均不合理：最寬的用布十幅（窄面布），內可藏牛（！），遠望若裙；中等的用布三四幅；窄的□①到腿上，不能脱，大約睡也不脱，永不洗，穿破爲止。

九日，上午本意要到小天池去，可是昨天所約定的人變了計劃，他們覺得小天池近，晚飯後往游即可。今日上午他們要游花徑及仙人洞，我因已經游過，不往。出，療養院派一劉同志給我引路（劉，萍鄉人，護士）。她説：院中醫生十餘人（分三種：一種許是八人，另一種四人，第三種一人），護士也是十餘人。張書英係文娛幹事。我們走到氣象站，因不願擾亂工作，未入內。聽説高度約八百米。歸，到俱樂部，翻閱近些天的《人民日報》。下午午睡後出時已四點餘。再到俱樂部，看差不多近十點《參考消息》。晚飯後與二陳、魏及他同志出游，離小天池不遠，但因大家已經覺累，未到。從山口看日落。將午有拉美所吳同志來談，他住在我對面房。

十日，上午同明經同志出向南走，過蘆林大橋，又前行一二里，即返。下午吳清友同志來談。

----

① 編者注：原於"的"後空闕一字。

　　十一日，上午同吳清友、陳述、魏明經三同志往游小天池。小天池山上有一殿，有一喇嘛塔，均於不久時修理一新。從塔再上，有一氣象站。遇一工作人，據他說：他們專研究雲霧，屬氣象局管理，與前日所到的站不屬一個系統，它們均與中國科學院無干，出我意外。下山，後又到革命烈士紀念碑，碑後有烈士劉建章的墓，有陳正人題"爲人民而死，死有餘榮"的碑。再略上有一亭，可望遠。下，即歸。路遇賣冬瓜的，要買，已檢好，才發現未帶錢夾，遂止。下午四點半出，到街內買桃一斤（二角），有小梨，其貌不揚，我想嘗一個，問價，他說"隨便嘗一個，不要錢"，只好謝謝他。又買一小刀（八角二分）。晚飯後，同很多同志出看蔣介石當日住地。院內有石，上有"中正"自題"美廬"二大字，年月爲"戊子八月"，然則這是他逃往臺灣前夕的題字了。出順小河邊走入公路，從一柏油路上，歸。又到俱樂部，看近日來的《參考消息》，電燈不够亮，遂歸。梨很能吃，相當細。

　　十二日，上午在室內看近幾天的《江西日報》。下午到俱樂部看《人民日報》及《參考消息》。晚飯後同陳述、魏明經、吳清友諸同志散步到街內，因風大覺寒，獨先歸。

　　十三日，早晨聽說有組織往游秀峰寺及白鹿洞等地，去的人應早吃飯，我們就往飯廳，到的人很少，足證組織的不完善，知道的人不多。飯後大家商議，讓我們要先走的人先往游。我同陳述、王□□及□□□①三同志，外小劉同志陪我們去。所去的地方在東南方，可是汽車仍向東北，順從九江上山的公路前行。到

————————

①編者注：原於"王"後、"及"後分別空闕二三字。

威家,山盡,才轉向南,沿鄱陽西、廬山東的小平原前行。早稻皆抽穗,收穫還得幾天。過白鹿洞門前,繼續前行。相當遠,才到秀峰寺。導游圖説太白的"廬山瀑"即在此地詠,但現在水不大,招示牌上及刻石題詩,均未提到太白詠瀑事,似非此地。瀑在青玉峽,壁上刻字有米元章所題"第一山"三大字。壁上題字,幾無隙地。較古的有宋淳祐、淳熙、元至大年題字。明李孟陽,清陳三立、易順鼎、梁鼎芬等均有題字。峽頗窄,即水大時瀑也不能寬。同雲南□□□①的大跌水比,可謂小巫見大巫。休息吹水後,出到星子縣城一食堂内午飯。後,又游門前不遠的公園。旁有一臺,上有樓,下如城門洞。我無意登臺,□同志②先登,大嚷此爲周瑜點將台,勸大家上,我上去看室内照片,果有一片照此台,題周瑜點將臺。下,北行,過白鹿洞書院門口,即下車步行進。聽説還有二里,實爲二公里(有一牌上如此説,但此牌現拿到裏面書院門口,放在地上)。覺走的已不近,問路,答仍有二里餘!兼路生,故覺很遠。到見内房間尚多。左右有兩碑廊,墙内鑲碑,據看守人説,原有二百餘碑,經日寇毀壞,現只存一百八十餘碑。問看守人,才知,離門不遠有公路,汽車可到跟前,派一童子去知會司機,出即上汽車。今日如果組織好,還可游海會寺,但時已不早,遂歸。汽車上又壞一螺絲釘,到威家公共汽車站内,司機忙着修理汽車,我們休息一時。後即上山,到約五點三刻。晚飯後,因爲有熱水,可洗澡,但我忘問服務員熱水在何處(因爲上次不在此房)及何龍頭内有熱水,展轉問訊,遂致洗得晚。又洗兩件汗衫,

---

①編者注:原於"雲南"後空闕約三字。
②編者注:原於"同志"前空闕一字。

睡時約十一點。山下較熱，出汗很多。

十四日，上午聽廣播九評赫魯曉夫的假共產主義等等。下午到市中想到新華書店購廬山風景明信片，但它今日盤點，不開門。買梨一斤（二角）。歸補寫昨日日記。晚同大家往看電影片《紅鷹》。歸九點一刻。

十五日，上午醞釀游東林寺和西林寺，因爲在山下，路太遠，未成功。同魏明經往觀好漢坡。此爲公路未通前，上山通行的路。看名字，就知道路的艱險。實則路很修過：一段台階上下的路，一段較平的路。未到坡口，是這樣，到坡口下望，似乎仍不出這樣；不過上面平段較多較長，下邊較少較短。離坡口一里餘，有一半山亭。坡口有幾家人家，地名袁家井。下午到俱樂部，看《關於赫魯曉夫的假共產主義及其在世界歷史上的教訓》中的"無產階級專政的歷史教訓"節。下午出游，石林同志返。同游到"革命烈士紀念塔"。歸途中，遇王院長、蕭同志、□同志①，少坐看晚霞，即歸。

十六日，上午同石林往游五老峰，療養院派一殷同志來招拂。路由住室右上登數十級，轉南。據説是路較近，但不太好走，實則路也相當寬平，頗好走。前行望見人工湖，旁有別墅。殷同志説毛主席來，即住此，每日到湖中游泳，主席極愛游泳云云。再前即入植物所的廬山植物園界內。出園，即逐漸上升。路間有二橋：直釘圓木，上橫木板，但板多朽塊，過時只敢踏圓木上，不敢將身體重量置於木板上以防折斷。再進即見五老峰，峰下有木牌指

①編者注：原於"同志"前空闕一字。

明。上登，亟使人喘，不得不多次休息。有數美術家，想畫畫，但因雲霧重，不能見山下，急不願待，即下。我們走近一峰、二峰，路漸荒蕪。要登三峰最高處，亂石橫亘，幾無路可走，石上又滑，頗難攀登。殷、黃二人對我或推或挽，我也登上最高處，極目雲海，無他物可見。戲言吾等可謂乘雲駕霧的仙人了！扶掖下巔峰，找一避風處，午餐。後稍休息，即下山。仍過植物園，由原路歸。我等出發時，八點已過。到山巔不到十二點，約走三點半略强。下山動身時約十二點一刻，約三點到寓所。午睡片時，又洗澡。晚飯時，見楊克强夫婦，他們今天到。飯後他們來寓少坐。

十七日，上午到俱樂部看《人民日報》及《參考消息》。下午，明經來。又往看《參考消息》。晚飯後與陳院長談，謝他的殷勤招待。寫寄家一明信片。

十八日，早起，整理行裝。八點餘由牯嶺動身，療養院以汽車送。同車有吳君，他的兩個孩子今日從南昌來廬山，他順便往接。未到十點，到九江，仍在南湖賓館休息。十點過後，同石林到城內一轉。歸午餐後，稍休息。坐汽車到車站（四元二角），兩點五十五分開車（慢）。七點五十五分到南昌。住江西賓館，爲南昌最大賓館。天氣很熱。

十九日，早起同石林游八一公園。入園前，到對門的佑民寺。有二碑，一碑爲隆慶年立，題爲永寧寺，他碑未知何年，説此寺建自五代。寺內有“丈六金身”的大銅佛像。八一起義紀念館內有檔案，説革命前曾在此存軍火，故起義時首先奪取此寺。園內有湖，面積頗廣闊。回，早餐後，出到博物館，今日整理內部，本不開館，石林找到張館長，談後，也看到一部分。有很原始的陶片，據說在萬年縣一洞内出現,同出的有石化的骨物,則此陶片也必很早,他們斷爲新石器初期,未知確否。又有一甗,修水出土。上有六字銘文:後四字爲"自作寶彝",前兩字未識,據説郭院長曾定爲"應□①",應爲河南某地,春秋時已不見應國,故定爲西周物,也不知確否。後到八一起義紀念館,原爲江西大旅社。起義前,即在此會議,決定起義。有林伯渠、葉挺、周恩來諸首領的原住室,現依原狀修復,保存展覽。外有多室保存文物,並有不少油畫,紀念主要史蹟。在此由博物館楊同志導游。歸午餐。午睡後,楊同志來賓館,同游革命烈士紀念館,内有各縣殉難烈士人名册。多的達數千人。又有各室,紀念各重要戰鬥。出,到八一大橋。橋於37年春建成,名中正大橋,解放後改名,並作加固工作,重型汽車才能在上通過。寬十米,長千餘米。我們走到灯江西岸。聽説滕王閣舊地在東岸不遠。現已無存,僅有滕王閣小學。"珠簾暮卷西山雨"的西山,還在望中。今日旅館執事又稱明天往吉安的汽車票買不到(原説買到無問題),後天才能前往。那末又須在南昌多受一天熱了!

　　二十日,早飯後同石林出看賀龍同志的八一起義時故居。賀爲起義總指揮,然則此爲起義總指揮部矣。現爲一小學,據説鑰匙在八一起義紀念館,故門無法開,僅遠觀而已。回時過八一公園,入内休息,並買一西瓜。回午餐後未出。今日室内溫度高到37度;在室内僅穿一褲叉,扇不停揮,仍汗出如瀋! 六點許起風,溫度降低。

---

① 編者注:原於"應"後空闕一字。

二十一日，晨五點起，整理行裝，乘人力車到汽車站。六點四十分開車。南昌南爲一平原。走了兩點多鐘，東南又見山，石林說它名閣山。約十一點，到新干（原名新淦，減筆），到飯店，吃午飯。約一點，到汴（贛）江，用船渡江西岸，耽誤若干時，到吉安，約兩點。住站前飯店。汽車站說明天的汽車票，已經賣完，並且間日開車；必須大後天，才能到井崗山，然則又須耽誤兩天，心很不快。太陽將落，同石林出到市中心，此地有文山路、永叔路、陽明路，均以人名。此城靠汴江，俗名 Dai Hou（大河）。

二十二日，六點同石林出向西，折向北，此街新開，此地較大的廬陵飯店、吉安飯店、井崗山飯店均在此街。此地名勝爲青原山及白鷺洲。山爲惠能談禪及陽明講學的地方。在汴江東，約二十里。聽說有公共汽車可通，細問無汽車。今天日光很熾熱，因不能往。洲在汴江中，離住所四五里，江對面有革命烈士公園，因往游。公園內有革命烈士紀念碑及舊鐘鼓樓，並有猴、熊等類動物。樓面署“古青原臺”四字。登上可望吉安附近全景。望洲上林木茂密，聽說上有一學校，無他觀覽，陽光又已熾盛，因未游洲，即歸。轉到陽明路，路很寬，有林蔭，兩邊多大建築。路北有井崗山紀念堂，內有吉安人士美術展覽，進觀並休息。畫有些水平不低。出，由文山路歸。今晨聽說明天到井崗山加一班車，很高興，加緊買票。晚再出如早晨一游。

二十三日，五點起。出六點早餐。六點二十五分開車。將八點，至泰和，汽車休息，讓大家吃飯，我們一點不餓，遂不吃。後過早禾、三都墟、碧溪、拿山、桐木嶺、石獅口、旗鑼壩、和平社、白銀（泥）湖、草坪，下午兩點許到井崗山管理局。下到井崗山飯店。

休息吃飯。石林往訪饒如瑋，不久，饒來，説這邊早晨人亂，不如搬到井岡山賓館，遂移到賓館。晚飯後出外一轉，看近數天的報。井岡山周圍有五哨口、黃洋界，下通寧岡；桐木嶺，下通永新；硃砂沖，下通遂川；雙馬石，也下到寧岡境，轉西，即入湖南境；八面山，下即湖南，俗有在此翻一筋斗即到湖南的説法。

二十四日，早起，瞻謁革命烈士紀念碑。此爲 29 年春，敵人捉得一賣石鷄人，威脅並給二百元（許給，實給數十元），使他引從滾子坳、金絲麵①偷過黃洋界，竄入小井，時有紅軍醫院，内有重傷紅軍百餘名，未能退，被國民黨兵槍斃。解放後，把遺骨移葬此地，建碑紀念。早飯後，想看毛主席舊居，門不開，因往博物館，看陳列革命遺物、立體山地模型、照片及油畫。歸，午飯、午睡後，往敬老院，與數革命老人談，知袁文才與王佐二人早期當毛主席初到井岡山時，對革命也有貢獻，可是由於對革命無較深的認識，一遇困難就想退出。袁於東固開小差回家（他是茅坪一客籍），第五軍勸他繼續工作，未能見效，後與五軍發生誤會，被擊斃。王（此地不遠的下莊人）在永新東門外冬瓜潭渡口渡河時，落水喪命。王有兩個老婆，還增加產業，所以也不想再革命。他死後他的哥哥王雲龍即叛變，此地即淪陷。時蕭克軍還在附近，入剿，他就逃到山内；紅軍去，他又回來作惡。他死後，他的孩子還繼續爲惡霸。全國解放後，本地人均主張槍斃他，但毛主席念他還幼小，没有槍斃他。此地淪陷後，房屋全燒，居民盡逃。35 年後漸有歸來的，37 年後才大批歸來。

───────────────

①編者注："金絲麵"，疑即"金獅面"。

二十五日，以汽車往游黄洋界。賓館使張保衛相陪。車過小井，從上下望，見紅軍醫院遺址上恢復的房屋。過與大井分岔路，未往。再前，過中井、上井，均僅望見。離黄洋界還遠，路旁有毛主席、朱總司令背糧所常在下邊休息的槲樹，現修整台階，短牆圍起，登上照像。到黄洋界，口有幾間土房，原爲紅軍休息和買飯的地方，後被反動軍隊燒毀。現依原樣修築，但因山上風大，又吹掉上蓋！（後聞因冬天修建，未注意冰凍，所以冰融即塌。）又從微徑上登，見當日工事，不過是壕溝掩體。至當日紅軍的迫擊炮却架在對面的高山上，我們未攀登。由此到寧岡，現有公路，舊路在旁，我們由舊路下探，以便更確切理解當日背和挑糧的困難。時已隱隱聞雷，張、黄均力阻下山，我因不上下一節，無法理解當日實際的困難，遂堅決前進，高高下下，路原來經修整過，但步步須留心，故頗累人。時雷聲更響，張、黄説不久要下雨，我也覺得可能下雨，但不覺可怕，遂仍前進。到一小坪，有一人家，遂拐到此家。開始無人，後一農婦歸。問此地何名，答説八坰。後有數人從□□①到寧岡。據他們説從黄洋界到此已十里，下面更難走，但再走六里路即較平。那末，難走的路，我們已走過大半（回茨坪後，有人説，下山八里，我們只走過三里，是還不到一半。但我們覺得，我們所走至少也一半。兩方所言，都未可全信）。時已十一點，即回登山。途中大雨一陣，並有霹靂兩聲，使人驚懼。到黄洋界，上汽車，略將濕衣脱下，擰出水分。回到茨坪，已將三點。我買了一瓶西鳳酒②，喝了一二兩，遂沈沈入睡。醒後，仍覺有

①編者注：原於"從"後空闕約二字。
②編者注："酒"，原誤作"油"。

酒。已多年無如此醉了。張也喝酒,黃喝薑湯,均未出毛病。晚餐時,酒已全醒,後出外小游。回時,有一蛇近人,被黃、張用石打死。

二十六日,今天井岡大厦有些來參觀的教職員要成隊過黃洋界往參觀茅坪和龍市,我們同他們結伴去。六點半到大厦,開車時約七點半。到黃洋界,宣傳處龐處長説:"'黃洋界'的寫法是按照毛主席寫的。本地人有寫作'汪洋界',是因爲由山上下望,常見雲霧迷茫,如汪洋大海。"查縣志,寫作"黃楊界"。未知以何爲正。也許山上有黃楊木,因名;也許因爲黃姓與楊姓在此分界,故名,云云。下山,略平,即到茅坪。八角樓爲毛主席住地,並在此寫《紅色的政權爲什麽能存在?》有主席舊房東謝懷福老人講主席當日行動,舉兩事,但我聽不很懂。樓左靠謝氏慎公祠,湘灴邊界黨代表會曾在此開第一次會,統一指揮。到茅坪小學,共三層:下層及中層原爲紅軍醫院;最上層爲一四角樓,當日何長工同志在此辦公。後離茅坪往龍市。過鵝石、楊家、苔(葛)□[1],至龍市。到寧岡縣飯店吃午飯。後即往看會師橋。傳毛主席與朱總司令於 1928 年 4 月在此橋會師,實則此傳説有二錯誤:一爲總司令自己説與毛主席會見在河西一小村,村名已不記憶,那末,會師絶不在橋上,自無疑問;二爲按常情推,總司令自湖南來會師,一定是主席自井岡山從東方來歡迎他(有油畫即如此畫),實則當日主席並不在寧岡,總司令却先到寧岡,定居,主席才從西來,是時是總司令自東方接主席,並非相反。大家嚷着看慶賀會師廣

①編者注:原於"苔(葛)"後空闕約一字。

場,遂返橋東,偏北有一廣場,曾在此開慶賀會師大會,並成立新四軍。現有牌示,但還未布置好。後向北轉西過一橋,到寧岡中學。校爲龍江書院舊址。當日爲紅軍幹部訓練班所在,陳毅同志爲教育長,並任課。回再過會師橋西,看衛生院,當日爲寧岡蘇維埃政府所在地,曾在此宣布僞縣長張開陽死刑。後即回。將近黃洋界,同人在路邊又用石打死一綠色蛇(據說此與昨晚所打死均爲毒蛇)。到大井,參觀毛主席故居。原已燒毀,解放後按原樣重建。有原房東鄒文楷革命老人講解。房頗寬綽,房東住一部分,紅軍住一部分。除毛主席住室外,有王佐、何長工住室。房後有二長青樹:一爲鑿樹,一爲海羅杉樹。據說前燒房時,樹也被焚,但樹幹未死;解放後,又新發茂盛枝葉。房前不遠有一石,傳毛主席常坐其上看書並計劃革命工作。我立跟前照一像。回到賓館,晚七點已過。

　　二十七日,本擬明日離此,但聞明日無班車。上午再參觀博物館。今日有一講解員,講解質實;哪些尚未證實或有問題的均明白指出。上次我對於28年8月下旬在黃洋界抗敵時曾用刺傷敵人的竹釘(近挖掘出)未大注意,此次特別注意。據說破好尖釘後用火烤乾,再浸於尿中,取出埋於地中露尖,敵人踏上,刺傷其脚,即會膿難好。上次看立體山地模型,因爲方向不正,也沒有指南標尺,所以看不清楚;此次有講解員,她說清楚真正的南北方向,才知道了真正的位置。講解員姓李,上海人。前年高中畢業後,考上戲劇學校,說這裏要辦文工團,她服從分配來此。以後文工團停辦,另派職務,她就來博物館工作。現在她對於新業務已很熟練,殊爲可嘉。下午饒汝瑋來,同到敬老院,請他們的余院長開毛主席舊居門，入內參觀。余老人說，毛主席在井岡山，共住三地：一茅坪，二大井，三此地。因大井比較清靜，住的特別長。此屋被反動軍隊燒毀，解放後，照原樣建築。

二十八日，今日無事，僅同石林及張保衛到花果山。山離茨坪僅一二里，解放後開始種①果樹，但還不很多，以桃樹及茶樹爲多。下午見饒汝瑋辭行。交際處龐處長來，送本地風景片數張，也向他辭行。補記前三四日日記，未完。

二十九日，因今日汽車早六點即開，石林和我三點以後，即睡不着。五點半後同龐處長坐汽車到汽車站。今日共開二車，我們坐的車六點五分開。昨日以爲路上有打尖處，未預備早餐，但除泰和外並無尖站。到泰和已將十一點。兩頓合一頓吃，比較多吃。到吉安，仍住站前飯店。休息。天氣比山上熱得多。

三十日，早五點半到小館早餐。六點二十分開車。到 177 公里道牌附近，前邊因有客車與對面來的貨車相擦受傷，又要保持現狀以待檢查，停頓幾三鐘頭，等到吉安的交通主任前來，讓他們回去作檢討，才開始放行。到新干已一點餘，午餐。此後路途平直，走得很快。到南昌，約五點。住南站旅社，取其離火車站近，便於上車。

三十一日，約七點一刻往火車站，八點一刻（尾數可疑）開車。沿途似落不小的雨，不患旱。八點後到九江，住九江旅社，也取它離碼頭近。晚有一到南京船，但船不好，且已無票，遂定買明天票。

---

①編者注："種"，原脱，據文意補。

八　月

　　一日，昨晚人聲鬧嚷，只睡兩三點鐘。上午在室內翻閱一部分石林所買的《宇宙航行》外，僅睏睡等船而已。下午檢點行李。七點三刻後船到，即上船。我們買二等艙票，他們把我們安置在一等艙。

　　二日，夜眠很好，醒即天明。船只在安慶、銅官山、蕪湖、馬鞍山停。在蕪湖，因停船時久，到市內略觀。六點半到南京。進城住建康路建康旅館。城內街道林木成蔭，也未遇曠地。晚淋浴。天氣也不很熱。

　　三日，早餐後出，到夫子廟一帶一游。此地現闢爲公園。可考舊制僅有元至順二年二碑。回，看配鑰匙，出坐一路車，到新街口換八路，到南京博物院，訪曾院長，則早入醫院。聽說她患精神緊張，入院已半年，不能多作興奮談話。訪尹煥章，則往聽報告，終未見到。出一趙主任，他很認得我，我却記不得他！問托代交匯款百元，查得寄來二百元。又有由我所下放到此地的兩位同志（　　）①我也不記得他們！又有一□同志②，説從前在重慶見過我，我也不記得！把該院展覽品，走馬觀花地看一遍。他們留我們吃午飯。後，我在客廳休息，石林回旅館囑旅館代買車票（博物院出一證明）。石林兩點餘又到博物院，我們遂辭主人，坐公共汽車往游中山陵。中山門外，至陵，林木茂密。陵我從前雖曾

---

①編者注：原稿括號內空闕。
②編者注：原於"同志"前空闕一字。

展謁過,石林問我當日情形若何,我也不能記憶! 前殿中山石像有損傷,坐石上像也有損傷,並且似故意毀傷,或係抗戰時所致。四點餘,下山;五點餘回城,到新街口百貨公司內,喝一瓶冰鎮果露水。出,尚日出,却大雨一陣。

四日,上午想看太平天國文物展覽,走到,才知道它現在暫停止開放,直到十月才再開放,只好退回。坐公共車到雨花台。瞻謁烈士陵園。外見宋楊邦乂墓。尋方孝孺墓,未能找着。時天氣熱,汗出如瀋,即歸。下午因天太熱,未出。近幾年我嘗對人説:"老的徵象就是特別怕冷,不很怕熱。"現在才知道,此話前半固然很對,後半却不對,是既怕冷又怕熱! 今日石林説覺得出汗不太多,可是我已經大汗淋漓。

五日,檢點行李。下午五點,提前吃飯。後即坐公共汽車到下關火車站。七點上車,後即上輪渡,過江後已八點半。

六日,天明已到山東境。下午入河北境。滄州以北各處莊稼很不好。不旱,爲災的像是潦漬。六點二十□分①到北京。由石林同志送到家。因美帝侵略北越,我政府發出嚴重警告。

七日,全日,除晚飯與秔岐母女到公園一轉外,未出。有群衆游行示威。

八日,上午到所。僅見劉金山一談。出到王府井大街大明眼鏡公司配眼鏡片,因帶錢不够,未能取出。下午將四點出,因公路兩旁全是示威隊伍,公共車只能在路中間行駛,不能靠站,遲之又久,才能上車。到大明取回眼鏡,後又到新華書店一轉。出時天

---

①編者注:原於"分"前空闕一字。

雨。在鋪子門前避一時,但雨不停,也不轉小,只好冒雨上公共汽車歸,衣履盡濕。

九日,全日天陰。僅上午同家人出到公路旁看第三日的游行隊伍。今日往越南使館遞支援書的隊及遞後歸來的隊伍分列公路北與南,更顯整齊。

十日,上午到所。看前幾天的《參考消息》。後即回家。下午看《綠色的遠方》。

十一日,早晨到公園一游,作操。出後門,向西,轉到日壇路,又從西門進公園,從前門出,回。以後未出。翻閱《歷史研究》(3)中文。又看《兒童文學》(3)中文章。

十二日,上午到所。黨中開會,念團……①的文件,下午又接續念一時。回。今日勇孟羅(桂珍的長子,年16)自蘭州來。購《赫魯曉夫言論》(第一集)一本。

十三日,上午九時到歷史所禮堂聽導生同志傳達陸定一同志在開政治理論課問題會時的發言。下午看前些天未看的《科學報》及未看完的《參考消息》。

十四日,上午到所。從作銘處借到新出版的《前蜀王建墓發掘報告》,翻閱一番。又看《中國人民解放軍的三八作風》。午睡後,即回家。

十五日,上午翻閱《勇敢》及看報。下午看《歷史研究》(3)內文章數篇。晚同孟羅到公園一游。

十六日,早晨到公園,作操。出北門,向東,從東大街返。翻

①編者注:原於"團"後空闕數字。

閱《中國農村的社會主義高潮》中文數篇。又翻閱《三個調皮蛋》內文數篇。

十七日，早晨到公園一轉，作操。上午到所，把石林去年在蘭州給桂珍夫婦與我一同照的像（前石林寄蘭州，但無人收，反回）取回，給孟羅，讓他帶回。今日上午秔岐同小紅回哈爾濱。下午看《中國青年》（　　）①。

十八日，早晨有小雨，後止。出，想到公園，但到建華路中間，怕水多，遂返，西行，日壇路也走一節，遂歸。上下午看《在中國共產黨全國宣傳會議上的講話》及《關於農業合作化問題》。又看《中國農村的社會主義高潮》中文數節。

十九日，早晨到公園一轉，作操。上午到所，看近兩天的《參考消息》。下午看石林給我抄成的《堯、舜、禹》稿，未完。今天下午一點餘孟羅回蘭州。

二十日，上午把《堯、舜、禹》稿看完，並將昨日所看出的注文號數一項不符的原因找出。看報。下午坐所中汽車到長安戲園聽傳達劉主席關於四清五反及教育的報告。

二十一日，早晨到東小林中早操。七點餘所中汽車來接，同王伯洪一塊，往開北京科學討論會開幕會（在人民大會堂）。上午有郭沫若、聶榮臻致歡迎詞，後讀各方面來的賀電，最後各來賓科學家講話。中午回所。下午看近兩天的《參考消息》。兩點餘，與盧兆蔭一塊再往聽來賓科學家的發言。散會時已七點餘。

---

①編者注：原稿括號內空闕。

二十二日，早晨到公園一轉，作操。上午翻閱《孔叢子》。下午翻閱《尚書·金縢篇》注，才信《金縢》自"秋大熟"以下實應如《史記》所記，爲周公卒後的神話傳說，但尚有疑點，未解決。

二十三日，早晨到公園一轉（此後作操不寫，不作操才寫），出西門，向北走，快走到朝陽門外大街，才向東轉到神路街。又向北到朝外大街，向東，不久即轉南，到公園圍牆，再轉西，又進公園北門，穿內壇，由南門出，回家。上午再把《金縢》篇中的疑點檢查一番。下午看戚本禹駁羅爾綱關於李秀成的文章。他的文章也很有力。但羅氏爲李秀成辯護，提出他掩蔽幼天王、掩蔽黃文金進兵江西、想使太平天國舊部會師後進兵西北三事。戚氏對於幼天王的堅決掩護，提出駁斥，對於後二項却未着一詞，他或者覺得幼天王事，容易迷惑視聽，所以駁斥，餘二事不容易辯護，不值得駁斥，也很難説。但是對於這兩點還是有一些地方需要解釋明白，不能抹殺不理。

二十四日，早晨到公園一轉。上午看《紅旗》中文一篇。下午看《歷史研究》中所載《關於舊中國買辦階級的研究》。這是談的廣義的買辦階級，它把洋務派的官僚和後來官僚資本官全包括在內。

二十五日，早晨到公園一游。上午看《歷史研究》中所載《中國近代煤礦企業中官商關係與資本主義的發生問題》。下午看《世界知識》(15)中數篇。

二十六日，早晨到公園一游。上午到所，看近數日的《參考消息》。下午有雷，將雨，兩點鐘許即歸。看《歷史研究》(4)中的《忠王李秀成的苦肉緩兵計考》。晚看《我們村的年輕人》電視。

二十七日，早晨到公園一轉。接續看《忠王李秀成的苦肉緩兵計考》。看畢,仍覺①他的論證,相當有力。戚本禹文的説服力似乎較差一些。上下午把《歷史研究》中餘文看完。又看《世界知識》(16)内文一篇。晚再到公園一轉。回看《奇襲白虎團》電視。

二十八日,早晨到公園一轉。上午到所。陳光堯同志來談。下午檢查石林所抄《堯、舜、禹》稿中注。晚飯在所中吃。飯後同魏樹勳、王伯洪、龔瓊英到兒童劇院看演《黛諾》(係黨命看),此雲南劇團演的京劇現代劇,很精彩。回時,因爲將晚時大雨一陣,龔瓊英直把我送到家。就寢時十二點已過。

二十九日,早晨未出,僅到院中作操。早飯後,到所,集會討論李秀成是否真用僞降苦肉計問題。下午黨小組開會,念《貧下中農委員會規則》(草案)。後討論作四清及作社會主義教育工作中各種問題,我因爲對此工作既未參加過,對問題亦未研究,幾全未發言。

三十日,早晨到公園一轉。全日補看昨天的報及看今天的報,還沒有看完。因爲昨天錯吃了壞葡萄,昨天晚肚子就有點泄,今天又多泄兩次。吃了磺胺脒片較好一點。

三十一日,早晨未出。上午及晚,看小説《墾荒曲》,看完第一部。下午到所,繼續討論李秀成的真假降問題。今日未泄,但腹中仍不很安靖。從所回過東單時,購月票。

九　月

一日,終日未出,在家看第二部《墾荒曲》,完畢。今日肚子全好。

二日,早晨大霧,遂未出。上午到所,看近二日的《參考消

---

①編者注:“覺”,原誤作“學”。

息》。與伯洪同志商議指導研究生事宜。下午讀《人的正確思想是從哪裏來的?》《被敵人反對是好事而不是壞事》《在中國共產黨全國宣傳工作會議上的講話》。工間操後,即歸。

三日,上午到北京醫院,看未完全好的肚子,並決定再打奴夫加因針,打第一針,編號爲二十七號。又檢查牙,暫時把空填起,等五日再往,給牙作一個套子。回。下午看報及《中國青年》(　　)①内數篇,又翻閱《中國婦女》(　　)②内文。

四日,上午到所,看前兩天的《參考消息》。下午再開會討論李秀成真假降清的問題。回,愛松來談。晚看電視播演京劇四團所演《紅色娘子軍》。就寢時已十二點。

五日,早晨到公園一游,出西門,從日壇路歸。上午九點一刻鐘到醫院打針、補牙,回。下午看報。

六日,早晨僅到東小林中作操。上午同季芳、小江、小週到天安門,看到不少的團體在那裏練習將在國慶節演出的節目。後又進天安門,至午門旁中山公園東門進公園,玩至十二點餘,才出園回家。立庵上午來訪,未遇見。下午到七樓周□□③家一談。餘時僅看報及雜誌。

七日,晨因陰而未出,僅在室内作操。終日細看《忠王李秀成自傳原稿箋證》,未完。

八日,上午把《李秀成自傳》看完。出到醫院打針。下午僅亂翻《三國志》各節而已! 晚到公園一轉。

---

①編者注:原稿括號内空闕。
②編者注:原稿括號内空闕。
③編者注:原於"周"後空闕二字。

九日，早晨到公園一游。上午到所，看前數日的《參考消息》，未完。劉金山、劉一曼來談，他們要預備到東北作四清工作，不能作研究工作。下午開小會討論學習毛主席著作。

十日，早晨到公園一轉。上午到國務院禮堂聽范若愚同志的關於楊獻珍同志犯錯誤的錄音報告。下午及晚看報及看前幾天的《參考消息》。

十一日，晨初有霧，因晚起；後漸散，出，僅到東小林中作操。上午仍往聽關於楊獻珍犯錯誤的報告。昨日報告很多人聽不太清楚，今日改用電台播音員代講，清楚得多。下午到醫院打針。回看報。晚看《我們村的年輕人》（第二部）電視。

十二日，晨雨，在室內作操。上午仍往聽關於楊獻珍犯錯誤的報告。下午看《〈毛澤東選集〉介紹》。

十三日，早晨到公園一游，出北門，向東，由東大街往南。至公路，再往東，走至豫王墳車站，歸。早餐後，又同季芳、小江、小週到公園，玩到十一點半，出西門，走到光華路，折東，仍由建華路回。看報。日本共產黨答覆蘇聯毀謗性的信，辭嚴義正。雖占報紙七八版，但盡全下午及晚終於把它看完。

十四日，早晨到公園一游。上午到醫院打針。繼續看《〈毛澤東選集〉介紹》。下午看《紅旗》（16）中文章數篇。晚到北京展覽館看青島京劇團演《紅嫂》，回時坐所中車。

十五日，早晨到公園一轉。上下午均續看《〈毛澤東選集〉介紹》。下午把《紅旗》（16）中所載文看完。將晚□□□來①，説雲

---

①編者注：原於"來"前空闕二三字。

甫近來身體不很好,把他所著《水經注現尚存在的各問題》交來,
希望我能交到《考古》印出。

十六日,早晨到公園一轉。上午到醫院打針。後到所,把雲
甫文交給饒□□①,並打聽程德祺稿審閱結果,他們允代查。借
作銘的一本《文史資料選輯》,翻閱關於別庭芳文件。午飯後不
久即歸。仍看《文史資料》。收科學出版社請柬一張。

十七日,早晨到公園,因天陰沈,作操畢即歸,已開始微雨,雨
終日不止。上午及下午所中均來車接送,到國務院禮堂,聽艾思
奇批評楊獻珍哲學錯誤理論録音報告。晚看電視放《水手長的
故事》電影。

十八日,早起雨止,但泥大不能出,僅在室外作操。上午到醫
院打針。全天除看報外,看前多日的《參考消息》。晚,室內溫度
已降到20度下。看電視中放映的後一部《黑山阻擊戰》(前一部
分因聲音小未看)。

十九日,早晨到公園一轉,出北門,向西,由日壇路歸。上午
到所,看近兩日的《參考消息》。下午仍覺寒,即歸。看《社會民
主黨在民主革命中的兩種策略》的一部分。

二十日,今日爲舊曆中秋節。早晨到公園一轉;出北門,向
東,從東大街回。上午領小江、小週、小明再到公園,在兒童體育
場、內壇前等處,看他們玩。後糜岐、晞②奕領小昱等來,晞奕先
出買菜,我們到快十二點才回。下午在家看報。晚獨出,月光如
畫。向東,走到大北窰十字口東,回。中午韓爭及波、稚岐夫婦

---

①編者注:原於"饒"後空闕約二字。
②編者注:"晞",原作"悕",據一九六二年三月四日等多處日記改。

皆來。

二十一日，早晨到公園一游。全日除看報外，續看《兩種策略》的一部分。

二十二日，早晨到公園一轉。早飯後到醫院打針。回，看報外，翻看《過年》小册子。下午及晚，把《兩種策略》看完，並參考《聯共黨史》的第三章第三節。

二十三日，早晨到公園一轉。上午到所，看近三天的《參考消息》及《科學報》（251）。下午開小組會，討論《紀念白求恩》。

二十四日，早晨到公園一游。上午到醫院打針。回後翻閱《考古》（9）。下午把《〈毛澤東選集〉介紹》看完。接到《中國史學史資料》一本。看報，知道我被選爲全國人大代表。

二十五日，早晨到公園一轉。上午到科學出版社，看他們的展覽。回看《論衡》，下午續看幾篇。也翻閱《史學史資料》中所載關於劉知幾的文章。

二十六日，早晨到公園一游。上午到醫院打針。後到所。小組開會，討論日共答蘇共信。此信我前日雖曾仔細看過，但已多日，忘的太多，故發言殊浮泛。後看《紅旗》（17—18）數段。下午看近三天的《參考消息》。畢，即歸。

二十七日，早晨到公園一轉。上午因聞雲甫身體不好，往他家看他。歸時因今日歡迎柬埔寨元首，恐長安街車輛不通，遂乘車到朝陽門，後步行歸。下午看報。

二十八日，早晨到公園一轉。上午到醫院打針。出在東單買三消引及冰糖。回看《紅旗》，未完。晚到民族文化宮，因學部新聘副主任關山復、楊述二同志，與衆見面聯歡。後演電影《天山的紅花》。回到家,十點半已過。

二十九日,早晨到公園一轉。全日看《論衡》。

三十日,今晨起不晚而出晚,僅到東小林中作操。上午到醫院打針。後到所。看近數日的《參考消息》,到下午才看完。把《堯、舜、禹》的稿件交出,但到下月四號才能送與中華書局。四點鐘前後,因明日國慶,大家已散,我也就回家。

十 月

一日,早起即預備出發。七點半後,出到汽車站等車,有人說九號車不開,遂步行到學部,八點開車前往觀禮。因路途游行人員擁擠,到天安門,九點半已過。十二點剛過,觀禮畢,無車,與張皖峰同步行歸。吃飯後午睡,起看報。今天《人民日報》出十六版,把主要的報告全看一下。

二日,上午微雨,未出,打掃屋子。上午看昨日《光明日報》。下午雨止。在家看小説、報及閑談而已。

三日,晴。早晨到公園一轉。下午同季芳、小江出到科學會堂,先介紹學術報告廳建築的特點,後演科教片三段:《在海途上》《奇峰異洞》《人造纖維工業》。遇子衡家人。回在西直門汽車站換月票。到家,將八點。晚看報。上午把河南省人委所來報告我被選信內所帶的兩份表格(一日才由所內送來)填好。

四日,到所,托技術室姜言忠同志代洗像片七張,並把昨日所填二表,請辦公室同志蓋戳後,交黃石林於下午寄出,即歸。下午牛宏麗來問我國瓷器於何年開始才有（代她校内老師來問），開始我頗茫然，後檢《新中國的考古收穫》，才知"最早的青瓷器，發現於（吴）黄武六年（公元 227 年）的墓中"。

五日，早晨到公園一轉。上午到醫院打針。後到所，上午和下午看《内部參考》（3651—57）七本。

六日，早晨到公園一游。上午領小週到美術展覽館看中國美術展覽（北方：實則僅包括北京、河北、山西、蒙古各單位）。後到所，取昨日的《參考消息》，看一部分。十一點左右，因小週叫餓，即歸。下午與晚看報外，僅看《世界知識》（18）内文二篇。

七日，早晨到公園一轉，出西門，到日壇醫院，打聽它是否有耳鼻喉科，回答無有。出，從日壇路歸。上午到醫院打針。後到所，看《參考消息》。把像片底片，請所方送到全國人大辦公廳。看《世界知識》。下午一點半左右即出。到醫藥公司購一瓶維他命 C，價一元二角五。到家小睡。起讀《爲人民服務》和《愚公移山》，又看《學習和時局》。

八日，早晨到公園一轉。上午誤記爲前天打針，遂又往醫院，護士説"你昨天打過，應該明天再打"，我只好退出，但仍疑她錯！到所，繼續看《内部參考》（3658—63）六本。五點半將歸，已走到電車站，覺忘帶圍脖，遂又回所，室内不見，撫衣，才發現它在衣袋裏！重出到車站，又覺忘眼鏡！記憶力消失，苦煩如此！也不願再回所，遂回家。今日陰，時有微雨，温度頗低。

九日，早晨到公園一轉。上午到所，聽日本小野勝年博士（奈良博物館）所作關於隋唐時代中日文化交流的報告。下午又同他坐談，我雖參加，但未發一言。四點半後，我們退出。看《紅旗》（ ）①中文兩篇。五點半歸。

十日，早晨到東小林內作操。上午到醫院打此療程的最後一針。出到所，研究組開會討論《人民日報》的十一社論。到工間操時散會。此後和下午把兩本《內部參考》（3664—65）看完，又看《中共中央文件》（61—2—3—4）四份看完。又翻閱《內部未定稿》內文兩三篇。歸時五點餘。

十一日，早晨到公園一轉。全日在家看《未定稿》內文數篇。

十二日，早晨到公園一轉，出東門，南行，轉東行，再南，由大路歸。上午到所。九日在所，接到全國人大辦公廳來電話，說我前日所送的底版，實爲一張像片，並非底片，請將底片找出送去。回家後遍尋不見！找出另外一張底片，內附像片四張，只好將前送去像片作廢，另送此底片的像片。今日到所後再請姜言忠同志曬出兩張。將像片湊夠五張，加底片，並附聲明信一張送去。中午歸。下午僅再看《墾荒曲》（第一部）。下午微雨。

十三日，早晨將出，因夜雨多泥，遂止，也未作操。把《墾荒曲》（第一部）看完。把四本《未定稿》大致看完。下午看《黑格爾〈羅輯學〉一書摘要》。

十四日，早晨大霧，到公園一轉。上午到所看《德意志意識形態》一節。十點有兩日本友人來所，讓我同黃、郭、蘇來陪。僅由作銘介紹我國考古工作情況，我們都未大發言。下午研究組開會，討論《爲人民服務》。後看《參考消息》。約五點歸家。

十五日，上午陰雨，下午雨漸止，仍陰沈有霧。早晨在室內作

---

①編者注：原稿括號內空闕。

缺第八節的操。上午看《黑格爾〈羅輯學〉一書摘要》中一小部分。下午看《未定稿》中的《誰同托洛茨基分子站在一起?》晚所中汽車來接,同仲良、子衡、夢家到人民大會堂看大歌舞劇《東方紅》。

十六日,晴,風頗大。早晨到公園一轉。上下午及晚曾看安子文的《培養革命接班人是黨的一項戰略任務》及前幾天報紙所載的駁楊獻珍的合二爲一謬論的兩篇文章(一篇未看完)、《世界知識》(19)中短文數篇。氣象預報明早最低溫度僅四度,有霜凍。

十七日,早晨到公園一轉。上午到所,因誤記今天是閱讀,就耽誤了今天對時事的坐談(時事是赫魯曉夫下臺及我國第一顆原子彈爆炸成功)!看近三天的《參考資料》。下午兩點多鐘將回家,在大門外遇作銘;他說三點黨內有會,遂回坐待。看《北京工作》一段。開會,補舉支委(因爲支委大多數要往作四清工作,僅餘二人)。舉作銘擔任,並請他爲書記。後又談時事。五點前,散會,歸家。晚再從電視看《東方紅》演出。接中華書局信一封(報告收到稿件),全國人大辦公廳信一封(説後送的像片太小不合用,如前底版找不出,他們就找照相館代印一張)。

十八日,早晨到公園一游,從東門出,循日壇東路南行,再由秀水北路向東,到□□□①轉南,到南大路,歸。上午訪介眉夫婦談。午間歸。下午景發夫婦同進德來。晚陳紹棣來,他是唐河井樓人,北大畢業,現由皖峰指導作研究工作。

十九日,到公園一轉(早晨)。上午送小週到芳嘉園托兒所,

---

①編者注:原於"到"後空闕數字。

竟忘向他的老師問好! 出向東南各街走出城,由雅寶路走近日壇,由日壇路歸。全日除看報外,續看《黑格爾〈邏輯學〉一書摘要》。接天□①信一封(他是八嫂的孫子,桂岐的兒子,父母都不在啦,他現在銀川鐵路內工作)。

二十日,夜睡不佳。早晨到公園一轉,出西門,由日壇路歸。上午續看《黑格爾〈邏輯學〉一書摘要》,對對付付看完,但理解極差,還需要細讀一遍,兩遍……很多遍。下午讀《實踐論》的一部分。

二十一日,夜睡仍不佳。早晨到公園一轉。上午到所,看近三天的《參考消息》。下午兩點餘,即歸。看報而已。

二十二日,由於昨晚吃一片安眠劑睡的較好,但仍未足。早晨到公園一轉。上午季芳同伊嫂出,我在家同小江談。下午翻閱《洛陽伽藍記》,同時出理髮。晚服安眠劑二片,早睡。

二十三日,睡得好。早晨到公園一轉,見霜頗重。終日讀《〈政治經濟學批判〉序言·導言》。晚乘所中汽車同作銘到大華看內部電影《向毛主席匯報》,實爲向一切領導人匯報解放軍及民兵的過硬本領。也遇兆勳、志敏二同志。與兆勳同車歸。

二十四日,昨晚服安眠劑一片,睡得仍不好。早晨到公園一轉。上午到所,研究組開會討論安子文的《培養革命接班人是黨的一項戰略任務》。下午看近三天的《參考消息》,未完。四點前後歸。看本日報。晚出順大路走到大北窯東環路十字口後,即歸。

---

①編者注:原於“天”後空闕一字。

二十五日，昨晚服安眠劑一片，睡僅略好。早晨到公園一轉。上午看《簡訊》(7、8、9、10)四份。又看《西德〈蘇聯研究所學術論叢〉載文談〈蘇聯黨章的發展趨向〉》，未完。下午獨往動物園看菊花展覽，後又到園西部一游，看見大小熊猫、長頸鹿及各種爬蟲。園西部多新建築，幾不可認；只有原暢觀樓前後尚可認。五點餘歸。晚順建外大街走過南齊家園車站，即歸。

二十六日，睡得還好。早晨到公園一轉。上下午先把《蘇聯黨章的發展趨向》及前三天的《參考消息》看完，後讀《資本論》一節。晚出順建外大街東走，仍到東環路十字口，歸。

二十七日，睡仍不好，終日精神不振。早晨到公園一轉。上午讀讀《資本論》中“商品”章内一節。因精神不好，遂止。與下午僅翻閱《知識青年的革命道路》。晚仍順建外大街東走過東環路，進建國路里餘，才回來。下午讀馬克思致巴·瓦·安年科夫，批評蒲魯東《貧困的哲學》信。

二十八日，夜睡不好，起服安眠劑一片，才又睡兩三點鐘。夜曾雨。晨出到馬路口，望見多泥，遂歸。上午往所，時又微雨。上午完全未止。看近三天的《參考消息》。下午雨止，天氣很涼，兩點後不久即歸。看報。換厚棉襖與棉褲，冬裝全上身啦！晚想出，走到西里門口，内燈不明，怕泥多，仍廢然歸。

二十九日，夜睡與昨夜相似。早晨到公園一轉。上下午看鄭言實所寫的《斯大林反對托洛茨基主義和布哈林主義的鬥爭》，並參考《聯共黨史簡明教程》有關各節，未完。晚仍出順建外大街至大北窑路口，歸。

三十日，睡還好。晨到公園一轉。上午到學部看文件。下午睡起後,仍覺睏,精神不振。後在室作操,稍好一些。仍高聲朗誦《毛主席詩詞》。晚因雨未出。

三十一日,睡的不好,吃了一片安眠劑,仍不好。晨到園一轉。上午到所。研究組討論阿爾巴尼亞黨寄蘇共中央的公開信。下午看昨天的《參考消息》。約三點即歸,時風頗大。到家看本天報。晚風較小,出仍順建外大街走到大北窯路口歸。

十一月

一日,睡還好。晨到公園一轉。出東門,順日壇東路,轉光華路,到東大街,南到建外大街,想到豫王墳找新開澡堂。到後見指路牌,説它在北邊商場後邊,後也找到商場,但終未見澡堂,遂歸。上下午續看《斯大林與托、布兩派的鬥爭》。晚仍如昨日出走。

二日,晨到公園一轉。上午再到學部看文件。下午看完石林同志的《中國國家起源問題的考察》。晚仍出走如昨日。

三日,睡不好,起服安眠劑一片,但仍未睡好。晨到公園一轉。上午到所,看劉主席給江渭清的信及其附件。看昨天的《參考消息》。下午給石林談他的文章。剛過兩點,即歸。小睡,讀《實踐論》,完。晚仍出走如昨日。

四日,睡得很好。晨只到東小林内作操,時霧不小。上午到所,與作銘、兆勳二同志坐汽車同到北京展覽館看英國的機械和科學儀器展覽會,我可以説全不懂！回所,看昨日的《參考消息》。下午三點後,同夏、牛二同志討論劉主席給江渭清的信。回已六點。晚匆忙看報,仍出走如昨日。

五日，晨到公園一轉。上午到歷史所禮堂聽張榮安傳達鄭思遠對楊獻珍的批評，十點餘即散會。到家後，季芳因室內有煤氣（？），强我同出，再到日壇，在那裏看報。回到家，已一點。下午稍休息。兩點半後，出到所，仍與夏、牛和李筠同志討論劉主席給江渭清的信。晚仍出走如昨日。

六日，晨因掃樓前散煤，稍晚，故只到東小林內作操。上午到所，仍同夏、牛和李筠本着劉主席的指示，籌劃本所將來注意點。歸，看昨日的《參考消息》。下午同兆勳同志往阜外醫院，看方酉生的病，決定行手術檢驗病情。晚仍出走如昨日。回又看電視所映《杜鵑山》的一部分。

七日，晨仍掃散煤，後到公園一游。上午到所。作銘作時事報告，兆勳作工作報告。散會後研究組又接着談。下午兩點半，黨內開會，討論將來工作，並再選黨委二人：兆勳、仲殊當選。五點餘回家。桂愉出差來北京，説後天就要回杭州。吃過晚飯，他領着小週，往公主墳。我仍出散步如昨日。

八日，晨仍掃散煤，後到公園一轉。今天桂愉來家，稚岐夫婦也來，尤其韓里新從蘇聯回國，今天也帶争、波來。大家都很高興聽他談蘇聯情狀，所以終日未出。晚給小江講《老兵新傳》的一部分，後看《好兒女志在四方》的一部分。

九日，晨到公園一轉。上午先看《好兒女志在四方》若干段，以後到下午總是續看《斯大林對托洛茨基主義和布哈林主義的鬥爭》，畢後，又看《聯共黨史簡明教程》有關各節。晚仍出散步如前日。

十日，晨到公園一轉。上午到醫院再開始打奴夫加因針，編號爲五十一。回家，看報。下午僅亂翻一點書（《漢書窺管》《方言》等）。晚仍出散步如昨日。

十一日，晨到公園一轉。上午到所，看近三天的《參考消息》。下午研究組開會總結近一段學習《毛選》心得。晚仍散步如昨日。聽說子衡昨日下午過馬路跌了一脚，膀臂有傷，已入醫院。

十二日，晨到公園一轉。上午到東單，買苹果、梨，擬送子衡。後到醫院打針，畢訪子衡，門者説上午不能訪，下午才行，遂將水果交與門者送給他，即回。過東單，再買一些自吃水果。下午中國農業機械化科學研究院介紹陳恒力來問古代農具，我不能答覆，遂談，他對於古史有些與我不同的意見，他對於傳説注意不够，所以意見不能强合。晚仍出散步如昨日。

十三日，晨到公園一轉。上下午僅翻閱《埤雅》及《明史考證攟逸》的序跋，知後書爲我們譯學館教員王君九、琴希兩先生的尊人所搜整。看七日《人民日報》社論和彭真同志在蘇聯大使館所舉行的十月革命節招待會上的講話。晚仍出散步如昨日。

十四日，晨到公園一轉。上午到醫院打針。後到所。研究組開會，討論《人民日報》七日社論和彭真同志發言。下午看《參考消息》。兩點後黨中開會，討論今後工作。晚在家看電視放映《農奴》，邀兆劻的兩個女公子同看。後張岱海來。

十五日，晨到公園一游。上午到韓里家，他們夫婦往他三弟家，不在，同親家翁談。十一點出，買了一盒郝氏養肺丸，一元五角。遇建功夫婦。下午往北京醫院，看子衡傷。晚仍如前日出散步。歸看電視放映《珠江風雷》的後一部分。

十六日，晨到公園一轉。上午到醫院打針。下午想對學習《實踐論》作一點筆記，僅開一頭。達三來談。晚到首都劇場看話劇《礦山兄弟》。

十七日，晨到公園一轉。上下午仍學習《實踐論》，把筆記寫完，但似不能用。晚因霧大，僅出到大街馬路邊，即歸。

十八日，晨到公園一轉。上午到醫院打針，後到所，看近三天的《參考消息》。下午兩點過後，即歸。晚仍如前日出散步。

十九日，晨到公園一轉。上午僅看報。下午找出勃列日涅夫、柯西金的講話及《真理報》的文章看看以便討論，但未看完。晚看兆勳同志所借給的《參考消息》。

二十日，晨到公園一轉。上午到醫院打針。出到學部看文件。遇吳清友。回。下午把勃列日涅夫的發言看完。看《托洛茨基反對派的過去與現在》。又看《列寧論民族殖民地問題的三篇文章》（前天已把第一篇看一大半，今天續看）。晚仍散步如前日，月色極好，風稍嫌大一點。

二十一日，晨到公園一轉。上午到所，研究組開會討論蘇聯在赫魯曉夫下臺以後的政局動向。下午看近兩天的《參考消息》。三點半即歸。到家，看報。晚看電視放映《千萬不要忘記》。

二十二日，晨到公園一轉。從北門出，向西到日壇路轉南到雅寶路轉西，快近舊城根，又轉南，後轉東南，到建外大街，遂歸。上午僅看報。下午翻閱《史記·仲尼弟子列傳》及其他列傳。三四點時又出，到東大橋路，上二十八路，到二閘，下，又向南走一節路。雖無建成大樓，而堆集的木料和磚料很多，疑爲預備建築的用途。返二閘站，上車歸，原二閘的閘口渺不可見，車站北有一大橋,下有河流,疑爲當日閘口處。

二十三日,晨到公園一轉,從西門出,到日壇醫院,看它都有什麼科。出順日壇路歸。上午到醫院打針。回,看報。下午看《毛澤東同志的初期革命活動》,僅看他求學時代的工作態度及立志精神,因回想到我幼年的經過,真覺得愧汗無地! 晚仍如前日散步。

二十四日,晨到公園一轉。全日温習井岡山之游,爲明日在小組發言作準備。晚仍如昨日散步。

二十五日,晨到公園一轉。上午到醫院打針。到所,看近三天的《參考消息》。下午小組開會,大家讓我給大家談井岡山的情形和幼年的工作作風。晚看陸鋒所寫《主觀惟心主義的大雜燴(評馮定的〈平凡的真理〉)》。

二十六日,晨到公園一轉。上午隨便翻閱《考古》(11),並把《紅旗》(21—22)看完(由於内邊的《赫魯曉夫是怎樣下臺的?》和《主觀惟心主義的大雜燴》均載於《人民日報》中,已看過)。下午看《資本論》(第一卷)的第一章"商品"的後一部分。晚看《參考消息》(二十五日)。

二十七日,因昨天嗓子不好,昨晚及今早吃郝氏養肺丸,所以晨未出。上午到醫院打針。回,看《世界知識》(21)完。下午再看《赫魯曉夫是怎樣下臺的?》,又看斯大林的《論反對派》的第一分册,完。晚看《參考消息》(二十六日)。今天未作操。

二十八日,晨到公園一轉。上午同兆勳、作銘兩同志同車到九爺府,聽關山復同志傳達中共中央所寫的關於周總理等報告他們慶賀十月革命與蘇聯新領導人會談的經過。畢,回所。看《參考消息》（二十七日）。下午兩點半後，黨中開會，先傳達西南四女同志在共青團會上的報告，後又報告團中各事。晚仍如前幾日散步。接桂忱信一封。

二十九日，晨到公園一轉，出東門，順日壇東路走；到秀水北街，轉東，又轉南，到建外大街。有反對美比劫掠剛果的游行大隊經過。我又向東又轉南，走到麵粉廠門口，回轉到家。上午出訪伯符，因爲游行隊經過，公共汽車停開（電車未停），故往來均步行。談至中午歸。下午僅看報，看小孩們跳繩。晚仍如昨日散步。接全人大辦公廳通知開會的信。

三十日，晨到公園一轉。上午到醫院。近來肛門不適，用熱水燙洗，無效，遂乘今天打針之便，請外科醫生診視。他説裏邊又有一痔瘡不小的包，應打一針，遂請他打。打針後，他代叫一汽車，囑回家後上午躺下休息。可是汽車竟有差誤，遲至快十一點鐘才到。回家後休息。下午僅看報，外仍休息。

十二月

一日，晨未出，遂未作操。上午翻閲《志願軍一日》。下午讀《費爾巴哈與德國古典哲學的終結》。晚出散步僅走到豫王墳汽車站。

二日，晨到公園一轉。上午到醫院打針。後到所，看前三天的《參考消息》。柱塵來，説今天的《毛選》學習，因事須推遲到下禮拜。下午把報看完。兩點半即歸。看報而已。晚未出。

三日，晨到公園一轉。上下午續讀完《費爾巴哈與德國古典哲學的終結》，又把普列漢諾夫對此書的注釋看幾頁。晚仍如前晚出散步。接到全人代大會常委會來信，通知本月二十日開會，十八日以前報到；又接學部中心學習小組通知於五日上午九點在北京飯店開會。

四日，晨到公園一轉。上午到醫院打針。看《志願軍英雄傳》，並參考《志願軍一日》。下午看普列漢諾夫的《論個人在歷史上的作用問題》（僅看一半）。晚仍如昨晚出散步。

五日，晨因起稍晚，只到東小林中作操。上午與作銘同車到北京飯店，開中心小組學習會，討論我國爆炸原子彈、赫魯曉夫下臺、美比侵略剛果（利）各事。發言的人不多，張幼漁同志發言很長。我同作銘均未發言。與呂叔湘同坐周□□①車歸。下午把《論個人在歷史上作用問題》看完。晚仍如昨晚出散步。看昨日的《參考消息》。

六日，晨到公園一轉，出東門，順日壇東路南走；由秀水北街轉東，又轉南，從建外大街歸。上午同季芳出到王府井大街大口，買餅乾及桔子，又乘車到子衡家，看他的病，已大好，但仍應養多日。歸。下午將四點，再往王府井大街，到百貨大樓，買二剃鬍刀片；到榮寶齋，買明年日曆；到新華書店，買明年曆書。歸時風頗涼。晚出如昨晚散步。子衡把他所寫新出版的《濬縣辛村》送我一本。

七日，起稍晚，未出，因未作操。上午到醫院打針，並再到外科看痔瘡，換一種藥。回，翻閱《濬縣辛村》，並看二日、三日未全看完的《參考消息》。晚仍如昨晚出散步。

───────────

①編者注：原於“周”後空闕二字。

　　八日，晨到公園一轉。上下午均讀《資本論》，第一章讀完，但主旨還未抓着，其第四節仍須再讀。晚仍如昨晚出散步。接鎮璇信一封，接伯恭的女人一明信片。

　　九日，晨出到公園一轉。上午到醫院打針。到所問柱塵同志學習規劃。出有孟、楊兩同志來問我自己如何鍛煉身體；仲良來談，方酉生來談。下午看近三天的《參考消息》；又看酉生所寫的《説湯都亳》。因要看電影，在所中吃晚飯，可是飯後到紅星影院，才發現票是十一日的！出走到東單車站，上車回家。晚因看報，未出。接全國人代會常委辦公廳信一封。

　　十日，晨到公園一轉。上午讀《資本論》的第二章。下午到所。學習又改作閱讀，室中未生火，遂與柱塵小談，即歸。看昨日的《參考消息》。把第二章讀完。晚仍如前晚出散步，有風，頗寒。

　　十一日，晨到公園一轉。上下午均學習《中國紅色政權爲什麼能存在?》，參考《中國共産黨簡要歷史》及《星火燎原》(下)。後又到王府井大街新華書店買宣紙本《毛主席詩詞》兩本(6元，一本擬送樂夫)，《阿爾巴尼亞史綱》一本(0.97)，《釣魚城史實考察》一本(.39)。晚到紅星看支援越南、支援美國黑人鬥爭、支援剛果(利)紀録片及《千里馬》影片。出，步行到東單，上公共車回。翻閱《釣魚山史實》一書，寫的人很用過一翻工力。又接全國人代常委會辦公廳信一封。

　　十二日，晨到公園一轉。昨日忘到醫院打此療程的最末一針，今日上午往補打。出，到所。仍翻閱《釣魚山史實》，並看昨日的《參考消息》。酉生來談。下午兩點黨員開會，念西北局對黨員於社革時黨員應遵守的十條。後討論此十條。晚在家看報，因未出。接趙希鼎自河南寄來《史學月刊》一份。

十三日，夜睡頗酣，醒已近七點，因未出，也未作操。上午同季芳、小江、小週出，到前門內郵局，看自動賣信紙、信封、郵票、報紙的機件。出到中山公園，同小江往看陳□□①（江蘇人，北大畢業，61歲）所刻必用顯微鏡才能見字的牙刻。後即在公園內午餐。後過午門前，看崇禎年有洪承疇名的鑄炮。又進工人文化宮，東南隅新築一假山，下有流水，未完工。出回到家，已近四點。景發夫婦來。晚仍如前數晚出散步。

十四日，晨到公園一轉。上午檢查今年日記的大略以便作今年工作的小結；檢點抽屜，把河南給我的當選通知書找出；看報。下午看《世界知識》（23），完。晚仍如昨晚出散步。

十五日，晨到公園一轉。上午看《中國的紅色政權為什麼能够存在?》，參考《紅旗飄飄》中有關材料。所中來汽車，接我們到民族文化宮食堂（全國人大辦事處）報到。我到子衡家，問他是否能同往，他已讓小孩子去替他報到了。到所接仲良、作銘同往，我又補照一像。畢，歸。下午看近兩天的《參考消息》和本天的報。又繼續上午未完的工作。晚未出，給小江講一節《老兵新傳》。

十六日，晨到公園一轉。上午到所看昨天的《參考消息》。看斯大林的《悼列寧》《憶列寧》。下午一點半即出，到東安市場買四批簡畫字總表兩本（價僅一毛），又到南邊新華書店，買《激流勇進》一本（四毛七）。到家後看《激流勇進》，完。晚在家看報，因未出。

---

①編者注：原於"陳"後空闕一二字。

十七日，是夜眠不佳，起服安眠劑一片，才勉强三點鐘睡。晨到公園一轉。上午再學習《矛盾論》中的《兩種宇宙觀》，參考《自然辯證法》的"導言"。下午到所，開學習會，討論《兩種宇宙觀》。後集體練習唱《東方紅》。晚因昨夜睡不佳，精神困倦，未出，看報。九點餘即就寢。接全人大辦公廳通知看舞蹈史詩《東方紅》的信。

十八日，今晨看錯鐘點，以七點爲六點！只到東小林作操。上午學習《星星之火可以燎原》，參考《紅旗飄飄》（14）和《中國共産黨簡要歷史》。下午到所，開會，我給大家談井岡山的概略和我的感想。後王永江、戴忠賢、曹□①秀三同志談他們學習《毛選》經過和心得。兆勳同志訓話。張振邦同志報告（傳達）三事：徵兵、交通規則、所内消防。出所時已六點半。今日因腿凉，患抽筋。（後知非抽筋，抽筋短時即愈，此則去時不愈。）

十九日，昨晚剛睡着，全人大辦公廳又有兩信來，一信通知今日十一點四十分開人大及政協兩方的黨員會。後即睡不着，又起服安眠劑一片，一點打過後，才能眠三鐘頭。晨到公園一轉。上午到所，提早吃午餐，後同作銘往人大會堂開會，彭真同志指示若干事。回午飯後，小睡。約三點半，與尹達同車到京西賓館，開河南小組會。因人多，再分三小組，我同尹達同分到二小組。晤靖華、濃山、孟模、鴻文及其他同志。晚仍出散步如前數日。

二十日，晨到公園一轉。上午九點，仍與尹達同車到人大會堂，開預備會。此外上下午餘時看周總理的《工作報告》稿本，未完。晚出散步走到大北窑。今日腿疼雖未全愈，但大見輕。

————————

①編者注：原於"曹"後空闕一字。

二十一日，將四點醒，即繼續看《工作報告》，六點看完，即起。早飯後才到公園一轉。回，考校各文件中數字。下午稍休息。兩點半汽車來，仍同尹達往人民大會堂，出席開幕式。後周總理即作報告，完第一節。晚出散步，仍只到豫王墳。周總理報告，今日另發一本，略有異同。接國臣弟信一封。

二十二日，晨到公園一轉。上午到北京醫院看腿疼並向內科大夫要安樂神。下午稍休息，兩點半仍往人民大會堂，聽完周總理的報告；並聽代表資格審查報告。晚出散步仍到大北窰。

廿三日，晨到公園一轉。上午八點半出到京西賓館，開小組會議。最後我也發言，談計劃生育問題。回午飯後，小睡。起再往開會。發言人中，謝爲傑是作了三十年化肥工作，所談最爲有趣。後黃敦慈、倪桐崗兩代表發言皆引申計劃生育問題。倪大約爲助產學院院長，所言尤多可寶貴經驗。晚未出。

二十四日，晨到公園一轉。上下午仍到京西賓館開小組會議。發言最富興趣的是劉文樹代表所談信陽專區辦耕讀學校的經過。也認到李來財代表，他於抗美援朝時失掉雙腿，然仍能學會開汽車和拖拉①機！晚因看近兩天的《參考消息》（未完），未出。已近十點，才趕緊預備睡。

二十五日，晨到公園一轉。上下午仍到京西賓館開小組會議。上午章漢夫代表談國際形勢，下午楊顯東代表談在湘潭蹲點經過，均最饒興趣。晚看報及《參考消息》（24 和 22 日及 19 日的各一部分）。

———————

①編者注：“拉”，原誤作“抗”。

二十六日，晨到公園一轉。上午仍到京西賓館，開小組會議。張瑞華談各種問題，富興趣。我接着對計劃生育加了幾句話。下午到人民大會堂開大會。大慶、大寨的英雄王進喜、陳永貴均發言，惜我坐遠視近，不能①他們的丰彩。晚未出。

二十七日，晨到公園一轉。出東門南行，轉從東小林回。終日在家，僅看報而已。下午景發夫婦來。

二十八日，晨到公園一轉。上午到人民大會堂聽大會報告。有劉寧一、陳紹寬、李大章、賽福鼎、李素文、唐應斌六人，後二人發言最饒興趣。還有幾位有書面發言。下午改爲小組會，説是討論審判長和檢查長的兩報告，可是三發言人集中於水土保持、治黃河和治水的問題，全與水利有關。接趙希鼎寄來《史學月刊》一份。

二十九日，晨到公園一轉。上午到人民大會堂，有方毅、周建人、周詠曾（係四人聯合發言）、呂東、周明山、田克（二人聯合發言）、趙燕俠發言，餘人書面發言。下午有羅瑞卿、胡昭衡、蔣光鼐、洪秀欉、高揚、文敏生、劉俊秀發言，時七點已過，遂停止最後一人發言；餘人書面發言。到家吃過飯，已八點。今晚七點，學部送人民劇場的票，昨晚送來。因太晚遂不往。

前數日，大會堂中我動作總有一人照拂，今日免除，也許是看見我走路無困難，也很難説。

卅日，晨到公園一轉。上午到人民大會堂，有王偉、黃炎培、范瑾、陳郁、曹荻秋、周培源發言；餘人書面發言。下午改開小組

---

① 編者注：此處似有脱字。

會。到京西賓館，前數人發言，我精神不佳，實未聽清。最後何偉代表談教育應改事宜，頗富興趣。晚補看前四日《參考消息》，一號未完。

卅一日，晨到公園一轉。上午仍到京西賓館，開合組會，談後日選舉注意事項。下午到人民大會堂，開會。程潛、阿沛·阿旺晉美、楊明軒、陳叔通發言；餘三十六人書面發言，或聯合書面發言。晚同呂叔湘同志再到大會堂，看晚會步隊會演節目。九點半此部分完即出歸。

一九六五年

一　月

　　一日,晨未出。上午十點後領小江、小週到公園一游。因天陽太冷,十一點後即回。下午僅隨便翻閱各發言稿,晚草草閱完。內陳望道、蘇步青聯合發言所介紹的復旦大學的蔡祖泉實爲一卓絶的發明家。

　　二日,今日全天和明天上午全改爲大會發言。選舉改爲明日下午。上午烏蘭夫、朱德海、徐健生、李凡夫、王度等十人(聯合發言,由鮑鼎代表發言)、丁長華發言;下午陶峙岳、周信芳等五人(聯合發言,由張瑞芳代表發言)、李子光、王昭、胡繼宗、李范五、雷春國、段君毅發言。上午餘十九人,下午餘三十一人書面發言,或聯合書面發言。晚又到京西賓館,開合組會,再談選舉應注意事項。今晨曾到公園一轉。今日韓親翁同争、波、昱來。

午後,霏幾點雪花。

三日,有風,轉晴。晨到公園一轉。上午仍到人民大會堂,開大會。賀龍、李啓明、楊静仁、沙千里、奎璧等二人(聯合發言,由王再天代表發言)、余秋里發言。餘三十九人書面發言,或聯合書面發言。下午兩點後,即往大會堂,投票選主席、副主席,全人代常委會委員長、副委員長、秘書長、委員,國務院總理、最高人民法院院長、最高人民檢察院檢察長,投三次票。放映我國爆炸最①一顆原子彈影片。晚翻閱一部分發言稿,陝西代表方自達突破修正主義所設的難關,爲一不可多得的人才。主席、副主席、人大常委會委員長、總理均仍舊。餘還未計算,出。天安門前燈火齊明,多人歌舞,慶祝領導人選出。

四日,晨到公園一轉。上午在家看文件。下午到大會堂,全體照相。開會報告並通過副總理、秘書長、部長、委員會主任人選,國防委員會副主席、委員人選,民族委員會主任、委員人選,法案委員會主任、委員人選。通過政府工作報告和一九六五年國民經濟計劃主要指標及國家預算初步安排的決議;人大常委會工作報告的決議;最高人民法院和人民檢察院工作報告的決議。閉幕。

五日,七點過才起,未出。上午出購月票,又往洗澡。下午顯庭同碧書來。晚往青年藝術劇院看演話劇《女飛行員》。接全人大常委會送來政府工作報告及劉俊秀、黃知真聯合書面發言稿。

六日,起後整理文件,未出。上午到所。開會,□□□作②關

---

①編者注:"最",疑爲"第"之誤。
②編者注:原於"作"前空闕二三字。

於赤峰附近發掘的報告,徐苹芳作關於元大都遺址發掘的報告。下午看近兩天的《參考消息》,未完。三點半歸。看報。晚看《教育戰綫上的一面紅旗》,未完。

七日,晨到公園一轉。上午看完《參考消息》;整理一部分文件。下午到所,本説是討論《矛盾論》,可是到門口,邢同志對我説大家全到首都劇場聽陳永貴的報告,我遂也到劇場聽報告,此次聽得很清楚,令人興奮。聽畢,即歸。看《科學報》。晚出散步到大北窰。

八日,晨到公園一轉。上下午再把《論個人在歷史上的作用問題》細看一遍。下午四點出到王府井大街,配眼鏡腿,買黃油、肉鬆、苹果、香蕉。晚出散步如昨日。晚兆勳同志來,説人大常委來電話説要把三件密件收回,檢出交給他。開會時人大常委來電話仍要三密件,我答昨晚交出。後覺回答不清楚,又問兆勳,他説交給張岱海,我問張,答它來電話説即派人來取。

九日,晨到公園一轉。上午到所,上下午均開研究組小會,討論政府工作報告及陳永貴前日報告。取本月薪水。看近二日的《參考消息》,未完,回家後看報,並把《消息》看完。晚出散步如昨日,風頗大。

十日,晨未出。上午十點出訪雲甫,他病大好。下午除看報外,看《紅旗》(去年 23—24,今年 1)中文數篇。晚出散步如昨日。

十一日,晨到公園一轉。上午到所。上午柱塵作檢查,大家提意見;下午看前日的《參考消息》。兩點我作檢查,大家提意見。晚出散步如昨日。

十二日，晚十二點左右，人大常委派人來說密件還差兩件，羅瑞卿發言及關於預算文件，羅件我記很清，已交兆勳，預算件，我記不清，麻煩半天，才去。今早起仍到公園一轉。上午到所，問岱海，則此三文件至今未取去！檢查，則昨晚所要兩件皆在！因知他們錯誤的由來。下午我快回時，他們又有一人從家來到所，催件，讓岱海檢出付與，並指出他們的錯誤。上午仲良作檢查，下午夢家作。後大家均提意見。晚因看報忙，未出。

十三日，晨到公園一轉。上午看《歷史研究》（去年5—6）內文。下午到所，秉琦作檢查，大家題意見。晚仍看報及昨日的《參考消息》，未出。

十四日，晨到公園一游。上午由於昨日兆勳同志要求我和仲良、子衡談談人大和政協開會經過，約於今日下午談，在發言稿子中找點材料。下午到所，先聽柱塵作殷周時代銅鐵工具代替石、骨、蚌工具經過的報告。後談人大開會大致感想。晚仍看報，未出。

十五日，晨到公園一轉。上午仍整理人大發言稿。下午到所。兆勳作檢查，大家提意見。晚出步到大北窰。

十六日，晨到公園一轉；出小東門，順日壇東路南行；轉光華路；後順使館東界南行；到建外大街，歸。上午到所，開研究組會，討論"政府工作中各問題"。下午看昨日《參考消息》。兩點後，黨中開支部會，討論工作革命化問題。晚看報，未出。今日陰，時霏雪花。收中國書店服務科信一封。收永田英正寄來他所著的《居延漢簡烽燧考》。

十七日，起已七點餘，未出。上午同晞奕、小江、小週出到中山公園。晞奕、小江學習滑冰，我同小週看一會，就先回來。下午再看《政府工作報告》的前半。晚出散步到大北窰。

十八日，晨到公園一轉。上午到所，作銘作檢查，大家提意見。完即歸。下午看報及上星期六日《參考消息》。《人民日報》轉載《赤旗報》的《論赫魯曉夫的"和平共處"路綫的本質》全文，事實擺得準，道理講得清，是一篇可以使敵人心服的好文章。晚如昨日出散步。

十九日，晨到公園一轉。上午到所，子衡作檢查，大家提意見。畢，即歸。下午再看《政府工作報告》後半。晚如昨日出散步。

二十日，晨到公園一轉。上午到所，看《周易大象解》，未完。看昨日的《參考消息》。下午團內開會。晚在家看報，未出。

二十一日，晨到公園一轉。上午到北京醫院，再請准打奴夫加因針。編號廿八。下午到所，兆勳作動員工作革命化報告。未幾，中華書局何炳然來，談《堯、舜、禹》稿件，他嫌內考據部分過多，不大容易懂。我初意也想再改一翻。可是兩方意見相差過遠，照他的標準寫，不過能寫出萬數字，同他的標準長度相差過遠，矛盾無法克服，只好作罷！一二年功夫白費，只怪開始時想的太不周到。晚在家看下卷的《墾荒曲》，未出。

二十二日，晨到公園一轉。上午到所，研究組開會，討論工作革命化報告。下午看昨日的《參考消息》。兩點開會，安志敏作檢查，大家提意見。後又討論將來作小結辦法。後秉琦報告北大及考古訓練班將進行改革的輪廓。晚在家看報，未出。接桂忱信一封。

二十三日，晨到公園一轉。上午即將出往醫院，王俊卿以汽車來，遂坐車到醫院，讓他去接別位。打針後步行到南河沿政協文化俱樂部開學部召集的學習會，討論《政府工作報告》。畢，即在那裏吃午飯，用一元三角五分。後回所。看昨日的《參考消息》。兩點後，黨中同志開會聚談，因無重要事，三點半後先歸。晚看報未出。兆勳同志來傳達政府對作社教工作同志的指示。把《堯、舜、禹》的稿子再翻看一部分，看看何處應當改正。

二十四日，早晚皆未出。僅上午出，想理髮，但因人太多，又無可坐待處，遂未理。餘時僅看報，再看《激流勇進》而已。

二十五日，晨到公園一轉。上午到所，黨中開會討論社教工作二十三條，未完。回家吃飯（因早飯後忘吃水果，恐兩頓不吃，致成乾恭）。飯後仍到所繼續討論。初開時有點困倦，精神不能集中，後漸好。晚在家看報，未出。接白兆蕙信一封。

二十六日，昨夜鐘不走，錶甩一下停了，不知道時間，看天明起，已七點餘，未出。上午到醫院打針。後到王府井大街東城區鐘錶修配廠修錶。到新華書店，購《風雷》（共三本），價一元七毛五分。出到電車站，車已來，忽憶小圍脖不見，遂返兩處找，也沒找着。下午到所，仍討論二十三條，但仍困倦，精神不集中。散後，兆勳同志把周揚同志關於二十三條的報告傳達給我和仲殊。晚看報未出。接全人代常委會辦公廳送來二十八日電影晚會票一張。

二十七日，晨到公園一轉。上午到所，仍與兆勳、作銘、仲殊三同志討論二十三條。下午看報外，僅看《風雷》數篇。晚頗困倦，但就寢仍已過十點。

二十八日，晨到公園一轉。上午到醫院打針。上下午餘時，除看報外，仍續看《風雷》，完第一册。晚到人民大會堂，看演《人大三届首次會議》和《向毛主席匯報》的電影。歸尚未十點。

二十九日，晨到公園一轉。上午到所。讀《矛盾論》第三節，仍多未了了處。看昨日的《參考消息》。下午二點後研究組開會討論"矛盾的特殊性"，他們也有不少未了了處，但比我學習得好。回，約五點。桂珍同她的兩個孩子從蘭州來。晚看報，與桂珍談，未出。

三十日，晨到公園一轉。上午到所，遇見從山東回來的同志們。研究組開會，討論《政府工作報告》第三部分，並爲同志們念蔣南翔在人大發言中的蘇聯教育制度與毛主席思想衝突中的五點。下午兩點餘同仲良、子衡、作銘同車到政協禮堂開學部召集的中心小組擴大會議，導生新從海陽歸，報告其工作八十餘日的經過，這實在是任何國家所沒有的經驗過的深入民衆的工作。我們此次社教工作的創造，可爲將來要走社會主義路國家可取法的先例。晚看報，未出。接陳光堯信片一。

三十一日，半夜起風，達五六級。早晨未息，因未出。上午出訪陳光堯；出到王府井大街取錶；買黃油；到東單，換車票。下午僅看報和看完《風雷》第二册。因昨日出，未帶圍脖，今日咯嗽。晚未出（風已停）。

二　月

一日，起已七點，未出。上下午把《風雷》第三册看完。上午作銘、兆勳二同志來，他倆因訪尹達同志，未遇，遂來此。下午我出訪尹達談。

二日，今日爲陰曆元旦，終日未出。上午石林、金山和□□①來（□□南充人，……②）。桂愉夫婦回。下午韓里夫婦和小孩來。王維庭來。後除韓波留住外，餘均歸去。

三日，咯嗽未全好，終日未出。上午子衡來；志敏來；老顏來。下午小睡。建功夫婦來。韓爭來，同韓波去。

四日，咯嗽比昨日較好。上午出到子衡家談；出到東單北找能收拾籐器的鋪子。回，魏銘經同他的小孩來。田景發夫婦來。下午小睡，起，秉琦夫婦同愷之來，後林壽晋來。上午桂愉即來，將晚去。晚未出。上午把全人大發言稿略加整理分類。

五日，上午擬出往所，兆勳同志對小江說，這兩天所裏無事，教她對我説可以不去，在家休息，遂止。終天翻閱楊向奎的《中國古代社會與古代思想研究》而已。

六日，上午出到醫院打針。後到所。看佟柱塵，才知道昨日和今日均有學習討論。參加今天學習。中午歸。下午看報和近兩號的《參考消息》，還餘一點。晚何犖來，把《毛主席詩詞三十七首》交給他，讓他寄給他父親。又看《練兵的人》（在電視中）後三幕。

七日，起七點已過。把《毛主席詩詞》的一版和二版對校一遍，知《七律·和柳亞子先生》和《蝶戀花·答李淑一》二首有柳詩和注文的出入。看報。下午小睡。三點後出沿建外大街東走到豫王墳，北尋澡堂，終訪問到，約改日來洗。

---

①編者注：原於"和"後空闕約二字。
②編者注：原於括號內"南充人"前空闕約二字，"南充人"後空闕數字。

八日，晨到公園一轉。上午坐所中汽車，與作銘、兆勳二同志到人大大會堂聽彭真同志關於二十三條的録音報告。聽一個頭他們兩個才感覺到已經聽過，先回所。我聽完回家。下午介眉夫婦來談，餘時看報。晚仍看報未出。今日有群衆游行，反對美帝空軍昨今兩日侵略北越。昨日北越空軍擊落入侵飛機四架，擊傷幾架。今日戰報未到。

九日，起已七點，未出。上午到醫院打針。後到所取報，歸。寫一信與河南日報社，請其停止寄來重份。下午看近兩天的《參考消息》及報。收人大常委會辦公廳送來十一日晚電影票一張。今日傷風仍未愈，早晚服羚翹解毒丸。

十日，晨因恐今日有游行無車，只到東小林作操。上午出到車站及方巾巷站都差一步没趕上車。直走到東單，才坐上車到所。上下午均爲黨中開會；上午報告許景元同志犯錯誤經過。散會因今日所中不開飯，又回家，坐車到方巾巷，後步行。下午來往有車。開會景元作檢討，大家提意見。晚看報，未出。

十一日，晨到公園一轉。上午到醫院打針。後到王府井百貨大樓，買一人造毛小圍巾，價 1.65。歸看報。白兆蕙同她的丈夫王德清及小孩來，下午去。我僅亂掀《宋史》。晚到人民大會堂，看演電影《雷鋒》。看過電影，想想自己的行動，真是慚愧無地！如不自勉勵，真要糊塗一輩子，無醒時了！今日到家過十點，就枕時約十一點半。服安眠藥一片。

十二日，四點後醒，讀《矛盾論》的第四節、第五節。晨到公園一轉。上午到所，續讀第六節。下午研究組開會討論第六節，中心發言人爲秉琦。他正在發言，黨中招我往開許景元第二次檢討會,遂往。晚看報,未出。

十三日,晨只到東小林作操。上午到醫院打針。後到所,參加研究組對越南問題的討論。後看昨日的《參考消息》。下午兩點半以前在所,此時及回家後全看《紅旗》增刊所載的艾地著的《農民粉碎農村魔鬼》。晚看報,未出。接桂珍信一封,桂忱信一封。

十四日,晨未出。上午領小江、小週到公園兒童體育場玩。回,桂愉夫婦來;張親家母來。下午看《世界知識》(3號),稚岐夫婦來。僅桂愉夫婦帶小週回來吃晚飯。晚出散步到大北窰。

十五日,晨到公園一轉。上午到醫院打針,並請診視牙疼。後到所,取報。看十三日的《參考消息》。下午看報,並看《馬克思恩格斯書簡》數篇。晚出散步如昨日。

十六日,晨到公園一轉。上午隨便看看我那《傳說時代》的舊稿,思想並無進步! 看報。下午再讀《馬恩書簡》數篇。晚看電視放映《家庭問題》,未出。

十七日,六點後起,時微雪,未出。上午到醫院打針。去時雪很不小。出來已較小。因爲今天要歡迎尼雷爾總統到京,車輛暫停,步行到家。下午看報,並看《馬恩書簡》,完畢,但理解不深不透,當再精讀。晚看《中國青年》(4)內文數篇。餘時亂翻書,無大益處,須嚴戒。《光明日報》載文兩篇,批評改編崑劇《李慧娘》,《晚報》載繁星同志對他自己所著的《有鬼無害論》的檢討,也是關於這出劇的吹捧的。可是我前年在電視中看到劇,在《晚報》看到文,雖也不特別欣賞,可是也没覺得什麽,以爲這樣演、這樣説,都未始不可! 嗅覺的遲鈍,從現在看,實在可驚。

十八日，晨出到建外大街，見馬路上水不少，遂不敢往公園，僅沿路向西，走到建內車站，歸。上午讀《工資、價格利潤》數頁，由於我沒有鍛鍊出精細讀書的習慣，頗難理出頭緒，只好暫停！再讀《費爾巴哈與德國古典哲學的終結》數節。再學習《矛盾論》，未完。晚僅看《晚報》未出。接辛樹幟信一封。

十九日，晨出到建外大街，望各路上全相當地濕，遂歸。上午到醫院打針。後到所，上下午看近四天的《參考消息》。上午仲良來談；劉一曼來談。柱塵又拿精裝本《毛澤東選集》來，問要不要。前幾天張岱海拿兩本，作銘買一本，餘一本讓我買，我因太貴，並且因三卷本一樣，無新篇章，故拒絕未買。今天又拿來，我疑惑還是那一本，因貴，無人買，因爲我薪金高，所以希望我買，我考慮後買下，價7.90。過三點，因外邊風大，遂提前作操。畢，即歸。看報。碧書同王（曾在三嫂家作保姆）來。晚僅看《晚報》，未出。接辛樹幟寄來其所著《禹貢新解》。

二十日，晨未出。上午同子衡、作銘、仲良一起坐所中車到南河沿政協俱樂部同學部召集的坐談會，討論《政府工作報告》及二十三條。後在那裏食堂吃午飯，用1.36。後同子衡、仲良仍乘車回所。到所，才想起把書包忘到俱樂部，又獨往尋，不見，詢問後返所，問，才知道被學部同志拿到學部，已來電話告知，即由所派人取回。後黨組開會，討論二十三條。將五點散會歸。晚看昨日的《參考消息》未出。下午在所曾作操。接人大常委辦公廳送來廿三日電影票一張。

二十一日，將七點起，未出。上午出訪雲甫，他近日身體較好，但近兩日，有點泄肚。談至將十一點，歸。過王府井大街下，買兩把牙刷、一筒牙膏,價 1.96。下午看報,看《報告文學第二集》中文數篇。晚未出。

二十二日,晨未出。上午到醫院打針。後到所,看前日的《參考消息》。十點前歸,看報。下午睡起,看《禹貢新解》。晚出散步過大北窰。

二十三日,晨到公園一轉。上下午除看報外,均看《書經稗疏》及《禹貢新解》。晚出散步如昨日。今晚雖有電影票,但因昨夜睡不佳,擬早睡,只好放棄。

二十四日,晨到公園一轉。上午到醫院打針。後到王府井大街南口買水果,價 1.50。到所,取報。歸後上下午均看報及近兩天的《參考消息》。又看《世界知識》(4)中文數篇。晚出散步如昨日。

二十五日,晨到公園一轉。上下午看《費爾巴哈與德國古典哲學的終結》完畢。續看普列漢諾夫對上書的注釋一部分。四點後因秉濃山去世,後天開吊,出到嘉興寺租一花圈,只有三元的。歸途到電視服務部,請他們來修理電視。晚飯時電工來修理。晚看電視所演《包鋼人》,未出。

二十六日,晨到公園一轉。上午到醫院打此療程的最後一針。後到所,看近二日的《參考消息》。午飯後未幾即歸家。看報外,又學習《矛盾論》。晚出散步如前日。

二十七日,晨到公園一轉。上午到所。研究組開會討論《矛盾論》第六節。十點出到嘉興寺,擬參加濃山同志的公祭,但太晚,靈堂已撤。回所看昨日《參考消息》。下午黨內組織生活討論所內各組所提工作革命的意見,我發言不少。晚看電視放演

《岸邊激浪》，未出。

二十八日，夜睡不佳，起已七點，未出。上午出過大北窰、二閘、公主墳，到雙井（廣渠門外大街）。坐二十八路車回到齊家園下，回。下午看報，翻閱《中國婦女》。景發夫婦來。晚看電視放演《青松嶺》，未出。

三　月

一日，起已六點餘，未出。上午看費爾巴哈論的注釋，有些地方理解不清楚。後看報。下午看《南方通信（二集）》內文若干篇。再看報，才感覺凡科學成果想見實行時，必須就實在情形再細摸一番，萬不可把外國書上的硬搬過來；就是我們自己試驗室內所取得的經驗，推廣之前，也需要再摸索一番。晚仍散步到大北窰。

二日，晨到公園一轉。上下午把費爾巴哈論的注釋看完，並把《南方來信》（二集）也大致看完。晚看電視放演《箭杆河邊》，未出。

三日，晨到公園一轉。上午到所，取報。看近三天的《參考消息》，直到下午。十一點後即歸家。下午僅看報，已到六點。晚看電視放演《豐收之後》，未出。

四日，晨到公園一轉。上午又略整理書籍，把《跟隨周副主席十一年》翻閱一遍。下午除看報外，看《矛盾論》一部分。又看《阿爾巴尼亞史綱》中斯坎德培部分。晚看電視演《劉胡蘭》，比前些年看到同名的電影豐富得多，因未出。

五日，晨到公園一轉。上午到所，看近兩天的《參考消息》及

《河南日報》。下午二點半研究組開會討論《矛盾論》全篇。晚未出。收郵局市內發行科信一封,人代會常委會辦公廳送來七日晚電影票一張;學部召集坐談會,明日九點開會。

六日,晨到公園一轉。上午與子衡乘所中車到南河沿政協文化俱樂部參加學部召集的坐談會,討論各專業的情形。散會後回所。下午黨中開會,討論所中應興革事宜。晚看電視放演《雷鋒》,未出。就寢時已十一點半。

七日,起已七點餘,未出。上午出從建外大街向東,至□□□①轉北,到光華街轉西,到東環北路轉南到獐鹿房,上九路車歸。下午小睡,起看小江念一段報。晚到人民大會堂,看話劇《赤道戰鼓》。就寢時已將十二點。

八日,晨到公園一轉。上午再學習《矛盾論》第三節。精神不佳。下午小睡,看報。晚未出。

九日,晨到公園一轉。上午到所取報。看近兩天的《參考消息》(通到下午)。十點後出到東四人民銀行辦事處,把存款轉存三年。買梨(四角二);又買牛皮紙(兩張,兩角八)。下午看報。晚看電視演《戰洪圖》,未出。

十日,晨到公園一轉。上午到所,開擴大的所務會議,未發言。在所午餐,後即歸。看昨天的《參考消息》。後看報,《人民日報》轉載《赤旗報》的《季莫費耶夫和美帝國主義》一文,從三點看到晚九點後,才看完。這是很尖銳、很有力的反修文章。今日下午也把《世界知識》(5)中文大致看完。

①編者注:原於"至"後空闕三四字。

十一日，晨到公園一轉。上下午再學習《矛盾論》第三節。又讀《列寧選集》中的《馬克思主義和修正主義》《列甫·托爾斯泰是俄國革命的鏡子》《論工人政黨對宗教的態度》三篇。晚看電視放演《紅鷹》，未出。今日天氣驟熱，最高溫度14度，風不小。

十二日，晨到公園一轉。上午到所。看近兩日的《參考消息》。開始對《矛盾論》寫一點筆記，僅開一頭。下午兩點多，即歸。後僅看報。

十三日，晨到公園一轉。上午到所，繼續寫對《矛盾論》的筆記，仍未完。看昨日的《參考消息》和《河南日報》。下午黨中繼續開會，討論所中應興革事宜。我本有不少意見，想發言，但因為意見不夠系統，並且我想提出的措施，又覺得有不少滯礙，而有意見，無辦法，我又不願提，遂終場未發一言。晚在家看報，未出。

十四日，起六點，讀《哲學的貧困》數頁。上午獨出，從建外大街東走，過大北窰，接着由建國路仍東走，過郎家園至八王墳。向東路盡，轉南，到火車站，即轉回。仍由八王墳，坐一路汽車歸。看報。下午仍看報。稚岐夫婦來，桂愉從廣州歸。晚看電視放演解放軍北京部隊戰士演小話劇、小歌劇。下午看《紅旗》載的《紅燈記》。

十五日，晨到公園一轉。上下午除看報外，續讀《哲學的貧困》，不夠了了。晚出散步到大北窰，月白風清。

十六日，晨到公園一轉。上午到學部看文件。下午看報及《中國青年》（　）①。續看《哲學的貧困》數頁。接所中電話，説

———————————

①編者注：原稿括號內空闕。

明天通縣有鬥爭會，組織專家往參加，問我是否願去，答復願去。晚在家看近兩天的《參考消息》，未完，因未出。

十七日，晨未出。七點後到學部。大約他學部也在這裏會齊，科學院共去五六十人，兩輛大車。去的地方爲徐辛莊公社平家疃大隊。此村約在縣城東北二十里地處。到時，會已開起，鬥爭對象是一貫道點傳師鄭朝俊。他約五十歲，解放前無惡不作。當反反動道門時，他逃外數年。後又潛蹤回鄉，腐化幹部，造謠生事，日望蔣介石回大陸。他爲該道門三縣首領，從前本鄉人不知他爲首領，此次四清始被發現。登臺揭發的約二三十人，內有他同道的，他的姪子等人。鄉人說話不易懂，並且我聽覺不聰，以上所記，多爲回時同去的人所談。最後工作幹部宣布把他逮捕。又有兩四類分子，經群衆審議，摘掉帽子；對尚未老實交代的數人，展限三天，老實交代。散會後，工作幹部主持人向科學院去的同志們介紹工作經過：他們去年十月十七日進村，現整五個月。開始一個月調查，後作小四清（本年工分分配等事），後展開四清，預計一月後可完畢。村有八百多户，在道門的就有六百餘人。貪污的幹部在大隊數百人中，集中在三十餘人。貪污的糧款，共計各達六萬餘斤或元。一切遵照中央命令，退賠，或經群衆審議，酌減緩免。舊幹部經改選，重新當選的約三分之一。現貧協爲經鬥爭後組成，很有力，將來看工作情形。村有小學，適齡兒童同入學兒童比例尚未計算。現辦有工讀班。約六點回到家。魏銘經夫婦來，他們想搬來此宿舍，先來看房。晚，看報而已。未出。未作日記。

十八日，六點起，補作昨日日記。上下午僅續寫關於《矛盾論》的筆記及看報。晚翻看《毛主席語錄》。

十九日，晨未出（因看《風雷》）。上午到所。看《革命老人徐特立》。看前三天的《參考消息》（至下午）。仲良來談。下午一點餘即歸。看各種報。晚未出。

二十日，晨到公園一轉。上午到所，看《馬克思傳》；又看昨日的《參考消息》。下午黨中繼續開會，討論所中應興革事宜，我今日發一點言。晚看報，未出。接光華出版社寄來外文現期期刊目錄一份。

二十一日，夜睡不佳。晨到公園一轉。上下午及晚均在家看《風雷》。上次看《風雷》，二冊後半未看。夜睡不佳，也因多看《風雷》。

二十二日，晨到公園一轉。終日除看報外，續讀《哲學的貧困》。接到鳳山的兒子來信一封。

二十三日，夜中溫度頗低，起把小窗關起。晨聽《評莫斯科三月會議》，連續聽幾次。餘時續讀《哲學的貧困》。下午兩點半後出到歷史所禮堂，聽傳達徐冰（？）部長關於統戰工作中有兩條路綫鬥爭的講話，並布置學習《評莫斯科三月會議》的事宜。晚看電視放演《女飛行員》，未出。今日室前後均已栽樹。

二十四日，起六點餘，未出。上午到所，聽夏、牛兩所長所作關於所中革命工作的報告。看前三天的《參考消息》（至晚才完）。下午三點後研究組開會，討論《評莫斯科三月會議》。晚看報，未出。

二十五日，晨到公園一轉。上午到所，看昨日的《參考消息》。工間操後，繼續昨日會，討論三月會議的前因。午餐後，即

歸。看報。看《世界知識》(6)中文數篇。晚《歷史研究》(1)中
《論大順政權的性質》的一段。倦甚,早寢。晨在床上補看昨日
晚報,內載諺語七條,均精確。內一條說"老愛欣賞自己脚印的
人,只會在原地兜圈子",頗中我的病痛(此七條諺語我一條也未
聽說過,疑爲格言,並非諺語)。毛桃已經開花。

二十六日,晨到公園一轉。上午到所,但因忘帶鑰匙,進不去
工作室門(劉玉到故宮勞動,把另一鑰匙帶走)!只好再回(上午
無事)。看昨日的《參考消息》。下午再到所。兩點半,研究組開
會,大家把學習《矛盾論》所寫出的心得自念給大家聽。我同子
衡的爲一類,僅就《矛盾論》自身,作一種講述。蘇、陳、安、牛、佟
諸同志則或聯繫所中工作,或聯繫自身工作,談矛盾問題,不拘拘
於"論"文本身。晚在家看報。

二十七日,晨到公園一轉。上午坐所中汽車,同子衡、仲良到
南河沿政協俱樂部,開學部召開的坐談會,討論《評莫斯科三月
會議》,我說了不少的話。回所,因太晚,同子衡到大同酒家吃午
飯,每人費一塊八毛。後又買一椒鹽點心,價兩毛四分(忘在所
裏)。看報。兩點半後,研究組開會,仍談所中興革事宜。後又
隨同人習唱《國際歌》。晚在家閑談看報,未出。

二十八日,起六點半,未出。上午同季芳到花廠,買花兩盆,
價六毛。糜岐來,後韓里同小孩來。下午同韓里、他的小孩、小江
到公園游(糜岐先往軍事博物館看學習毛主席著作展覽)。他們
走後,回看報,休息片刻。走到所,取報,取椒鹽點心,取《戰國
策》,歸。晚看電視放演《園林好》,編得很有詩意,思想也很正
確。看昨日的《參考消息》,未完。

二十九日，晨到公園一轉。上午看完昨日報，又看今日報。下午午睡起，把《哲學的貧困》大致讀完。開始讀《法蘭西內戰》。接到人代會常委辦公廳送來明晚劇票。《歷史研究》編輯部交來金景芳著《井田制的發生和發展》，請代爲審閱。

三十日，晨到公園一轉。上下午均續讀《法蘭西內戰》（除看報外。對於今晚劇票事，我幾完全忘掉，可是所中汽車又來接，說還要接作銘，我只好前去。但到作銘寓，他又出去散步，歸結我一人獨往！劇爲《包鋼人》。遇余□□①、袁希淵、周康之。回家十點已過。

三十一日，晨到公園一轉。今日仍續讀《法蘭西內戰》。四點半後，出到所取報，並取回《馬克思恩格斯全集》一本（17）。晚看《參考消息》（29），未完。接愛松自任縣來信一封。

四　月

一日，因保姆已下工，新人未來，起即幫助收拾屋子。補看《參考消息》（29、30）及《河南日報》（　　）②。下午出購月票，買苹果二斤，紅梨一斤，價共一元一毛六分。到所，問明日作何學習。借得《一八七一年公社史》，又取回法文《經濟學理論史》。回後讀《公社史》。晚看電視放演《山村花正紅》。

二日，晨仍收拾屋子。上午看《井田制的發生和發展》，大致還好。下午兩點後到所，三點後，往聽趙銓、王振江、李敏生自談

①編者注：原於“余”後空闕約二字。
②編者注：原稿括號內空闕。

他們學習《矛盾論》的體會。後出到全素齋買半斤素菜,價一元一毛六分。又到天義號買大頭菜半斤(昆明)鹵鹹瓜,價共四毛六分。到稻香春買蘇達餅乾一大包,價一元一毛,酥糖一合價四毛;又到北京餐廳買大麵包,價四毛。晚看《參考消息》(3)。

三日,晨仍收拾屋子。上午到所。研究組開會,談論昨天下午各組發言,我才感覺到王振江工作的重要意義,思想的遲鈍如此!下午看《河南日報》,又到所長室外屋看今日的《人民日報》。三點後黨中組織工作談在所中工作革命化時,黨員應如何起帶頭作用問題,除兩所長外,只有我、魏樹勳、李文傑發言稍長。魏報告他學習《毛選》及思想上所起變化,李談郟陽隊工作收工時的經過。外王仲殊也說一些。晚看《參考消息》(2)。接到人代大會常委會公報兩册。

四日,五點即起,補看昨日所接《河南日報》。上午整理報及書架。獨出,想窮大環城公路北修至何處,乘九路汽車至大北窑,下。看站牌,向北無他汽車,遂於獐鹿房再上九路車,到呼家樓下。再往北上13(?)路電車北到□□①,折西向城內走,終未知此公路北至何所。從豁子進城,直到寬街東口,下。上八路電車,南至東單下。到子衡家,談。回午餐後看報,午睡。三點後起,稚岐夫婦來談。晚看報。

五日,五點後即起,看《公社史》數頁。六點洗臉,後出到公園一轉。上午續讀《法蘭西內戰》完畢。十點出到所,對佟柱塵報十一日游八達嶺時我家去兩人。又向他借到《外國史學動態》

①編者注:原於"到"後空闕約二字。

（1964．7 號），看其中所載瓦西里耶夫所寫反華文章《關於外因影響在中國文明發生中的作用》。回，下午看報畢，看《馬恩全集》（17）中所記馬、恩在 1870 年 7、8 月後至 71 年 6、7 月工作的記載。又看《美國駐巴黎大使華施貝恩先生》及《馬志尼反對國際的言論》，知華氏的虛僞狡猾，馬氏的宗派狹隘。晚學習《關心群衆生活，注意工作方法》。本意今日把對《井田制的發生和發展》的審閱意見送出，可是完全忘寫！

　　六日，五點後即起，看恩格斯的《戰事短評》（1、2）。六點後出到公園一轉，杏花已開。上午把《對〈井田制的發生和發展〉的審閱意見》寫出。十點後出到所，請人送出。看《參考消息》（3）。回。下午午睡片刻，起看報而已。晚開始看《1848 至 1850 的法蘭西階級鬥争》。

　　七日，起五點半。看《戰事短評》（3）。到公園一轉。上下午除看報外，均續讀《法蘭西階級鬥争》。提早吃晚飯，後出到所，參加黨内組織生活，聽同志發言，我未講話。提早回，到家約九點十分。今天恢復三次作操。

　　八日，起五點半。看《戰事短評》（3）。到公園一轉。上午續讀《法蘭西階級鬥争》。看報。下午睡片時。看《志願軍英雄傳》中的《楊育才傳》（《奇襲白虎團》劇中改作嚴偉才）。開始寫《擴大突破口，乘勝追擊》，未完。晚仍翻閱《志願軍英雄傳》及《志願軍的一日》。今日操僅作兩次，上午工間未作。

　　九日，五點即起，看《志願軍英雄傳》中的《楊根思傳》，未完。到公園一轉。上午把《擴大突破口，乘勝追擊》寫完。看報。下午至晚才把《楊根思傳》看完。晚看電視放演《飛雪迎春》（僅看後半）。今日仍作三次操。晚李筠同志來，送明日上午學部召集中心小組開會。

十日，五點後起，看《志願軍英雄傳》中的《孔慶三傳》，未完。到公園一轉。出東小門，順日壇東路，穿東小林，歸。上午所中汽車來，出，又接作銘，他不去；接仲良則已前往。直往政協俱樂部。汽車又往接子衡，他也先來。今日大家沒多說話，僅友漁同志詳談國際形勢。回所，午餐後，問無他活動，即歸。看近三天的《參考消息》和今天報。

十一日，五點後起，看完《孔慶三傳》。七點後同小江出到所，乘所中卡車往游長城。八點一刻開車，出安定門，轉西，轉北到往長城公路上。過沙河、昌平、南口、青龍橋，到居庸外關北門鎖鑰站停下。登長城，兩同志扶（或可說攙）我上，也到上幾次走到處。在上午餐。休息後下。始終由二同志攙扶。我初登時，覺由自力可以上下，後漸覺上時或能對付，但是否能達到高處，頗成問題；尤其下時，如無人扶持，似不可能。初上勇氣是基於上次經驗。但又已過十幾年，衰老加甚，心殊不快。將兩點，登車回。過居庸關時，下，登雲臺，後到雲臺下，看梵、漢、蒙、藏、畏兀兒、西夏六體文字。到家，將五點。已覺累。晚看電視放演《南方來信》前半。後半因將妨害小江、小週休息，只好關掉不看。

十二日，一覺睡到快四點才醒。五點一刻起。看昨天未看的報。到公園一轉。上午仍看報。下午小睡，王俊卿以車來，說接我聽報告，我未看鐘點，時我未穿襪子，還慢慢地穿，穿好，才看票，見爲兩點鐘，知時已促，他還得接夏、牛二所長，乃急出。到民族文化宮時，傳達已開始，幸還不多。傳達彭真同志在革命設計會的發言。前半報告國際形勢，後半才講設計方面的革命。畢回所。到室內少停，即歸。補作昨日日記。晚仍看《河南日報》。今日僅作操兩次，下午未補作。

十三日，五點半後起。看《科學報》。出到公園一轉。回時，遇照勛同志，他說今天上午同志將集體去看解放軍所擊落的美無人駕駛機的殘骸，問我要去否，我說要去，他説汽車將於八點二十分從所中開出。我回後趕緊吃早飯。後即出到所。殘骸在軍事博物館後院中展覽。參觀人很多。我正在排隊前進，執事人看我年老，就讓我出來獨進，不必排隊。機身不大，已被打壞，首尾難辨。回到所，補作工間操；看昨日的《參考消息》。回十一點半。此時及下午均看報，有《河南日報》三份，《科學報》數份。近數日積壓不少，今日才掃清。今日三次作操。晚李筠同志把本月薪金送來。

十四日，起六點。到公園一轉。上下午及晚除看報外，翻閱《越南史略》。今日三次作操（此後每日作操三次，即不再寫，缺時才寫）。

十五日，晨到公園一轉。上午續讀《法蘭西階級鬥爭》一段。後看報。下午繼續看報。四點後，到王府井大街，配錶蒙子玻璃，仍須等四天。因眼鏡腿壞，往配，價一元一毛。到新華書店，買《南方風暴》(0.43)，《艷陽天》(1.45)。回，看《南方風暴》數段，《艷陽天》一章。晚看電視放演《好媳婦》。

十六日，將三點醒。後又看《艷陽天》數章。六點起，出到公園一轉。但因風大，未能作操。上午又掀《艷陽天》。下午看報。學習《關於正確處理人民內部矛盾的問題》的首段“兩類不同性質的矛盾"。今日只作操兩次。接王維庭信一封。

十七日，因昨早風大到公園，晚即覺喉頭不痛快，並打嚏噴。起六點。無風。出到①公園一轉。上午到所，邢清談同志説李筠同志找我。到人事處，靳尚謙同志也在那裏，問他何時回來，答已四五天。李筠給我一份《中共中央文件》，囑我看後討論。是對美帝備戰指示。討論仍只我們三人。工間操後，即看近四天的《參考消息》。下午續看，未完。本説照勳同志將回有傳達，但待至五點許，他仍未來，我們就加入研究組會討論越南戰局。照勳回時，已晚，也未傳達。今早預報最高溫度23℃，但下午有風，溫度覺很低，似最高達不到20℃。眠時十二點已過。

十八日，四點醒，再看《南方風暴》數段。晨起未出。上午同季芳、小江出到中山公園看花。天頗寒。回到家已一點餘。午飯後睡片時。起，往訪尚謙同志，他不在家，我小坐即回。移時他同夫人、女公子同來。晚把《南方風暴》對付看完。今天在衣袋裏，找出一件美帝《軍用無人駕駛高空偵察機展覽説明》，看罷，知道並未看過！這一定是在看展覽以前得到的，如果當時看過，看展覽一定更仔細。可是不但未看，並且此紙何時得到，竭力在腦子裏找尋，也一點無影響！記憶力衰退竟到這步田地！今日未作操。

十九日，晴。出到公園一轉。上午到所，照勳同志在黨十八級以上幹部會傳達學部對"備戰指示"的説明。下午除看報外，讀《丟掉幻想，準備鬥爭》，也看《別了，司徒雷登》《爲什麼要討論

①編者注："出到"，原誤作"出出"，據一九六四年四月七日日記等改。

白皮書》。

二十日，晨到公園一轉。全日看《艷陽天》，未完。上午工間操後，出到王府井大街取錶。下午風似達四五級。終天陰。

二十一日，晨到公園一轉。上午看《艷陽天》的幾章。工間操時，前樓的周太太來。看報。今天《參考消息》《科學報》《河南日報》全由所中轉來。下午看報外，看《世界知識》(7)。

二十二日，晨起想出去，可是夜間微雨，地上有一點水，當時仍霏霧絲，遂不出。終日把《艷陽天》看完。餘時看報。接到學部召集的中心小組開會通知。今日只作操兩次。

二十三日，晨到公園一轉。上午及晚續讀《法蘭西階級鬥爭》。午間興惜自家鄉來。下午看報，並看《自然辯證法》的《蘇共中央馬恩列研究院序》及《自然辯證法》內數段。晚飯後同興惜出再到公園一轉。接小斧信一封。

二十四日，晨到公園一轉。上午出往南河沿，可是到方巾巷站，又由慣性下換十一路電車！開車後才想起，遂在東單站下。因時尚早，僅餘一站，遂步行往。開會後，我對越南戰事，談我的看法。散會後，回所，因稍晚，遂同子衡到大同酒家午餐，價每人一塊三毛七分五。到所，兩點後參加研究組時事研究會，仍談越南戰事。五點散會，歸。看報。晚仍看報，未完。今日上午未作操，僅作兩次。

二十五日，晨到公園一轉。出北門，東行，到東大橋路，南行歸。上午略看報，與興惜談。下午同季芳到人民劇場，看演話劇《戰洪圖》。四點餘即演畢。今日只作早操一次。

二十六日，晨到公園一轉。上午把前數日的報看完。下午看本天的報。讀完《法蘭西階級鬥爭》。晚開始讀《馬、恩、列、斯論文藝》。

二十七日，終日雨，故未出，因未作操。續讀《論文藝》。

二十八日，雨止，仍陰。晨到公園一轉。出小東門，南行，仍轉到公園南門歸。上午把《論文藝》讀完。開始讀《怎麼辦?》，下午晚仍繼續。

二十九日，陰。晨到公園一轉。(前曾看《聯共黨史簡明教程》一節。)上午出到所內取報。下午看近幾天的《參考消息》。晚看《河南日報》，未完。

三十日，夜有雨。晨將出，但見公路上濕，遂不往公園，西行，到小羊毛胡同一號門口，歸。上午看《河南日報》和《科學報》。下午看本日報，小睡。出到理髮館，但因人過多，遂歸。

五　月

一日，今日五一節放假。我上午同季芳乘二十八路汽車走到老虎洞。村子很不小，大多數是新建築，但樓房不多，似多屬工人宿舍。村外麥苗頗好。歸將十二點。下午小睡，看報。晚同季芳坐所內車到天安門看跳舞及放烟火。遇建功夫婦、芝生夫婦。九點三刻回時(晚會未完)與子衡夫婦同車。到家十點已過。睡時已將十二點。今日未作操。

二日，夜眍睡，三點餘小便時，很多的尿傾倒在床上，影響此後睡眠。晨出時，疑惑夜中墊床時是否受寒，幸在公園作操時，仍覺有汗，才心安下。上午與興惜談。往理髮，帶錢不夠，又往送一回！初回時魏銘經來，他已搬到十樓一單元 101 號。下午睡，起已四點。看完《世界知識》（8），再與興惜談。晚看報而已。今日僅晨作操一次。

三日，晨到公園一轉。上下午均續讀《怎麼辦？》。興惜今天下午七點餘回家，同他談。照勳同志送來《石油工業部張定一副部長在全國農業科學實驗工作會議上的講話部分記錄》，下午看一遍，覺得記得不够好。晚看《伕伍人》中數段。

四日，晨聞雷聲殷殷，外邊地濕，似曾落一點雨。將出，看見洋灰路上積水，遂止。上午出到所。與柱塵、作銘談。又與饒、曹二同志談。歸。看報，未完。下午小睡。起後，陳光堯來，少頃即去。出換月票。因上午把眼鏡忘到所中，遂又到所。遇靳尚謙同志，談。歸。韓力夫婦來，談。晚他們去後，又看一點報。今天僅下午作操一次。曾看李仲操所著的《石鼓文出土地及其刻石年代》。

五日，晨到公園一轉。上午再看李仲操關於石鼓文的文章。他寫得很好。他所主張鄜爲虢字的異寫，比主張蒲爲鄜的更近情理。我從前疑惑它爲鄜字異寫，也比他的主張差。它所説西時不在雍，實至確鑿。看《秦本紀》，平王雖允許襄公取①"岐豐之地"，襄公却未能取。秦取地"至岐"，實在文公十六年（周平王二十一年，前 750）。襄公仍居西垂，何能作時於雍？這一點李氏文未談及，仍可補入。此文有一點畫蛇添足之處，僅以秦宣爲宣王，可以删去。下午小睡，看報，也看《中國青年》（9）中文多篇。今天僅晨作操一次。

---

①編者注："襄公取"，原誤作"取襄公"，據文意改。

六日，晨到公園一轉。上午出到崇玄觀東人民銀行辦事處取錢。回到所中取近二日的《參考消息》。又取《紅旗》(4)、《希臘文字典》，歸。下午小睡。起看報。後有尚士英(黨員)持尚謙同志介紹片來，想瞭解韓振江在1935—36年的情況。我對此人一點印象沒有。後知從秉琦處指引，他同秉琦同學，於上述年中曾介紹我見張蔭梧一次。我記有此事，但不記係何人何時，無法答問。

七日，晨到公園一轉。上午看《江蘇省農業中學創辦七周年》(載於《紅旗》4)。出到王府井大街，買圖釘一合(百枚，價3毛)。回看報。下午小睡。起看學習文件(《毛選》4集中數段)。晚看《真正的人》一段。接到華北社會主義教育運動展覽參觀券一張，科學院1965年職工業餘文藝會演匯報演出入場券一張。

八日，晨到公園一轉。上午到所，討論《約翰遜政府的海盜行爲》和《帝國主義的本質問題》。十點後即散會，提早吃飯。後到大華影院，看演《攻克柏林》上下集電影。此係蘇聯舊片，但今日在蘇聯當不許演，因爲他們要説它"鼓勵斯大林個人迷信"。二點半散。出步行至東單，日光下很熱。坐公共汽車回家。看報。晚何擧來，把電視機修理好，聽湖南省民間歌舞團演出的音樂舞蹈的一部分。又聽收音機廣播的《反法西斯戰爭的歷史經驗》(差個頭)。

九日，晨到公園一轉。回到公園南門時，遇見小江、小週也來了，同歸。上午用水澆樓下新栽的小灌木。又同小江、小週同游動物園，游人頗多。回到家，已將一點半。下午看報。侯薪同志來看樓下房（同家人），不久即搬來。今日只早晨作操一次。

十日，晨到公園一轉。上午到午門看華北社會主義教育運動展覽，材料大致從四清工作中來。與仲良、子衡、兆勳同觀。去時坐所中車，回時趁周所長車。下午看報，小睡。晚飯後，往中山公園看院中職工業餘文娛會演匯報，但又改期於十四日晚。今日上午未作操，僅作二次。

十一日，晨到公園一轉。上午出到所，有三件事情：1. 前作銘所談關於墨子時是否能有平面鏡的文章，當時未寫出，後遂忘記，須再查考；2. 上次問饒□□①同志關於程德祺文章的意見，他説前我未對他説人名，所以未能查出。昨日我把找出，須對饒同志説；3. 取本月薪水。前二事都辦理妥善，可是末事又忘掉！下午看報。提前吃晚飯。六點到大華影院，看演《偉大的轉折》。仍演斯大林克勒殲敵事，但與《斯大林克勒血戰記》不同。八點即演完。今日作操仍如昨日。

十二日，晨起在窗前作操，後澆小灌木。上午僅寫復王維庭信一紙。時季芳同汪嫂出看電影，我看家。後精神很睏，遂小寢。汪嫂回叫門，頗久，我却未醒！後季芳到窗下叫，我才醒開門。下午看報而已。晚看演電視放演《丹娘》。今日時微雨，故僅晨作操一次。

十三日，晨到公園一轉。上午給小灌木封土。後及下午都寫給興惜信或看報。晚看《真正的人》中的一段。

十四日，晨到公園一轉。上午把寫給王維庭和興惜的兩封信

---

①編者注：原於“饒”後空闕約二字。

封好,送出。歸後看報。下午續看報及續讀《怎麼辦?》一段。晚何犖來,同看電視放映《斯大林格勒血戰記》。今日上午十點我國在西北上空又爆炸一枚原子彈。尚謙同志交來明日學部召開中心小組坐談會一紙。

十五日,晨到公園一轉。與子衡、仲良同坐所中車往開中心小組座談會。後同子衡到大同酒家吃午飯。回所稍休息,看列寧的……①兩點半後,研究組開會,仍談《反法西斯戰爭的歷史經驗》和《紀念戰勝德國法西斯,把反對美帝國主義的鬥爭進行到底》二文(與上午同)。六點散會。晚看報。今日上午未作操。

十六日,晨未出,只在窗前日光中作操。操罷,就像近幾天過這裏,總要看看小灌木是否已發芽。現在有幾顆芽已出來,可是還有幾顆看不出。上午同季芳、小江、小週游北海。划船。湖中船很多,加以回船時,正值逆風和逆流,向前非常費力。本意劃一點,可是到碼頭時,已快三點! 回。下午看報。晚再看《真正的人》的一段。今日只作操一次。接桂珍信一封。

十七日,晨到公園一轉。上午因頸疼未愈,到醫院診視。後到所取本月薪金,並交上月及此月工會費(黨費已扣)。下午看報。餘時稍溫習俄文單字。接王維庭復信一封。

十八日,晨到公園一轉。上午續讀《怎麼辦?》一段。後及下午均看報。六點即吃晚飯。後到歷史博物館禮堂看院中所拍攝的研究少數民族社會歷史情況影片,三次演完。説明上載今日演獨龍族、額爾古納河畔鄂温克人、黎族。但加演佧佤族,黎族未

①編者注:原於"的"後空闕數字。

演。散時將到九點半。

十九日，晨到公園一轉。上午續讀《怎麽辦?》一段。看報。下午四點餘同兆勳、尚謙、仲殊三同志坐所中車到公安部看內部參考電影，仍演我們第一次爆炸原子彈，比上次所看的詳備的多。回家晚飯後又出到所，黨中組織生活，討論王世民及劉金山入黨的問題，八點半後回時風頗大。

二十日，晨到公園一轉。上午出到所，想在《參考資料》內找出約翰遜於十三日怎麽胡說八道的資料，可是沒有找到。到研究室，把《中國歷史地圖集》《二十史朔閏表》《中國共產黨歷史講話》取回。下午看報。又看《中國共產黨歷史講話》，並與《中國共產黨簡要歷史》相當的節段相比，前書比後書寫得好的多。再學習羅瑞卿及《人民日報》編輯部兩篇關於戰勝法西斯的文章。

二十一日，晨到公園一轉。上午看《中國共產黨歷史講話》，後看報。下午除看報外，仍看《歷史講話》。四點半後，出到所。看彭真同志在全國設計工作會議的談話稿。晚聽榮高棠講《我國乒乓球隊勝利的道路》①。

二十二日，晨到公園一轉。上午到所。上午和下午均由研究組開會討論羅瑞卿關於戰勝法西斯的文章，討論時爭論頗激烈。今天溫度很高，曾達到34—5度。

二十三日，晨起澆尚未發芽的小灌木。即在窗前作操。補看昨日一部分報紙。十點後，出到米市大街，買下午演《條頓劍在行動》的票。下午小睡，看報。四點出，到紅星影院看電影。

———————————

①編者注:原於"的道路"後衍"的道路"三字。

二十四日，晨到公園一轉。上下午全看《共產黨歷史講話》，並與《毛選》對看。晚同季芳、小江到魏銘經家。談，回時已九點半。

二十五日，晨到公園一轉。上午仍看《共產黨歷史講話》。《新建設》社的貢發(?)信來訪。下午看報。將六點即吃飯。後出到歷史博物館禮堂，看研究少數民族歷史情況影片。今日演《夏合勒克鄉(在新疆墨玉縣)封建莊園制度》及《西雙版納農奴制度》。我有點困倦，精神不振。回到家，已十一點半。今天上午未作操。

二十六日，晨到公園一轉。上午續看《共產黨歷史講話》。後看報，下午繼續看報。晚飯後同季芳、小江走到東邊鐵路橋附近。

二十七日，晨到公園一轉。上午仍看《共產黨歷史講話》，大致完畢。到所，問柱塵學習內容，並從張岱海要今晚及明晚電影票。下午看報。晚飯後仍往看少數民族歷史情況影片。今晚演古聰族及瑤族。回至家已將十點半。

二十八日，晨到公園一轉。上午再澆窗前未全發芽的小灌木。學習《目前形勢和我們的任務》《將革命進行到底》和《丟掉幻想，準備鬥爭》，又學習羅瑞卿關於戰勝法西斯文章的1、2、7三段。後與下午看報，再後即未作何事。晚仍往看少數民族歷史情況影片。今晚演景頗族及鄂倫春族。回至家，十點。收到所中送來明日學部召開中心小組坐談會，及三十一日藍田猿人初步研究成果報告會的票。

二十九日，晨到公園一轉。上午與作銘、子衡、仲良同坐所中車到南河沿政協文化俱樂部開會,討論"參觀社會主義教育運動展覽會的感想"。中午同子衡到大同酒家吃飯,每人費一元一角九分。後到所。兩點半後研究組開會,再討論越南戰事,希望大家勿盲目樂觀,也不要怕。後又總結此期學習。五點後散,即回。今日氣溫度很高,預報最高34度。後及晚看報,然未完。今日上午未作操。

三十日,晨到公園一轉。上午看報,又小睡。下午仍看報而已。晚《江姐》歌劇(桂愉新買)。今日僅晨作操一次。溫度仍高,預報最高35度。

三十一日,晨起在窗前作操。上午坐所中車,往科學會堂,聽藍田猿人初步研究成果學術報告。同往的爲顏闓、張岱海二同志(顏同志午間先歸)。到會者,除楊鍾健外,院首長有郭院長、李(仲揆)、竺、吳三副院長。外有袁希淵、王冶秋等人。上午賈蘭坡、周明鎮、吳汝康三同志作報告。在食堂午飯。兩點後參觀猿人頭骨陳列。兩點半後,大會發言,後楊鍾健作總結發言。回到家將六點半。晚看報。今日僅晨作操一次。

六　月

一日,晨到公園一轉,出西門,順日壇路,穿西小林歸。終天除略略(!)看報外,僅再看《艷陽天》(!)。晚接明天上午九點要到歷史所聽傳達報告的票。

二日,晨到公園一轉。上午將八點半所中車來,才想起聽傳達報告的事已全忘却。昨晚所中來電話説有汽車來接,因相離不遠,想打電話阻止車接,又因已晚,改擬今早再打電話。今早既全忘却,自談不到打電話了。乘車去。傳達北京備戰工作計劃。十點半後散會,力辭車送,步行歸。下午兩點半,車再來接我及作銘,到公安部禮堂,聽周總理在人大常委會、國務院全體會議擴大的聯席會議上的報告録音。内十分之九談國際形勢,國内形勢僅占十分之一。晚看報。今日僅晨作操一次。

三日,晨到公園一轉。全日除看報外,僅把《艷陽天》第二次看完。此書雖看過,而因記憶力衰退,所記不過百分之一二! 故須重看。今日仍只晨作操一次。

四日,今日舊曆端陽。晨到公園一轉。上午到所。柱塵説明天要把前發家屬表填好交所。可是我近來把此事忘得乾乾净净! 表已不記放在何處! 今天忘應換月票,過期一日,受罰一元二毛。出到東安門大街換月票。出到東安市場一轉。回到家,十一點半。看報。下午找家屬表,不見! 小睡。繼續看報。學習彭真同志在印尼阿里亞哈姆社會科學院講話。今日三點許狂風一陣,約達六級。

五日,晨到公園一轉。回時要從西邊門進,可是因爲院子裏堆的煤常被人偷,一切門全封閉。我又因爲家屬表填寫事想在八點以前到所,急着進,不願遠回北門,轉到十樓前,仍不能過,我因急就幻想跳過鐵絲網總可以轉回來! 跳過後,仍無法回,只好再跳回,轉北面(未到北門),從七樓北轉回。由於一跳再跳,結果爲制服挂破! 換衣早點後到所,未過八點。又要兩張表,填一張,另一張請李筠同志代填。研究組開會,討論彭真在阿里亞哈姆學院談話。我發言有錯誤,作銘給我指出,各同志繼續指出,很够明白，可是我仍堅持己見，想的盡是我一方面的理！前因發言常有錯誤，事後多悔，決定有與人不合的意見，不立時申辯，必等過一晚晌，細想以後再説話。這本是一個免除尤悔的辦法，可是這一次又忘却！下午看《歷史研究》（2）中王芸生寫的《日本明治維新以來一條錯誤的外交路綫》，余明俠寫的《關於李秀成的戰績及評價問題》（僅看後半）。後者材料充實，説陳玉成的戰績遠過李秀成。我原來對於李的估價大約須有更改。兩點半後再討論近一個多月學習收穫。晚看報外，才開始疑惑我所堅持意見的錯誤，但已無時，不能細想，只好留待明朝，可是因此心很不快。

六日，全日未出。今早回想昨日上午事，確認錯誤嚴重。但恐問題還不止此，大約前些時學習文件不深不透，與此全有關係。除補看昨日未完報及本日報外，看艾思奇同志寫的《不容許用矛盾調和論和階級調和論來偷換革命辯證法》（原載《人民日報》，我未看。今天才從《河南日報》轉載上看）。晚聽學部一同志來開會提醒大家應注意事件。時落微雨（開會露天）。看《關於李秀成的戰績及評價問題》的前半。我從前認爲陳玉成不過一勇將，此點必須大加修正。下午曾作操一次而已。

七日，晨到公園一轉。上午到所。記曾發過《九評》合訂本，遍找不見。問柱塵，答言有此印本，但所中未發過。回看報。下午小睡。把《紅旗》所載《九評》及有關文章全找出。把《列寧主義和現代修正主義》及《陶里亞蒂同志同我們的分歧》重看一遍。

八日，晨到公園一轉。上午看報。下午小睡。把《再論陶里亞蒂同志同我們的分歧》看一小部分，可已更可以證明我上禮拜六所堅持意見的錯誤。晚給小江念《鐵道游擊隊》一節。

九日,晨到公園一轉。上午把《中國古史的傳說時代》的幾節改字和添句。看報。下午小睡。續看《再論陶里亞蒂同志同我們的分歧》,有些章節仍懂不透。晚到同季芳到兆勳同志家小坐(兆勳不在家)。今日僅作操一次。

十日,夜有微雨。晨晴。同季芳到公園一轉。上午同下午除看報外,均續看《再論陶里亞蒂同志同我們的分歧》。晚看電視放演《山村花正紅》。就寢時十一點已過。今日僅作操兩次。收到人大常委辦事處送來明晚劇票一張。

十一日,晨仍同季芳到公園一轉。落雨一小陣。上午開始時漸晴。出到所。看列寧《在羅果日—西蒙區工人、紅軍擴大代表會議上的演說》和《給英國工人書》兩篇短文。接到《史學月刊》(5)一本,《科學報》(277—8—9)三期;又接所方交來《嬴秦源流考》一篇(囑審閱),法文信三紙(囑譯)。翻閱《評〈相國寺考〉》及《對〈夏代文化探索〉一文的商榷》二短文(《史學月刊》中)。落雨一陣。十一點後漸止。出到王府井大街,收拾錶。到新華書店購《黑鳳》一本(一元一角)。下午看報。將六點吃晚飯後出到人民大會堂看演舞劇《梁山巨變》。去時有微雨,回時雨止,轉晴。到家約十點半。收到學部召集明日在慶霄樓開中心小組座談會。

十二日,晨仍同季芳到公園一轉,我先歸。上午與作銘、子衡、仲良同坐所中車到慶霄樓,聽大年、作銘二同志作他們到巴基斯坦開史學會的觀感。中午回家。下午小睡。看報。餘時看《黑鳳》數段。中午榮保來(他現在在新鄉工作,愛人在北京工作,他此來爲治病)。

十三日，晨未出。上午同季芳、小江坐北酒路電車到東垻河下車。因已看見有收麥的，遂再乘車轉回一站，到□□①下車，到路東麥田中，幫人家拔麥。此地爲□□②蕭姓的自留地，名爲四分，實恐有五六分。我拔麥一壠。回到家十點才過。休息，看報。午間糜岐同她的小孩、稚岐夫婦皆來；下午小睡。稚岐夫婦亦來。再看《黑鳳》。今日下午作操一次。

十四日，晨到公園一轉。上午及下午，除看報外，看何漢文所寫的《嬴秦源考》，後想寫一審閱意見，僅開一頭。把《黑鳳》看完。晚飯後同季芳到尚謙同志家，他往看電影，不在家。今日時陰雨，溫度頗低。

十五日，晨，新雨初晴。與季芳同出到公園一轉。上午改寫審閱意見，完畢。下午小睡。後出到所。把審閱意見送到編輯室，饒同志說此件並不是由他們交來。後問張岱海同志，才知道稿子是《新建設》社送來的。回，看報。晚本單元電燈不明，到九點多鐘，才收拾好。

十六日，晨仍同季芳到公園一轉。上午初補看昨日報，後看本日報。下午小睡，繼續看報，並看前四期的《科學報》及《中國青年》(12)內數節。接到劉兆芸信一封。

十七日，晨仍同季芳到公園一轉。上午看報。下午讀《關於正確處理人民內部矛盾的問題》中的"兩類不同性質的矛盾"段。晚整理晚報中的《英雄的兒童團長》的故事(已出九段)。

十八日，晨獨到公園一轉。上午與下午看報外，看《一八七

---

①編者注：原於"到"後空闕約二字。
②編者注：原於"爲"後空闕約二字。

一年公社史》（《緒論》看完），又看《南方風暴》（三篇）。後書我看過，但忘得幾乎完了。晚《豐收之後》劇本。將完，大風及大雨一陣。

十九日，晨到公園一轉。上午到所，研究組開會，討論《把反對赫魯曉夫修正主義的鬥爭進行到底》。中午吃過飯，即回家，看報。及晚間看《南方風暴》中的五節。接桂忱信一封。今日溫度高，疑將落雨，但終未落。

廿日，晨領小江、小週到公園一游。上午看報。下午看《摩爾根〈古代社會〉一書摘要》開始部分及其他有關各書。晚看晚報。今日僅晨及下午作操兩次。

二十一日，晨到公園一轉，又看許多女同志在錬八段錦。上午出到王府井大街取錶（收拾費二元）。到新華書店買《援越抗美演唱作品》七小冊（《出鋼之前》《銅墻鐵壁》《第三顆手榴彈》《誓死保衛祖國》《越南人民一定勝利》《消息樹》《鐘聲》，價共五角二分）。看《古代社會摘要》數小段。下午看報，並看《援越抗美演唱》的前四種，第五種未看完。今天僅晨及下午作操二次。

二十二日，晨到公園一轉。上午同季芳到美術展館，看中南區美術展覽。下午小睡。看報。看《家庭、私有制及國家的起源》的序言及首一段。今日作操如前二日。

二十三日，晨到公園一轉。上午出到所，取回法文字典，預備翻譯法文信件。回下車時遇見愛松來，談。他對於郭院長否定《蘭亭序》的真實性問題，有不同的看法，他也很有根據。去後看報。下午小睡，仍看報。翻閱《考古》（4）。所中來電話，説六點半開會，要有車來接。急吃飯，車到六點半後才來！到時已七點。

討論學部來指示整理黨支部事。九點散會。到家九點半已過。今日作操如前數日。

二十四日，晨到公園一轉。上午譯法文信件。下午看報並看《關於越南問題（一）》數節。溫度很高，室內可不着衣物。

二十五日，晨到公園一轉。本意把譯稿交所中同志帶去，我即不去，可是想起還有二字需要找一本較新的法文字典找找，所以上午又到所，二字仍查不出。一字我想起是原稿打掉一字母，他字雖由上文可以猜出意思，但未知是何字誤打。即回，看報。看《內部未定稿》內數篇（直至下午及晚）。下午劉滿進來。接到學部於明日上午召開中心小組通知。

二十六日，晨同季芳到公園一轉。我先回。上午坐周所長車到南河沿開會討論當前國際形勢。發言人不多，我也說幾句。幼漁同志講得很長，我很得教益。回所，午飯後，看《新時代，新形式的舊錯誤》。兩點把新買的《辭海》（未定本）（價五十元）取出，即歸。看報。晚看電視演《節振國》京劇。

二十七日，晨到公園一轉。終日在室內，看報，翻閱《林海雪原》。

二十八日，晨到公園一轉。上午看報，看《林海雪原》。下午小睡。兩點半，所中車來接。出，遇尹達同志，他同車到學部下。車又往接作銘，同到所，開小會，討論周總理發言。五點半後散會，即歸。看報。今日僅晨及上午作操兩次。

二十九日，晨到公園一轉。全日仍不過看報及看《林海雪原》。此次看後書，注意小說主人活動的區域：從鏡泊湖、牡丹江、老谷嶺三見地圖的名字知道當日活動的大致區域。接桂璋信一封。

三十日，晨到公園一轉。終日僅看報及續讀《公社史》數節。五點半吃晚飯。後到所，六點半聽兆勳同志講黨課，談黨員生活的道德品質問題。八點後即畢。又分組討論，至九點，先歸。

七 月

一日，晨到公園一轉。仍終日看報及續讀《公社史》。把近三月的報撿起上架。吃過早飯，即往理髮。到時大約七點半，可是理髮館到八點半才開門，只好在門外等。

二日，晨到公園一轉。終日仍僅看報及續讀《公社史》數節。

三日，夜二點餘，雷，且微雨。終日時雨時止。因未出作操，也未往所。仍如前日看報及讀《公社史》數節。又翻閱《質孔說》。書爲周夢顏所著，對朱熹四書注頗多不滿。識不甚高，但對於孟子頗敢發論駁斥，有可取處。

四日，晴，晨到東小林作操即歸。終日僅看報。桂愉在家，下午田景發夫婦來。時與桂愉、景發談。

五日，晨到公園一轉。終日仍只看報及讀《公社史》數節。

六日，與昨日完全相同。

七日，晨出到建華路，微雨數點，不敢往公園，到東小林作操，即歸。餘事仍如前兩日。

八日，晨到公園一轉。上午出到所，看《法蘭西內戰》一段。與柱塵談。取薪金，約十一點鐘歸。下午仍看報及讀《公社史》，正文看完。

九日，晨到公園一轉。上午看報。下午及晚看《公社史》的附録及大事年表。附録中多處未能理解。

十日，晨到公園一游。上午所中車來接，同子衡、仲良一起到南河沿政協俱樂部開學部召集的中心小組座談會。楊向奎、□□□①、羅大剛、李健吾報告他們參加四清工作的體會。後坐導生同志車回所。午飯後看《國際工人協會總委員會關於普法戰争第二篇宣言》。小休息，兩點後在所聽同志作關於四清工作的報告。有劉觀民、馬得志、關秉坤、張曉光諸同志發言。歸，晚精神頗睏，報看一部分。今日只早及下午作操兩次。

十一日，晨領小江、小週到公園一轉。上下午看昨日及今日報。將六點，往訪尚謙同志，後又訪李笏同志。遇王俊明，他要出，遂不及訪。知黎晨、伯洪二同志自四清工作歸時，均將住此單元；張廣立同志亦將住他單元。翻閱《聊齋志異》。

十二日，晨到公園一轉。上午往王府井大街，想自己買一本《一八七一年公社史》，不可得，僅買《不願做奴隸的人》一本，《山花爛熳》一本（價共八角二分）。出，因今日歡迎烏干達總理奧博特及越南黄文歡副主席來京，有些公共車停開，步行回家，天氣很熱。下午僅看報及看完《不願做奴隸的人》。晚又看《山花爛熳》內的一篇。今天在王府井曾買牙膏及小牙刷（價共六角一分），又買芭蕉扇一（四角）。今日僅晨及下午作操兩次。

十三日，晨到公園一轉。上下午僅看報及把《山花爛熳》看完。接桂忱信一封。曾看《史學月刊》(6)內文數篇。今日作操

---

①編者注：原於"楊向奎"後空闕約三字。

如昨日。

十四日,晨到公園一轉。上午再看《史學月刊》内文兩篇。看報(連下午)學習《關於健全黨委制》《黨委會的工作方法》《關於領導方法的若干問題》三篇。晚飯後出走到大北窰。

十五日,晨到公園一轉。上午到所,本意想把書架整理一下,可是我去時忘帶鑰匙,書架門無法開,什麼也不能作! 只見柱塵,問問本星期六工作,另外看《世界知識》(13)内文數篇,即歸。下午看報,並看《科學報》(283)内有《和貧農下中農在一起》數節,看後才感覺實行三同真不容易。我從前覺得除了同勞動我不敢說,同吃同住,在我不成大問題,現在才知道很有問題。

十六日,晨到公園一轉。給兒童活動站再借書十本,並抄一目録。餘時看報,看《戰鬥在南泥灣》中數則。復桂璋信一封。

十七日,晨到公園一轉。上午坐所中車,與子衡、仲良同到南河沿政協俱樂部,開學部召開的中心小組座談會。導生同志報告他作四清工作的經歷及感想。他最後説:必須好幾十個農夫才能養活我們一個工作人員。我聽了非常不安。我們解放已經過十多年,可是我們還在這裏過剝削生活,是如何地可耻! 回所午飯後,整理一部分的書架。兩點餘即歸。餘時看報而已。今天僅晨和下午作操兩次。

十八日,晨僅到東小林作操。早飯後,出訪介眉,可是由於去得過早(到時還不到公點),他們夫婦二人出吃早點,未見。又坐七路公共汽車,到白塔寺,換三路電車,訪雲甫。他近來身體還好。到十點欠一刻出,坐二路電車,再訪介眉。談至十一點,歸。下午看報而已。今日作操如昨日。

十九日，晨到公園一轉。上午看報。下午《新建設》社的王慶成來談。翻閱王國維所手抄的《唐寫本切韻殘卷》。晚王俊明夫婦來談。

二十日，晨到公園一轉。上午到所，本想作三類事：1.把換出入證的象片送去，並請所中把從西宿舍運來的鐵紗篦子門取回；2.把《一八七一年公社史》交還圖書室，再借一他種公社史；3.整理部分書架。可是到所，才發現又忘帶鑰匙！圖書室又無人。只能作第一類，畢，即歸。後看報。今日天氣熱甚，未能看書。僅整理舊雜誌。

二十一日，晨到公園一轉。上下午看《紅旗》（6、7）中文數篇。晚看電視放演《同一江水》。

二十二日，晨到公園一轉。上午到所。整理一部分書架。將十二點歸。下午看報。看凱爾任策夫的《巴黎公社史》（今日借來）。

二十三日，夜兩三點鐘大雨。起已六點。到公園一轉。上下午續看《巴黎公社史》，看報，檢查上半年日記。

二十四日，晨到公園一轉。上午到所。還未八點。八點半才開始檢查。先把《歷史研究》（3）內的《原始佛教的歷史起源問題》看一段。檢查有柱塵、顏闓、我三人。說下午三點在歷史所禮堂有報告，所以吃過飯即歸。看報。兩點半王俊卿又以車來接（我本說不讓接，可是我說如果兆勳同志也去，我也可以同去，不料他從所中先去，結果仍是接我一個！），是傳達黨中央答復蘇共中央四月來信及他們來信。會畢，乘公共車歸。仍看報。接龍保信一封。兆芸來家住。

二十五日，晨陰欲雨，因未出。看完《原始佛教的歷史起源問題》，是以歷史環境解釋佛教思想起源及易於推行問題。今日秔岐母女及桂忱夫婦皆來。韓爭夫婦也來，後去。我看報畢，與孩子們談。下午五點後出，仍想窮東環路北端，坐九路公共汽車，到呼家樓，換十三路電車，到農展館，換北酒路電車到牛王廟，下。東環路已完。再北爲北環東路，繼續走一二里，路尚北延，時已五點，遂回坐北酒路，直至齊家園，下，歸。又看《論西漢的貨幣改制》。今日未作操。

二十六日，晨到公園一轉。上午看《苦難的歲月》《五卅運動中的大資産階級》。餘時看報，看《巴黎公社史》。

二十七日，晨到公園一轉。上午到所，本想整理書架，可是在金縣工作同志全回來，遂同黃石林、劉一曼、劉金山三同志談（一曼先去），至過十一點半鐘，遂歸。碧書來，談。至晚始去。看報而已。今日僅晨與下午作操兩次。接中國書店服務科信一封，報告校點本《後漢書》、《全宋詞》、《文選》（標點胡克家本）已出版。

二十八日，晨到公園一轉。上午翻閱《黑鳳》一節。續看《巴黎公社史》。及下午看報。接電話，囑七點到工會。提早吃飯，後到所，黑版通知，工會開會爲六點半！到會則會已將畢。聞爲報告工作，并醞釀選舉。散會即歸。今日上午在室內作操，只好略去第八節。石林同志新買一本《四民月令校注》，借給我看，翻閱一部分。

二十九日，晨到公園一轉。上午再看《四民月令校注》。及下午看報和《巴黎公社史》數節。

三十日，晨到公園一轉。回，兆勳同志來，説所中九點鐘有傳達,囑前往。八點後即到所。傳達定一同志指示及周揚同志發言。後開分組會討論。回,及下午看報。義詮來談。

三十一日,晨到公園一轉。上午到所。研究組開會,仍討論昨日題目。我因僅補充昨日發言,發言不多。下午休息。兩點半後,開大會,聽張長壽傳達一外交部同志報告越南現狀、關於亞非會議的鬥爭、對修正分子的鬥爭。歸,尚未六點。及晚看一部分的報。昨日最熱,最高溫度達三十七度;今天較愈,有說三十三度,有說三十五度。

八　月

一日,起已六點,盥洗後即同全家出坐一路車到天安門,會見糜岐夫婦及小孩、稚岐夫婦、義詮。本意在那裏照像,但因天陰,時微雨,光綫不好(照像人也没到),遂止。到中山公園吃早點。後在鄰後河附近休息。又到前邊看荷花,看老小人操練。到十一點後,歸。午餐後片時,韓、田二家皆去。午睡頗久。看報。今日未作操。

二日,晨到公園一轉。上午看報。九點後出換月票。回仍看報,並再讀《關於農業合作化問題》(未精讀)。下午仍看報,並翻閱《中國農村的社會主義高潮》中的若干篇。晚飯後領小江、小洪、小週再到公園一轉。

三日,晨到公園一轉。上午出到王府井新華書店買得《越南青年英雄的故事》《把仇恨集中在槍口上》《祖國銅墻》各一本(價第一種 3 毛,後兩種各 4 毛)。到所,整理書架一部分(一部分是石林同志代整理的）。歸與下午看報。所内送來《新建設》雜誌社信一封,説將於六日下午三點半於科學會堂休息廳討論歷史方面的問題,下由潘梓年、張友漁二同志簽名。晚到首都劇場看演話劇《剛果風雷》。

四日,晨到公園一轉。回,兆勳同志來言今日上午九點支部開會選舉。八點後即到所,九點開小會醞釀,十點後開全體會選舉。歸午餐後休息。三點金學山來,同出,訪雲甫,爲解決襄陽、南陽爭論隆中何屬問題。歸到家,七點已過。晚看一部分報。今日僅晨作操一次。收桂璋來信一封。

五日,起五點餘,過六點即與全家人出游頤和園。到西直門韓爭及汪嫂的外孫小青也來同往。入園在聽鸝□①前吃早點。後與杭岐母女、汪嫂迤邐登山,到衆香界。_{餘人划船。}向後山下,順蘇州河東行,過諧趣園出待划船人至碼頭,我們也上船,到知春亭前看人游泳。杭岐、桂忱及小孩均下水。十二點餘上岸,同進午餐。兩點餘出園,同到碧書家,建功進城未見。後碧書引我及季芳訪達三,他也進城,僅有他的妻姨及小孩們在家。稍坐即回碧書家,進晚餐。後歸,坐三十二、一九一車到家已八點。看一部分報。今日未作操。

六日,起到公園作操。出西門,南行,穿西小林歸。看昨天及今天報。下午本意將兩點即起,但看鐘已兩點四十分! 即起出趁尹達同志車,進至乾麵胡同口,才趕上由學部開的車。到科學禮堂,開會。我、立庵、毅生、國瑜及另二同志發言。散會,七點半已

過,到家,已八點半。今日下午未作操。

七日,晨到公園一轉。上午到所。學習賀龍的《中國人民解放軍的民主傳統》。也看一遍《"中國文化西來説"的辯護士》。及下午看《祖國銅墻》内的《交通員的釣魚絲》。休息。兩點半開會討論賀文。將五點半散。歸到家尚未六點。及晚看報。

八日,晨起未出。上午出訪立庵,找到他家,但他出門。回到後門,往訪朱廣相,也未見。見廣才、亞梅,談片時,出。訪聖章,他很衰老。談一會,出,回到家,過十二點。及下午,看報。午睡。三點起,則秪岐及小洪已出發回哈爾濱,未及言別。今日未作操。

九日,晨出已將七點,只到東小林作操。上午到所,開會討論柱塵小組所作反蘇聯考古界中一篇修正主義歪曲中國原始社會史文章。十一點半,散會,即歸。及下午看報。三點多鐘大雨兩陣。下午因雨未作操。

十日,晨到公園一轉。上午補看昨日報及《科學報》(285)。工間操後及下午看本天報。桂忱夫婦回友誼農場。看完《世界知識》(14)。

十一日,晨到公園一轉。上午到所。未見黄石林;去見安志敏,他未來。後到人事課,同澤敏同志談,將十二點,歸,時落雨幾點。下午看報,看《世界知識》(15)中文數篇。

十二日,晨到公園一轉。上午繼續看《世界知識》(15)。九點許出到醫院,問喉頭過弱不耐寒,是否有辦法,所答與我前已知者無大異。回看報(及下午)。看小江讀《把一切獻給黨》一段。

十三日,晨到公園一轉。上午到所,還前日所借黎晨同志傘。翻閱羅振玉的《集蓼編》及其附件(及下午)。雖多文人緣飾的文詞,然可略知此一班人的生活經歷。下午看報,文濤來談。接志明信一封。劉兆芸來。

十四日,起已六點,僅出到東小林作操。上午出到北海慶霄樓開 65 次學習會(即學部召集的中心小組會)。聽韓幽桐同志介紹有關世界和平理事會的情況。十一點半後散會,乘所中租車與仲良、子衡、作銘同車,各回各家。下午休息看報。今日上午未作操。今天會上康農把他早年所譯的《實驗科學方法論》借給我看(因為他譯這本書,我曾經慫恿他)。

十五日,上午天雨,因未出。全日看報和看《實驗科學方法論》。上午方國瑜、韓鴻庵來談。下午晴,因作操一次。

十六日,晨到公園一轉。上下午全看報及看《實驗科學方法論》。昨晚及今晚各看《把仇恨集在槍口上》內的一篇。盧兆蔭同志送來明日下午七點電影票一張,並以星期三晚要討論的三篇題目相告。下午曾把《在中國共產黨全國宣傳工作會議上的講話》看一遍。

十七日,晨到公園一轉。上下午全看報及看《實驗科學方法論》。晚飯後到蟾宮看演《在生產高潮中》電影。回到家,九點。劉兆芸往瀋陽。

十八日,晨到公園一轉。上下午看報和讀《關於領導方法的若干問題》《關於健全黨委制》《黨委會的工作方法》,並看與這三篇文章發表時間相近發表的文章數篇。晚飯後到所,參加黨中小組活動,討論如何使機關革命化問題。回到家時,約九點一刻。

十九日,晨到公園一轉。上下午仍只看報和看《實驗科學方法論》。

二十日，晨到公園一轉。上下午仍看報並把《實驗科學方法論》看完。又看《兒童團的故事》多篇。晚看電視放演《南島風雲》，看見真正共産黨員的典型，很受感動。盧兆蔭送來一張聽講票，説明天上午八點半在中國青年藝術劇院有上海重型機械副總工程師萬噸水壓機副總設計師林宗棠的錄音報告（關於萬噸水壓機）。

二十一日，晨到公園一轉。上午到青年藝術劇院聽報告，頗爲生動，但我對作報告人的話未能全懂（主要由於我耳聽不聰）。將午散會。回家，吃中飯。後又到所，談論上午報告，僅有三人：我，外有柱塵、夢家；後作銘也來。作工間操時即散會。我乘車到西郊民族學院，看康農，並還書。談至快七點，出歸。到家八點差十分。晚僅看晚報（日報未多看）。今日僅晨作操一次。

二十二日，晨只到東小林中作操。吃早飯後，出乘北酒路電車東轉北行，至牛王廟下車。再北即爲北環東路。路已修好，但有一試行路牌。雖也見一公共汽車（似爲 24 路），但走很遠，也未見有車站。步行約四五里，路即慢轉向西（從呼家樓後，路已偏西走）。再前有一南北土城，當爲元大都的東墻，離東北不遠。再前走二三里，到和平□①北口，有 13 路汽車，即上車，南行，進北小街豁口，到北新②橋換 6 路電車，到東單，換 9 路汽車歸，十一點欠一刻到家。及下午、晚看昨日及今日報，仍未完。今日僅晨及下午作操兩次。張親家母來。

二十三日，起已六點餘，因未出。上午再補看前兩天報。九

---

① 編者注：原於“和平”後空闕一字。
② 編者注：原於“新”後衍一“新”字。

點出到王府井新華書店，想買《像他那樣生活》，可是昨天來一批，又已買完。只好買一本《呂梁英雄傳》（一元一角）。理髮。回看報。接張岱海信，（1）把工會證和找的錢送來；（2）接學部指示對研究生辦法及子衡、柱塵對他們的研究生所擬辦法均送來。因我記不清我所指導的研究生何時來所，下午找前數年日記看一下。此外僅翻閱《上海的春天》及《呂梁英雄傳》若干頁而已。今日僅下午作操一次。

二十四日，起，僅到東小林中作操。上午出上一路車，到軍事博物館。八點即到，到九點，所中同志才全到，也才開始開館。人排得很長。他們給工作人員交涉，讓作銘及我，不等大家，先跟着別隊進去。3架U2機即排在門外，僅過時掃一眼，未細看。入看抗日館，走觀也很匆匆。出，我還想看抗美援朝館，作銘曾看過，不願再看，我也未堅執，遂同出。歸到家，尚未十一點。及下午僅看報。今日仍晨及下午作操。

二十五日，晨到公園一轉。上午到所與二研究生商談繼續工作問題，等他們考慮後，才能決定題目及如何工作。整理一下書架。十一點半後回家。及下午看報。學習《抗日游擊戰爭的戰略問題》，未完。今日仍晨及下午作操。

二十六日，起晚未出。上下午全看報和翻閱《考古學報》（1）。晚看電視放演《董存瑞》。今日僅上下午作操。

二十七日，晨向公園一轉。上下午看報，看《巴黎公社史》的第六章後半和第七章。將晚何犖來。

二十八日，晨到東小林作操。上午到學部開其所召集的"六十六次坐談會"。初聽錢三強所作關於作四清工作的體會一段報告。後討論他的報告及"社會科學研究工作如何面向農村，爲五億農民服務的問題"。我也發言，但很不愜意。歸，韓里夫婦來，下午同他們閒談。後看報，未完。今日上下午均未作操。

二十九日，夜間雷雨，晨止。起出，公路上頗有水，遂循路東行，至大北窑，現汽車站牌，已改名東環路，只電車站牌未改。回未作操。上下午均看報。今日僅作操兩次。晚看電視放演《人民戰争勝利萬歲》。

三十日，晨到公園一轉。上午及下午看報。又看《巴黎公社史》的第八章和第九章的一節。

三十一日，晨到公園一轉。出東小門（舊門已杜死，但行人又在籬間硬走出一小門），向南走至秀水南街，轉穿東小林，歸。上午到所，二研究生題目尚未定。回家。下午看報。今日上午未作操。

九　月

一日，晨到公園一轉。上下午及晚除看報外，把《巴黎公社史》的第九章及第十章看畢，又看第十一章的前兩節。晨看《祖國銅墻》中數節。

二日，晨到公園一轉。上午看《祖國銅墻》數段。十點後出換月票，買水果（六毛八分）、麵包（四毛）。回及下午看報。昨天龔瓊英來，把醫療證收回，説要改作普通證，以後即在隆福醫院治療。今日想起，對於從前特別照顧辦法，還有些留戀。細想，這又是資産階級思想的出現！何日才能净除它，必須特別驚惕。僅看

《巴黎公社史》第十一章的一節。

三日，晨到公園一轉。上下午除看報外，看《巴黎公社史》的第十一章的後半和第十二章。又把《抗日游擊的戰略問題》學習完，看《紅旗》(9)內文數篇。早晨把《祖國銅墻》看完。

四日，晨到公園一轉。上午到所。秉琦對我説是自習林彪的及羅瑞卿的文章。回工作室，仍整理書架。與二研究生談。將午歸。看報。下午看羅文，內容遜林文。晚看《科學報》(290)中巢紀平所作的《用毛澤東思想指導研究工作的革命化》，內容很堅實，明日仍當細讀。上午缺作操一次。

五日，晨到公園一轉。上下午看報。再看巢紀平的文章，並看188、190、191三號的《科學報》。天氣降寒，早晨有風，頗有秋意。下午風大，達六七級，晚漸止。

六日，晨到公園一轉。上午到所，取回前日所忘帶回的鑰匙。再少整理書架。將十一點歸。及下午看報。及晚看《巴黎公社史》的第十三章。上午未作操。

七日，晨到公園一轉。上下午及晚除看報外，繼續看《巴黎公社史》的第十四、五、六三章。

八日，晨到公園一轉。上下午及晚仍如昨日看報及把《巴黎公社史》全書的十九章正文看完。晚飯後到所參加黨中活動。九點後歸。

九日，晨起時雷聲殷殷，因未出。上午雨不小。看《法蘭西內戰》。後看報。及下午和晚仍看《法蘭西內戰》。僅下午晴，作操一次。

十日，晨到公園一轉。上下午除看報外，續讀《法蘭西內戰》,才認清楚那是定稿。今日爲舊曆中秋節,晚月色尚佳。接學部中心學習組通知明日上午八時半在學部會議室,舉行組第67次坐談會。

十一日,晨到公園一轉。八點後,即到學部開會。中午歸。下午到所,隨大衆看電視放演第二全運會所演的《革命贊歌》的前四場。出,把《巴黎公社史》還圖書室,再借《馬、恩、列、斯論巴黎公社》。五點餘即歸。晚把報看一部分。今天只上午作操一次。

十二日,七點起,陰微雨,未出。上午補看昨天報。中午今天報始到。下午看報,三點餘即同季芳出到首都電影院,看演《人民戰爭勝利萬歲》(四點開演)。歸到家尚未六點。今天稚岐夫婦來;糜岐和韓爭來,韓爭明日下鄉勞動。晚再看報。仍如昨日作操一次。歸過天安門廣場,見不少放風箏的。

十三日,晨到公園一轉。上午將十點,到王府井大街買剃鬍子刀片(回後檢查家裏還有一片!)。回十一點已過,看報。下午除午睡和看報外,連上午僅看看《苦菜花》而已。僅晨及下午作操兩次。今日未工作,是因消化力不適。

十四日,晨到公園一轉。上下午除看報外,讀《馬、恩、列、斯論巴黎公社》中馬、恩通訊的數段;在《辭海》中檢查若干條資料。晚雷聲殷殷。仍如昨日作操兩次。

十五日,晨到公園一轉。上下午工作如昨日(除未再查《辭海》)。下午唐錫森夫婦來,談。晚到所,但黨組織開黨委會,停開常會,遂歸。仍看《馬、恩、列、斯論巴黎公社》數段。

十六日,晨到公園一轉。上午看《馬、恩、列、斯論共産主義社會》第一部分。及下午看報。又看坂田昌一的《關於新基本粒子觀的對話》及其注釋,未完。晚到人民大會堂,看演《首戰平型關》話劇。回到家,將十一點。接劉兆芸信一封。

十七日,晨到公園一轉。上午續看《論共產主義社會》的第二、三、四、五共四部分。及下午和晚全看報而已。

十八日,晨到公園一轉。上午到所研究組開會,討論將來抗美戰時,游擊戰是否仍有戰略意義、蘇聯修正主義是否仍能算作社會主義方面力量等問題。中午回。下午看報。

十九日,晨到公園一轉,出北門,向東,到東大橋路,返建外大街回。上午再看《關於新基本粒子觀的對話》的注釋。提早吃午飯。後到首都影院看演《苦菜花》電影。劇中所塑造馮大娘的典型與小説不同:小説中她的基本性質是善良的,後逐漸獲得對於革命的認識和堅強。劇中她開始即頗有覺悟,非逐漸進步。後陪季芳到稚岐家(出時還有晞奕母子,劇散後,他們二人到公主墳去)。我先獨歸,到家門才發現懷錶遺失,疑惑是在劇場脱衣時落地。然我當時本可站起換衣,即不致失錶。當時因内小褂破,不願人見,故未站起!思想不過硬,慚甚!(後打電話問劇院,他們未見,此答如全正確,或非如上説遺失)。晚看電視放演河南越調新編劇《扒瓜園》和《游鄉》,很好。只晨作操一次。

二十日,晨到公園一轉。上下午及晚除看報外,看《紅旗》(6和9)中文多篇。再看《關於新基本粒子觀的對話》,從頭看到尾,因有多次對其注釋的學習和在《辭海》内的檢查,勉强可以理解。

廿一日,晨到公園一轉。上下午除看報外,曾看《把仇恨集中在槍口上》中三節。看《紅旗》(10)中文數節。接人大常委會辦公廳送來明晚劇票一張。

廿二日，晨到公園一轉。上午看《科學報》(189)。又出到所與二研究生談；要借《虞城縣志》，尚未得。把《文選》帶回。及下午看報。下午又看《科學報》(292)未完。提早吃飯。後到人民大會堂，看演話劇《喀喇崑崙頌》。回到家將十一點。僅晨及下午作操兩次。

二十三日，晨到公園一轉。上午同到王府井大街，本想買一錶，並未買成。又想到八面槽買處理品，也未找到鋪子。但季芳買頭巾、水果、素菜等物。回十二點已過。下午睡覺，看報，未看完。晚看電視放演《三朵小紅花》和《一袋麥種》，又看《彩虹》的一部分。今日仍如昨日作操。也看《科學報》(292—4 三號)，但甚略。

廿四日，晨到公園一轉。上午到所，問柱塵明天要討論什麼，借得《虞城縣志》及《開州志》，略翻一翻。回到家，十一點已過。及下午看報。把明天要討論的問題看一遍。又看《論巴黎公社》中列寧所著《論無產階級的民兵》。晚仍看報。盧兆蔭帶回張岱海信一封，把醫療證原樣還來，並送廿七日晚電影票一張。仍如昨日作操。

廿五日，晨到公園一轉。上午到所，研究組討論民兵和建立根據地問題，我感覺我近日分析時局，或近於過輕視敵人。十一點半，散會，即歸。及下午看報。晚仍看報。

廿六日，四點即醒，五點起。翻閱《兩周金文辭大系圖錄》。六餘，出到公園一轉，時風大達五級。全日除看報外，仍看《大系圖錄》。中午前後糜岐同爭、波來。下午將晚，景發夫婦來，景發代我買一手錶（百二十元）。仍只晨及下午作操兩次。

廿七日,晨到公園一轉。上下午除看報外,仍只看《大系圖錄》。晚到首都劇院,看演《紅色火車頭》。回到家將十一點。

廿八日,晨到公園一轉。八點半時出步行到歷史所禮堂,聽導生同志傳達彭真、陸定一二同志談文化方面應注意的問題。十一點半後散會。今午由於西哈努克親王到京,公共交通暫停若干時,作銘強我坐所中車回家。下午看報。晚往問尚謙同志明晚活動。後兆蔭同志把夢家所借《水下陽光》轉交來。看兩章。下午碧書來,並住下。仍只晨及下午作操兩次。

廿九日,晨到公園一轉。上下午除看報外,看《水下陽光》。下午三點後到所,想同二研究生一談,可是他們往練習國慶游行操(後知在中關村練),故未見。看《參考消息》及《歷史研究》中一篇童養媳苦難史。在所晚餐。後參加黨組活動,傳達昨日所聽報告及討論。到家,約九點半。

三十日,夜三點餘醒,渴,飲水。後續看《水下陽光》,完畢。此書所敘爲潛水艇上工作,主旨爲強調"四個第一",相當成功。文藝技術方面還不太高。五點餘起,六點餘,出到公園一轉。上下午看報外,僅再細看《水下陽光》一部分。

十 月

一日,今日國慶。六點起。早飯後換衣,等到八點,所中車來接。同子衡、作銘、仲良同車,到天安門,觀禮。十二點餘,畢。今日毛主席未出與觀眾招手致意。仍坐所中車歸,到家,將一點。午飯後,睡。醒後看報。桂珍從家鄉來,與談。接秔岐信一封。

今日未作操。

二日，晨到公園一轉。上下午看報外，把《水下陽光》細看完畢。午間何摯夫婦來。糜岐同爭、波來。下午兩點出到工人運動場，看團體操《革命戰歌》。後北京隊同柬埔寨隊作足球比賽，我想一看，但開始後，看不清，兼不懂，遂歸。到家，五點半許。今日只晨及上午作操兩次。

三日，六點前即起，七點吃飯。後同季芳、桂珍出游天壇公園。至時糜岐同爭、昱已先至。至午，買麵包、麻葉、花生，就茶坐午餐。後玩到三點餘，歸，到家，尚未四點。張親家母早來。躺至五點餘，未睡着。申荆吳來，談至九點去。未作操。

四日，仍六點前起。因微雨，故未出。八點後雨止，出到所，與二研究生談。十點餘歸。取回《歷史研究》（4）、《紅旗》（11）、《世界知識》（18）。也把《孔尚任年譜》帶回。看《歷史研究》中金景芳所寫的《井田制的發生和發展》，相當地好。下午睡醒後看報。晚略翻《孔尚任年譜》。今日上下午作操二次。

五日，晨到公園一轉。上下午除看報外，續讀《論巴黎公社》（有幾篇是複看）。晚與桂珍閑談。

六日，五點一刻後即起，看一段《論巴黎公社》。六點一刻同桂珍到公園一游。上下午仍如昨日工作。晚因有黨員活動，到所，但他們由於黎晨同志外調錦州，全往車站送行，活動改於星期五晚，遂歸。

七日，起居生活工作仍如昨。晚訪伯洪同志談。月色很好。

八日，五點一刻即起，看《大地主卓廷懋家罪惡史》，未完。六點後出到公園一轉。上午與桂珍談。及下午看報，並看完《卓家罪惡史》。晚到所，黨中參加黨員活動。散會將九點半。歸時月色很好。

九日，五點後即起。看《論秦末農民起義的歷史根源和社會後果》的一部分。六點後出到公園一轉。出沿光華路西行，轉日壇路，穿西小林歸。上午到所，研究組開會，討論陳副總理在記者招待上的談話。十一點半散會，歸。下午及晚除午睡外，僅看報。

十日，五點半後起，六點後，預備出游事宜。八點後，與桂珍同出往八大處游。沿路到四平台山下，均種菜蔬，疑皆屬四季青公社。八點五十分許，到山跟。第一處長安寺未游。從二處靈光寺游起。北京解放後，又在寺內建立一塔，前有一所進門。外一廢塔基上也建一亭爲紀念，但無梯門，不能上。在內飲茶後續游（也買點心、餅乾）。至四處龍王堂，已將午，也飲茶吃點心、餅乾。後續游到寶珠洞（七處），離山巓已不遠，未上。從左邊路下，到八處秘魔岩。各處均修理整齊。本想回到二處吃飯，因天已將晚，遂下山上車，時五點已過。今日桂珍總勸我慢走，上坡一小節，即勸我站一站，或坐一坐，所以今天上坡時總未達到喘氣的程度。四月游八達嶺後，因同志攙扶，覺已無力獨登山，心情抑鬱。昨日與桂珍約，不准她攙扶。今日雖慢，仍自力上至寶珠洞，抑鬱心情一清。歸至家，已六點半。晚稍翻今天報，九點即就寢。

十一日，將六點起（夜中睡得特別好）。到公園一轉。出小東門（小東門久閉，現又重開）順日壇東路南行，穿東小林歸。上下午及晚僅看今天及昨天報。桂珍回蘭州。接到人代常委會《公報》（四號）一份。晚兆芸來。

十二日，睡不佳。六點起。到公園一轉。上午將《論秦末農

民起義的歷史根源和社會後果》看完。看報。下午睡一時。看
《論巴黎公社》。晚看電視放演《阮文追》評劇。今日中午微雨，
天氣轉寒。

十三日，將六點起。出到公園一轉。上午到所，與二研究生
談。他們的研究題目已決定：劉金山研究鐵的最初的歷史，劉一
曼研究東周時代考古材料的分期（上次她同我談過，我誤會爲歷
史上奴隸與封建的分期）。歸到家，將十一點。看報。下午仍看
報，並看《論巴黎公社》一小部分。今日上午未作操。風頗大，有
時達五六級。

十四日，起仍如昨日。出到公園一轉。昨日預報今早有霜凍，
但因風未停，未凝住。上午看《世界知識》（19）内文。看報。季芳
因怪我近日工作不努力，給我提意見。下午小睡。續看《論巴黎公
社》完畢。又看一點《新中國的考古收穫》。今日風仍達三四級。

十五日，五點後即起，把《世界知識》内文看完。六點半，即
吃飯。七點後，到學部，與各所同志同乘汽車，到昌平東關，參觀
手錶廠。廠從60年開始興建，62年基本建成。現仍處於試製試
銷①階段。我對於機械不懂，只感覺到：此種工作，機械化程度當
然很高，但需要手工仍很不少。並且130多件，放在一個小小手
錶裏面，機件零星，很費②目力。十二點出廠，將一點進城，到家
一點半。飯後看報，午睡而已。僅下午作操一次。

十六日，五點半後起，看恩格斯寫的《啟示錄》。六點半出到
公園一轉。上午看恩格斯的《論封建制度的瓦解和民族國家的

①編者注："銷"，原誤作"消"。
②編者注："費"，原脱，據文意補。

產生》,看見他説十五世紀後半紀貨幣瓦解封建制度的偉大作用,覺得我從前認西方古代文化國家即爲工商業國家,似可得根據,很高興。後報來,即看報。將十點,才想到今天有學習,即出到所,但問柱塵,今日學習暫停,因談片時。將《馬、恩、列、斯論巴黎公社》還圖書室,又借來彭信威的《中國貨幣史》。下午據説應往學部聽報告,一點半即出到學部,則説是在院部之誤,因往院部。張副院長傳達黨中央開會所決定五事。回家已七點餘(傳達二點半開始)。今天報未看完;僅早晨作操一次。柱塵送我一本他寫的小册子:《龍山文化》。

十七日,起如昨日。把《論封建制度的瓦解和民族國家的產生》繼續看完。又把《龍山文化》看完,又把《新中國的考古收穫》的談仰韶文化段看一部分。已七點,因未出。早餐後出步行到大北窰,乘 28 路公共汽車到老虎洞。繼續步行三四里,到南環東路。路旁有稻,正收割,有蘆葦。又有民兵在馬路上開會,有人(或是其隊長)在訓練作戰事宜。從大羊場路、弘善寺路走到左安門。進城走至體育場,乘 8 路車到東單,換 9 路車歸,十一點。及下午,看今天及昨天未看完報。晚看電視放演話劇《崑崙戰風雪》(開頭未看)。今天未作操。

十八日,起如昨日。翻閱《中國貨幣史》。六點半後,出到公園一轉。上午仍看《貨幣史》。九點半許,所内來電話,讓速到所開會,即往。開會討論前日所聽報告。十一點後,出,步行到燈市西口上車,歸。午餐後午睡片時,兩點半到學部,本意看關於楊獻珍思想文件,但由別位借出,大約明日可還。遂看其他有關文件。將五點一刻,歸。看報。晚,看《科學報》(297),未完。今日只早晨作操一次。

十九日，起如昨日，把《科學報》翻完。又翻看《新中國的考古收穫》。六點半出到公園一轉。上午續看《考古收穫》。未八點半所中來電話，說要九點鐘到近代史所開會。即往，到我所，同志對我說，會又改爲下午三點開，遂歸。過學部時，下車，往問文件還來否，答言尚未，還須在十點後，遂出，告以明日來看。後看書看報。下午快兩點半出往近代史所開會，共到七人：丁梧梓、姜可之、黎澍、作銘，外有石、解二同志。散會回到家，快六點半，晚看電視放映歌劇《向陽川》（第一幕幾全未看）。仍只早晨作操一次。

二十日，起如昨日，翻閱《考古收穫》。六點半後，出到公園一轉。上午兩點半後，出到學部。因關於楊獻珍思想文件，只有一份，有人正看，只好看別種文件，等待別人看完。至將正午，我還未能看完，對看管人說明天再來看，遂出歸，往來均步行（此後到學部，步行均不記）。下午兩點半出，到近代史所，開會者仍爲昨天七人。晚仍看報及《考古收穫》。

二十一日，六點起，六點半後出到公園一轉。上午看《考古收穫》中的一段。將九點出到學部，繼續看昨天未看完的文件，完已十一點餘。歸及下午看報。檢查出今日上午有學習討論，我竟忘記！五點提早吃飯。後出到蟾宮看演内部影片《反空襲鬥争》。上午缺作操一次。

二十二日，五點後即起，看《考古收穫》。將六點半出到公園一轉。上午到所，與二研究生談，杜塵談。回，十一點餘。及下午，看報。晚看電視放演《椰林怒火》，未看完，已睏，即預備睡。仍上午缺作操一次。接人大常委辦公處送來晚會票一張。

二十三日,六點起,七點出到學部,與作銘、仲良、柱塵同坐所中車,與本學部所屬各同志往參觀石景山鋼鐵廠。據介紹,廠雖創建於 1919 年,北洋軍閥也曾請外國人設計建一爐,但經十餘年,也未開始鍊鐵。直等抗戰時日人爲支援其戰事,才又在其國內拆遷來一爐,一鍊焦爐,用二爐鍊鐵。勝利後,日人去時,以鐵鎔於爐內以免利用。國民黨接收後,其總辦住城中,偶打電話到廠問情形,足未履廠,談不到開工。解放後,經技術人員與老工人竭力清除爐內鎔鐵,才開始鍊鐵。名曰鋼鐵廠,却無鋼。到 1958 年大躍進時,由老工人(時有十分之一的老工人)與管理及技術人員三結合力矯不能出鋼的虛名,後逐漸擴充,才有今日的規模。現廠址頗大,有三爐出鋼鐵,每年達百萬噸。人員共兩萬四千餘。原因無礦,由遠方運料,有來自海南鳥的,極不經濟。現自有礦山,在遷安境內。所屬機關有研究所,力爭達到並超過世界先進水平。如轉爐前出鋼不多,且不穩定,現學習世界先進技術,加純氧燃燒,每一二十分即可出一爐鋼,現已成功。又如試將□[①]烟煤屑加入爐中,以救我國缺□烟煤[②]的弱點,也得相當好的效果。共參觀焊管、高爐、轉爐、鍊焦四車間。我雖曾來石鋼參觀一次,但一定在 58 年以前,僅看到出鐵,觀感自與今日大異。一點一刻出廠,歸至家未兩點。飯後僅看報。晚到人民大會堂看演話劇《崑崙戰風雪》。歸至家將十一點。未作操。接桂忱信一封。

二十四日,六點後起,補作昨日日記,因未出。早餐後,出到北車站,乘 20 路車,到永定門外火車站。西行出站轉南,過鐵路

①編者注:原於"將"後空闕一字。
②編者注:原於"烟煤"前空闕一字。

南,由田內小徑前行,想找到南環路,終未得。見一公路,順着向西南行。過洋橋村,轉向西北,或正北,又入小徑。後不久,已到右安門附近,又轉向東行,想過舊城,進陶然公園,後見,乃又西行,進右安門,乘5路到前門內,換9路車歸,已十二點餘。午餐後,睡。三點後起,看報,未完。晚電視放演《石油凱歌》。未作操。

二十五日,五點一刻起,補看昨日報。六點一刻出到公園一轉。全日,除看報外,讀《資本論》的第一卷第二章和第三章的Ⅰ和Ⅱ的一部分。

二十六日,起六點,出到公園一轉。全天除看報外,續讀《資本論》第三章的Ⅱ和Ⅲ的一小部分,但有些地方不懂,遂止讀。讀《暴力在歷史中的作用》一部分。接桂珍信一封。

二十七日,五點一刻起,看一小段《暴力在歷史中的作用》。六點一刻後,出到公園一轉。全日除看報外,把《暴力在歷史中的作用》看完。下午三點領小週到寬銀幕劇場看演《東方紅》。歸已六點半。下午未作操。

二十八日,五點一刻起,看恩格斯的《歐洲政局》及《約翰·菲力浦貝克爾》。六點一刻出到公園一轉。八點出到所,研究組開會,討論四五年內及明年的工作計劃。前者決定集體寫一《中國考古學》,後項大家皆有工作項目,獨我無有,心很不安。中午歸。下午看報外,讀《資本論》的第二篇(第一篇第三章未讀完,暫停),其Ⅲ未完。晚到紅星影院看演電影兩場:一演《農墾戰歌》;二演階級教育四段:一、鹽工的血淚仇,二、一女工的自述,三、掏糞工人時傳祥,四、文明地獄。回家已九點半。上午未作操。

二十九日，未五點起，看昨日的《河南日報》。六點一刻仍到公園一轉。上午把《資本論》二篇之Ⅲ讀完，續讀第三篇第五章，其Ⅱ未全懂，當再讀。及下午看報外，學習《關於領導方法的若干問題》及《關於正確處理人民內部矛盾的問題》的第五、八兩節。晚到所參加黨內組織活動。

三十日，五點後起，再讀《資本論》的五章的Ⅱ。六點一刻出到公園一轉。七點到所，購公共車月票。研究組開會，談將來的學習計劃。散會後，取俄文世界歷史第四本取回家中。下午看報，並讀完五章的Ⅱ，因心不够細，仍有不懂處。碧書來，我才知道季芳突患血壓高。昨天她要向我訴說，我不注意，她因而未向我說！上午未作操。接天□①（八嫂的孫子）信一封。

三十一日，六點半起，讀《資本論》第六章的一段。七點後出到公園一轉。上午及下午看報。糜岐同小昱來。下午兆芸來。學習《改造我們的學習》。

十一月

一日，五點一刻起，學習《在中國共產黨全國宣傳工作會議上的講話》。因微雨，遂不出。上午接續學習未完部分。看報。下午看報外，看《世界知識》（20）完畢。及晚又看《紅旗》（11）內文兩篇。

---

①編者注：原於“天”後空闕一字。

二日，五點後起，讀《資本論》第六章。六點後出到公園一轉。上午到所。張岱海同志要對於研究生的意見，撿出送與。前從夢家手借來《水下陽光》，看畢後，覺得轉交子衡。前日問他，他說沒有，我堅執說曾給他，覺得絕不會錯。可是昨日整理桌子，竟在書落內發現了它！心殊不安。今日把它還夢家，他日再向子衡致歉意。與研究生小談。出到王府井新華書店，購一部《毛澤東著作選讀（甲種本）》，價 1.1 元，備寄給桂坤。又到東安市場春明書店，問有日本岩波書店出版的舊《露和辭典》否，答之有，價 4 元。我帶的錢不夠，遂約於五日前來取。歸。及下午看報。把《資本論》六章讀完，但不很懂，須再讀。

三日，起快五點半，及上午重讀《資本論》六章，未完。上午及下午看報，未完。下午將三點，出到歷史所小禮堂，聽張幼漁報告他們於國慶前後訪問北越的經過和感想，愈感覺到美帝雖張牙舞爪，到處挑釁，實不足怕。回到家約六點半。今晚人民大會常委辦公廳曾送一劇票，演《向陽川》。因飯後太匆促，遂不往。

四日，起將六點。出到公園一轉。上下午補看昨日報和看今天報。又把俄文《世界歷史》地理新發現章看一段，俄文單字忘得不少。日中曾看《科學報》（297—8）。

五日，夜睡不好，起將六點。出到公園一轉。遇靳尚謙同志問今晚組織生活將討論何問題（此事是在所內），答言鄧小平同志修改黨章報告中的兩段。上午看昨日來的《河南日報》。將九點出到所。交黨與工會費。問柱塵明早討論題目。後即出。到東安市場春明書店，取得《露和辭典》，價僅 2 元。歸已將十一點半，及下午看報。不記黨章改於何年，故在抽屜中找，不得，心很不安,但把凌亂的抽屜整理一番。初意晚不去所(因不得文件,無話可談),後季芳嚴厲批評,我意也覺得往問清楚才好,遂於六點半前往所。所談爲《關心群衆生活,注意工作方法》,多討論所中同志的實際問題。至於改黨章推到下次再談。九點半即散。歸到家未十點。下午缺作操一次。

六日,起五點三刻。看昨日的《光明日報》。六點後,即出,到公園一轉。上午到所。研究組討論《改造我們的學習》,《關於正確處理人民內部的矛盾問題》中的五、八兩節,《在中國共產黨全國宣傳工作會議上的講話》。十一點半散會。把《中國共產黨章程·關於修改黨的章程的報告》找出,即歸。及下午看報。晚把修改黨章的報告看兩段。季芳下午發燒到38度。

七日,五點後即起,看修改黨章報告。七點後始出到公園一轉。終天除看報外,看完報告,並把45年舊黨章與56年對看完畢。復天坤信一封,並把寄給他的書封好。

八日,起將六點。出到公園一轉。上午出理髮。回接到所內電話,説我想參加往山西參觀四清,已由學部批准,定於十五日動身。下午到所與林澤敏同志談,問清參觀事宜。把語言所所贈的《現代漢語辭典(試用本)》及他們來的請審查《歷史方面的重點條目》及其附件取回。看報外,即按附件上所指的頁碼翻閱一遍,大致妥協。意見等從山西回後再提。

九日,將九點起,覺寒(今晚最低已達零度,但室內仍有十三度),因疑發燒,但量體溫並無溫度。仍出到公園一轉。上午到協和醫院,檢查身體,據言可以出外。回後及下午看報。將四點出到豫王墳浴池洗澡。晚看電視放演《教育新篇》。只早晨作操一次。

十日，六點起，再看《中國青年》所載的《隊長不在家》。又聽廣播新聞。出已近七點，到公園一轉。早飯後出到院部，要到山西參觀的同志開會。杜秘書長向大家介紹要去的地方、所要注意的事項、四清工作經過階段、旅行須帶的物件等事（他去年在那裏工作相當長的時候）。行期在從十五日到廿日的中間。今天與會的有二十餘人。熟人有張皖峰、林君範兩同志。先到晉西南院內同志工作的地方（有三縣：永濟、臨猗，餘一未聽清），約一星期。再到大寨、楊談、賈家莊。後一尚未決定。也約一星期。回，下午看報而已。

十一日，起五點半。讀《資本論》六章，完畢。六點後出到公園一轉。上午續讀第八章，但連七章，均不了了，須再讀。及下午看報。後讀《毛主席語錄》數段。晚看電視放演《大寨紅花遍地開》《一串項鏈》《這不是小事》《老保管》《新媳婦來了》。

十二日，五點後起，再讀《資本論》七章，及上午完畢。比前次較明了，但內數目字，曾運算，但數目不符，遂置不深求，故仍未盡了。六點後即出，到公園一轉。上下午看報。見徐森玉文中引《世説新語》文，因翻閱此書。全日陰。晨出時霏霧絲。十點鳴後將下樓作操，見雨不小，遂止。

十三日，五點後起，讀《資本論》第八章首段。六點後出，但因夜間有雨，公路很濕，遂不往公園，緣路東行，至豫王墳站，歸。上午到學部，開中心小組會。先放于維漢談他學習毛主席思想經過的録音；後張幼漁再談他訪問越南的經過。歸。下午往農展館，想看大寨類型的展覽，可是問訊結果是本市民須隨街道登記，才能進，只好回。步行穿使館區一部分。後坐無軌車到大北窰，換乘十三路汽車，歸。看報。晚看電視放演《南海的早晨》。僅下午作操一次。接秔岐信。

十四日，五點後起，續讀《資本論》八章，至七點，未出。上午到王府井大街，購買牙膏、盛刮鬍刀盒、口罩、刀、字帖、《京山屈家嶺》等物。回，看報（及下午）。三點餘出，又到老虎洞。後迤邐向西北走，過農業新村及和平村等地，入廣渠門，又步行數站，上23路公共車，到磁器口下，換乘8路，到東單，換乘9路，歸。今日風不小，未作操。

十五日，起已六點半，到公園一轉。上午到所與尚謙、柱塵、子衡談。又同二研究生談。後作操。歸。及下午看報。下午因風大（五級），未作操。

十六日，起五點半，及上午讀《資本論》八章一段，將六點半，出到公園一轉。上午看報。下午到展覽館聽陳副總理的錄音報告，談他對國內外談話的動機，我們對亞非會議的態度，印尼政變三事。來往均同作銘坐所中車。到家已將七點。下午未作操。今日聽報告，未全了了。後又看《紅旗》（12）中的《大慶通信》。

十七日，四點前醒，誤聽鐘聲認爲五點，即半起（因已悟非五點），續看《紅旗》中文完畢。將七點，往問尚謙，今日（又誤以爲今日星期四）何時所中車載同志往農展館參觀，他不知道。我又請王佐丞打電話問，答覆是今天不往，星期六再往。上午往參觀景德鎮磁器展覽並買二小磁人（兒童玩具）。到所取回毯子及棉鞋。聽説往山西行期定於十九日下午，作銘也同往。出到王府井，買兩小包眠爾痛①。歸，看報及下午。兩點出再到所，討論昨

---

①編者注："眠爾痛"，即"眠爾通"。

日所聽報告。歸六點餘。未作操。下午從所中取回大字本《毛澤東選集》（價四十八元）。晚翻閱《洛陽伽藍記校注》。

十八日，七點半起，補看昨天的報。六點半後，出到公園一轉。上午把六二年訪韶山沖時所作的四句韻語寫出，夾入毛主席故居的象片旁邊。看報及下午。四點看馬克思傳一小段。晚同作銘、仲良、子衡坐所中車到農展館看大寨類型展覽。回過九點。

十九日，起約五點半，又看馬克思傳一小段。六點半出到公園一轉。上下午除了看報外，忙於看季芳爲我整頓行李。上午曾往齊家園百貨店，要買小信封，到後才發現忘帶錢夾！急回取夾，再往，才買到。下午將八點，所中車來，往車站，到休息室內，等待同往同志。八點四十分開車。同室三人：一鄧姓，爲微生物同志；二力學同志，問過姓，但立時忘掉！三未問姓，但後知傅姓。三人皆清華先後同學。

二十日，六點半起，問知已過陽泉。後過壽陽、榆次，八點半許到太原，有省府車來接。直往晉祠（離太原城五十里），到招待所住下。此地爲一風景區，59 年過太原時曾來游。十點許早餐。後同同人出游晉祠。上次未注意或注意而已忘的有兩過千年的大銀杏樹，係前者，數宋鑄鐵人，有紹聖四年字，係後者。回休息。一點半許午餐。後檢點什物。至三點半，又同出，參觀太原工人牛奶場。場在太原城東北城外。爲工會辦，係一事業單位，非企業單位。於 57 年興辦。場址百畝，外臥虎山，千畝，也屬場。初來時，一片荒地，後始種樹，現已楚楚成園林。擬將辦俱樂部、圖書室等項，爲市民游覽地。現奶牛百六十頭，工人八十。據說初開辦時，年年賠累。當時牛不病的僅百分之四十幾。牛病傳染於人,人病又傳染於牛。衛生不佳,人牛交弊。奶內雜菌過多,不合標準。此場產奶,不送市場,直接送於廠礦。每牛每天產奶14斤,值每斤4毛5,收價只取3毛,因此多賠。近年派人到上海、北京、天津各場學習,改良衛生,現在健牛和合標準的奶產量均已達到百分之九十七八。牛每天產奶28斤2兩。但比京、津、滬各場產量尚存差距(據說它們產量32斤)。參觀牛舍、小牛舍、飼料加工舍、工人宿舍、工人客廳等處,均秩序嚴肅,整齊可觀。牆外臥虎山上所栽果樹,今年已結果,有收入。參觀畢,場方請郭老寫字。崔場長寫字也頗飛舞。六點許回,到招待所,約需半點。晚飯後,有晚會。梆子演現代劇:《傳槍》《補鍋》《鬥書場》。末出未演完,十點已過,我即回,洗濯罷,就寢。此地比北京略暖。

　　二十一日,起六點餘,補作前兩天日記。早餐畢,同同人出參觀太原重型機械廠。在城西郊。莊總工程師介紹情況。現有九百餘技術人員,八千餘工人。於49年興辦,即秉毛主席發奮圖強、自力更生的意旨努力盡行。廠不在156項蘇聯助我舉辦工程之內。蘇聯背約召回專家並封鎖機器後,三門峽大壩上需要大起重機以提閘門。廠方從來未作過此項機器,且無資料。設計人員均係不久前在大學畢業未滿三十歲的青年。三結合工作未及一年,即把機器作成安上。現已數年質量良好。今年擬再造一架仍裝大壩上,以防不虞。鐵路上,自鐵軌、火車頭、車廂均能自製外,鐵輪及輪箍尚全購自外國。5□①年中央冶工部命令太原廠及其他三兄弟廠各自分製,再看哪家快。歸結四廠均如期製成。此後

---

①編者注:原於"5"後空闕一字。

即不靠外國。還有一種製鋼版的機器,原合同由蘇聯輸進。他們已經把機器運到滿珠里界外某城。由赫修毀約,就禁止向中國運。後太原廠由自力鑽研,經不太長時間,也完成功。後蘇方某人來參觀,我方暗示他説,此機我方已經作成。他們知道禁運①無益,才允許機器運進。我們仍堅持合同信義,並未因自己已有而拒絶不收。他還提出幾件令人興奮的工作(均很扼要),惜我當時未記録,後遂遺忘。參觀四個車間,均規模弘偉。此廠所作電鑱,也能推陳出新,惜已遺忘比例數目字。將十二點,出廠,歸。下午小休息,整理什物。六點餘晚餐。後即到車站,七點十分開車南下。同室者仍同前日。

二十二日,四五點鐘醒,車已到運城停下,静待六點後大家醒後下車。六點後,大家漸起,後下車。有汽車來接。進城住到縣級招待所内。與作銘同室。補寫昨日未寫完日記。上午郁文同志招集大家開會,分配在運城到三十日的日程。我因當時未帶本子,會後才借作銘的筆記抄出。同大家到保存室一游。才知道裴麗生副院長抗戰前在此地作地下工作,現保存有紀念室。回後,本院在此工作人員百餘人,來與郭老及各同志見面並同照像。下午休息。三點開會,由縣委葛書記報告本縣情況,未能儘量筆記。後郁文報告近三月在此工作情況,筆記仍不能如望。晚看北路梆子演《山鄉風雲》,係由粵劇改編,演唱者極努力,成績佳。回已十點半後,看報片時,後寢。

二十三日,三點後醒,未能再睡,即起看報作日記。上午九點

---

①編者注:"運",原誤作"遠"。

開會,六公社(原王莊、西姚、大渠、龍居、北相、運城)曾犯錯誤現已洗過澡的幹部報告他們如何犯錯誤及思想改變的經過。上午七人報告。下午休息。三點繼續開會,四人報告。散後,開同人小組會,討論聽報告後感想。晚七點繼續討論。未九點散,翻翻報紙。

二十四日,四點後起,續看昨晚來而未看的報紙。上午九點參加三公社三級幹部會議。我參加的是原王莊槐樹凹大隊(三幹會包括幹部、貧下中農代表、積極分子、地富子女代表,來開會的約二三十人。22 號入最後階段,明天即結束)。發言的有十七八人,也有重複發言的,我也記不清。只記大隊支書張增躍曾再發言,係檢討自己工作錯誤。槐樹凹較窮,工作無起色,小偷小摸問題嚴重,發言的偏重此問題。所偷的有糧、菜、穀穗、玉茭杆。外有投機倒把、賣布票,到黑市賣高價等問題。發言的人也有人自己曾犯,並自行檢討。下午休息。三點按原布置為周明山作報告。上午告知周同志未來,換為七先進分子發言,並發有人名單。我不知,對人名單未看,開會時仍以為是周同志!介紹七人名字,我又未聽清楚,並第一王傳河同志講話我多不懂,餘也不全清楚,故未記什麼。發言者共四人,回看人名單,知除王同志外,餘三人為解州公社西園大隊支書王占奎、泓芝驛公社寨里大隊會計張菊香(女)、陶村公社辛曹大隊副隊長樊全學。王報告他與砂石地、下濕鹽鹼地鬥爭和改造的情形;張報告她會計工作(她原來不會打算盤,臨時學習),見縫插針(她是三個娃娃的母親),努力學習《毛選》,作筆記 40 多萬字的情形;樊報告他辦科學試驗小組,排除困難和迷信,實現優種化,促進生產的情形。晚看路梆子演

《紅松堡》。也頗佳。

二十五日，昨夜兩點半醒，知床下有便盆，在中小便，不慎尿撒到床上一部分，睏多時未能睡，起已六點。看昨日報的一部分。同同人乘汽車到解州（現屬運城縣），先參觀關廟。此廟59年我在內曾住兩三星期，故尚熟悉。〔二十五日漏記下午在關廟文化分館主任徐潔亞來問辦館應注意事宜，我同作銘與談頗久。後又同往此地文化館參觀。內有貞元十三年修池神廟碑，移植於此。①〕後到西園大隊的砂石地、鹽碱地。有一部分（150畝）是砂石已去，地已平整，麥苗青青。另一部分是正在挖石，男女老幼一齊上陣。小石運去，堆於遠處；大石運去，堆成邊塄，以小石補填大石空隙，再從遠處運來一部分黃土，與原有沙土混合，就成了很好的地。再向前，社員正在打井起土，大家又跟着拉上兩三筐土。我又同王醫生抬了一筐土。還想再抬，怕多耽誤社員的事，遂停下。再前，社員在摘棉花，我們兩個給人家摘一桃！（有人說是三人摘一桃！）再前看見開的排水溝，降低水位以消滅鹽碱的地。後遂歸。下午休息。看《高尚的人》，是寫王傳河模範事蹟，使人感佩。晚翻閱報。

二十六日，四點後起，看未看完的報。上午九點，開會，貧下中農代表和地富子弟發言，郭老作訓辭。下午休息。三點開會討論感想，我有與大家不同的看法，歸結意見也未能統一。晚看郿鄠劇（臨漪縣的）演《彩禮》及《一顆紅心》。後者係以王傳河事蹟爲模本。後郁文同志與明日到原王莊參觀同志談此地情況。

――――――――――

①編者注：此爲天頭文字。

二十七日,四點後起。補作日記,看未看完的報。上午八點半後與同人乘汽車到原王莊(離城四五里)參加群眾所開鬥爭會。今天鬥爭潛伏分子李蘊生。此人在國民黨軍隊中作到少校軍官。49年在成都隨部隊起義,在解放軍中當過幾天文化教員,以後回鄉,冒充復員軍人,積極腐蝕幹部。大隊長王松元很快信任他,任他負責大隊運輸隊運輸組的領導工作。又擔任大隊副業隊副隊長。他利用職權,貪污盜竊,已查出的有30000餘元。他自己已承認兩萬一千餘元。腐蝕幹部頗爲廣泛。王松元僅在名義上爲大隊長,實際李蘊生已經代替了他。今天開始就由他作檢討,仍不老實,後由別人檢討。將一點散會。我同王醫生到貧農郭家吃午飯。郭兄弟二人(已分居),子女頗多,共處一院。他們的父親僅有一畝地,內有十幾個墳頭,占去幾到一半。他父親已於60年去世。他母親健在,已七十六歲。他十一歲時即隨其父賣豆腐,辛苦艱難。到解放後,他兄弟倆始能結婚。我想問老母從前經歷,但知每次談及即涕淚縱橫,遂改問他兄長。據說他弟於光緒二十□①年幾乎餓死。今午飯食頗好,有五樣菜。我疑惑他們特別給客人預備,可是一位像是工作隊幹部女同志說,他們素常是四樣菜,今天加一樣。此地主要農產物是麥,所以本地人都有白饃吃。有人說:他們拿着白饃,加上一握葱,或一碟辣椒,就吃飯了。又有人說:山西地區,晋南比晋北富,運城即在晋南,亦爲較富縣。原王村處近郊爲較富村,所以這樣好。今天來的,不是小碟而是豐富的大盤,不是生菜而是煎炒的菜。即使四樣也

---

①編者注:原於"十"後空闕一字。

罷，如果鄉民每頓能得此，也就夠好了。還未清楚明了，尚待調查。他們拿來的有大白饃，有大白薯，我吃了一塊白薯，大白饃的四分之三，即飽。出，又到一任姓家。此地老兩口，少兩口，兩個孫子。六口人住三間房子。少男早年被抓壯丁，在傅作義部下當兵。隨着北京和平解放，歸解放軍。又在抗美援朝役中負傷歸來，才能同久別的家人相見。老人解放前給地主扛活，最苦的是家人不得團圓，現在日子已覺得是天堂（郭家也這樣説）。二孫皆在托兒所，長孫爲我們唱二歌，娓娓可聽。出同同人乘車到社員打井處，又爲他們拔二泥筐。又到棉田幫人摘花。因先請教老農，今天我摘好三四桃。據説收穫大約是每畝皮棉百斤。又參觀一苗圃，種鑽天楊，爲一年幼苗，明年即可移植。回到寓，三點已過。休息，看報。

　　二十八日，四點半後起。仍補寫日記，看昨晚僅翻閲的報。上午九點開會，科學院在此作四清工作的科學家發言，六人發言：生物物理所副研究員沈淑清、物理所研究室主任張志三、心理所研究室主任李家治、聲學所研究室主任應崇福、生物物理所副研究員陳德俞、物理所研究室主任洪朝生。下午與作銘、皖峰同出到南部原池神廟參觀。此廟原規模很大，現已殘破，改爲……①用。存古碑頗多，最早者有元大德□年②碑。唐碑已移城內文化館內，皖峰説：本有宋真宗時碑，現不存。廟南臨鹽池，北尚存一破城門。皖峰説：原有城環繞全池，共長 115 里。碑載：原有南北西三門。歸時，風很大。時三點已過，繼續開會。發言者五人；因我進

――――――――――

①編者注：原於"爲"後空闕數字。
②編者注：原於"年"前空闕一字。

場晚，未知第一人何名，後爲聲學所研究生程明昆、政治部科員任辨琴（女）、心理所助理研究員余碧筠（女）、物理所研究實習員王貴海。郭老及郁文同志發言。晚看蒲劇團演古裝劇（内部）五出。聞爲些大名角，特別請來，但我不懂，因味同嚼蠟。歸後，翻閱報。

二十九日，起已四點半。仍補看昨日報，補作昨日日記。今天風大，大家要往夏縣參觀該縣綠化，很多人力勸我不要去，我因留在室中，很無聊，堅決前往。仍與司秘書長同坐小汽車。八點半許動身。過舊安邑城附近，有一塔，已裂爲二如西安小雁塔。不久即入夏縣境，該縣幹部來迎。再前，地爲大吕公社，樹已栽得頗整齊。麥苗很好，有水利。下車看社員打井。時機械有故障，未開動。據說用此機械打一七八丈深井（或爲七八米深，記不清楚），僅需兩天。造價也較賤，僅需一千七一九百元。可灌田數十畝。以爲即將到該公社休息，但車仍前進，過縣城東北，到郭道公社休息。那裏大隊也叫作郭道大隊。據大隊書記王世英報告，說他們那裏開始種樹，已經十二年。開始困難重重，最早，鄉人有迷信說："房前不栽楊，楊楊不安寧；房後不栽柳，柳是鬼木頭。"他們找出來一位"栽樹迷"，房前栽楊頗多，而子孫衆多，人口興旺。請大家討論，把思想打通。其次說種糧當年得濟，種樹收效慢，遠水不解近渴，他們又找到栽樹三四年即獲利益的實例，進一步算細賬，問題解決。其次又說糧林爭地，樹又不能吃，他們說種樹於山地、坡地、四邊地，無糧林爭地的問題，討論後亦解決。這幾關過去，新困難又來：1. 樹苗不足；2. 技術不過硬，苗成活率僅得百分之四十幾；3. 樹成長後，所有權尚未定。他們開始從外地輸入，以後自力更生，現在不但能自給，並有輸出；成立種樹有經驗的老農委員會,訓練青年男女成功。商量後訂出以分地時的地界爲準,在内的屬自己。以後進行順利。現糧棉收成俱有增加頗不少。氣候也象小有變化;周圍下雨,這裏下雨,似乎稍多一點。種苗圃每畝可養八千到一萬株,成林每畝養 660 株,每一平方米一株。後又引我們看他們用自己的木材所蓋的房架。我指所用的梁子問需要幾年才能長那樣大,他答七八年。即以十年計,獲利也很不少。歸,吃飯後小休息,即動身回運城。走的路偏北,主要是要我們看看司馬溫公的墓。道有司馬大隊正在平整土地,作大寨田(即梯田),下車略看,仍前行。溫公墓離公墓約里餘,有"司馬光陵園"五字指路牌。園分三部分:1. 御碑亭;2. 杏花碑亭;3. 司馬池等墳。御碑額爲哲宗親題。文爲蘇東坡撰並書。紹聖恢復新政後,爲政敵章惇等所毀。金皇統中,有地發杏花特盛。地方官欲究其異,發掘得毀斷碑,乃摹蘇體字復刻石□幅①,建亭覆之,名杏花亭。内還有一宋碑。我看罷此亭,要看第三部分,時風很大,引路諸人怕我冷(實則我出門時添着皮背心,並不冷),說宋碑在墓中,不可見,遂止。去後,作銘談碑在墓前立,他往看到,共三,才悟受騙。到運城寓,三點已過。休息,寫日記未完。晚十點後報紙才到,翻閱一過,遂寢。今天郭老因傷風,未能往游,在寓即興作詩八首。

　　三十日,四點半起,仍補看報,作日記,仍未完。七點半吃早飯,九點動身離運城,到侯馬。至已十一點半許。侯馬前改市,現仍復爲曲沃縣一鎮。鎮有縣招待所,住下。午飯後,李主任召集

①編者注:原於"幅"前空闕一字。

會議(時郭老因傷風未愈,先回太原休養)。分配主旨不急回太原,待郭老全愈,李主任還擬多安排幾天,我説郭老在京爲忙人,不能多留,乃定於下月四日離此。小休息。三點到此地考古工作站。59年我過此時,曾在此站參觀,並止宿兩三日。今日工作同志還有人認識我,但我已不能認識! 工作人員報告説56年工作站成立,清理發掘。至60年成立發掘委員會。歷年發現春秋時城遺址有七八。我所記的僅爲牛村城、平望城(用今日村名名城),餘未記。有郭□①城,頗大,離縣城45平方公里,尚未發掘。已發掘的有兩銅器作坊,作陶作坊,石器作坊。牛村城外(南方)有一遺址,外有墙址。内有夯土壇,壇西南有很多墓坑,有四坑係葬獸骨(猪羊牛馬),均僅一頭。一坑内葬人全身,但跪着,或係殉葬人。13號墓規模不大,出物不少。有一帶銘文銅器,係徐君之子□②兒作器,銘文有韻。有容希白釋文。外銅器不少,有編鐘,有□③。作坊内發現銅器模範不少,有些可兑成全範(鑄一銅器,約用數範合成)。外有移至此二金墓,墓爲磚券,四周有雕刻,各種生活模型頗精工。有購地券文及記墓主名字、葬年,文字頗多,一墓主爲董海,墓前後二室,葬其家人六七,均無棺,尸置於地。另墓主亦董姓(名未記),僅一室雕刻相類。尸置於床。内有雕刻劇台,上有四藝員模型(此類劇台59年過此時曾見一套,此係後發現)。又一室内藏《碧落碑》及其釋文拓片,又藏宋

---

①編者注:原於“郭”後空闕一字。
②編者注:原於“子”後空闕一字。
③編者注:原於“有”後空闕一字。

大中祥符□年①祭汾陰廟碑(共五張)拓片一套。據說廟及石均
已陷没於黄河内，近日費萬餘元，才從河水中取出(水落時在水
上露頭)。時已五點，大家讓我在題言簿上題字，手頗顫。歸。
晚有晚會，蒲劇演《在紅旗面前》。回，就寢時十一點。

十二月

一日，未兩點，起小便，後即未大睡着。起已過四點半。補作
日記。早飯後八點餘與同人坐汽車往訪南柳、東魯。出後，才發
覺忘帶本子！過澮河水庫。上有大橋，寬②廣，水庫長寬，均有介
紹，因我當時未寫，遂忘掉！僅記庫爲五八年大躍進前後建成，民
工支援遍數縣。滿可容 70,000,000 立方米水，可灌田 140,000
畝。爲在山西大水庫之一。現在因爲去年信氣象預報有多雨的
誤報，放水過多，後大旱需水時，反水不足，故水較少。十點餘到
南柳。南柳屬絳縣，現爲南樊公社一大隊。原係窮村，全村四溝，
五嶺，十三坡，無一畝水田。糧食每畝不過百斤，棉皮棉不過十
斤。以周明山爲書記的黨支部，高舉毛主席思想紅旗，領導幹部、
群衆改變落後面貌。平整土地，連續勝過 1960 及 63 年的大旱
災，創造了大災年大豐收的奇蹟，遂成譽滿全國的大紅旗。它的
群衆學習《毛選》，成爲風氣，能活學活用。糧、棉、大牲畜均有很
大的增加。由缺糧隊變爲餘糧隊。周明山作一報告，不長，却極

---

①編者注：原於“年”前空闕一字。
②編者注：“寬”，原誤作“寒”。

得要領。後參觀其展室、猪場、自來水(原爲缺水區,近由五六里外,引泉,用合磚爲管道,引水來村)、農用半機械及修械場。後往絳縣招待所午餐。後往東魯大隊。此村前七八十年大灾年由山東逃灾來此荒地開墾(當爲光緒三年大灾),備受惡霸欺壓,窮苦不堪。因紀念來源,故村以東魯名。此村民原皆自山東來。由大隊幹部介紹情況後,引我們參觀展覽室,從逃難、受壓迫,到解放、翻身,與天爭鬥,現幸福生活,均有繪圖介紹。又參觀他們所挖的幸福渠,引涑河水灌田,糧棉豐收(皆有數字,我未能記)。後又入工農家參觀。原皆極貧,現院落屋宇整潔,人口興旺。〔東魯隊員想蓋房子時,大家隊員都來幫忙,別人作也是這樣。有這樣的共產主義風格,所以蓋房既快又好。①〕後又往涑陽大隊。東魯、涑陽皆屬東鎮公社,隔水相望。村爲全國植棉模範(由農人努力成爲創造豐富的農業科學家)吳吉昌的家鄉。他是由山東逃來難民的後人。他家世代種瓜。他由種瓜技術尋找出棉苗變化的規律,創造出冷床育苗、芽苗移栽等等先進方法,解決了北方大田裏的棉花適時及補足全苗的大問題。他爲我們作報告,未完,時已晚,遂中止。接吳同志來侯馬續談。返道旁過裴村廟。俗傳裴家千餘年一家出59宰相、50餘武將。往觀廟,僅餘數楹多碑。内有祁寯藻書《平淮西碑》,又一碑載裴氏歷代全世譜,外尚有唐碑二,字皆漫漶,但久有記載。皖峰説北京可得拓片。到侯馬寓,未六點。晚有晚會。碗碗腔演《打銅鑼》《送牛》。後尚有一出,我因爲昨夜睡少困倦,先歸寢。今日出絳縣,道右有

_____

①編者注:此爲天頭文字。

大塚,聞爲晋文公墓,墓前有一近代碑,未下觀。又聞獻公墓也離此不遠,又有驪姬墓。至襄公墓則在襄汾境内。東魯倉庫還缺乏,玉米穗堆在場裏,下有磚墊,據說即下雨,水全漏到地上,不致霉爛。南柳有豬飼料製造室。豬均吃代用品,以玉米芯、棉秸等物,用機碾碎,以豆粉漿拌,使它發酵,豬即喜食,上膘頗快。

　　二日,起已將六點,補作日記一段。八點餘上車往楊談。十點餘入楊談公社界,土地平整。但從前人窮地瘦,有五多三缺:土地是"塊塊多""石頭多""棗刺多",村裏是"窮人多""吃斗兒賬(高利貸)的人多";土薄、水缺、產量低,缺吃、缺穿、缺水喝。楊談原有楊、談兩姓,後因災逃荒,現在只剩姓談的一户。如今的人,大多數是從山東、河南逃荒來的,挖個窰洞住下,在解放前,有170户給地主富農扛長工,408户背斗兒賬,五十多户靠要飯生活。井深三四十丈,天旱,連人及牲口吃水全有問題,澆地更談不到。下雨,水土流失很嚴重。1953年才成立初級社,先辦一座小粉房,傢具是東拼西湊。缺牲口,他們到親戚家賒來一頭毛驢;買不起豬,借錢買來一口紅毛母豬。家底就有這些,還都是借來的。後兩次買豬,均死亡很多。後自繁自養,到1957年春,集體養豬已達400多頭。後公養,私也養,經過困難,又解決用水問題。這幾年來,圈存保持2000頭,高時達2500頭。又有2300多隻羊,550多頭大牲口,30多輛大車,400多輛小平車。解決坡地,是從59年大抓培埂經驗,平地培埂。現在平整的土地,全是人定勝天的結果。還留一溜草坡,以備後人知道勝天經過。大搞土地建設,"蓄住天上水,保住地下土",才能精耕細耕。解放前他們小麥產量常年不過百十斤,皮棉不過30來斤。他們苦幹十來年,以棉促糧,以糧促棉,取得雙豐收。64 年小麥 7600 多畝,小麥平均畝產達 320 斤。4200 畝棉,雖有嚴重灾害,平均仍達 110 斤 3 兩。63 年平均達 138 斤皮棉。上到高地一望。後山均屬公社,前未造林,現已開始努力造林以便改良氣候。山跟有一傘形飼養室,周圍多窗,夏開冬封。飼養員中倚爐住,槽處周圍。井、爐布置均合理。下至村,見支書王德合,他近有病,未能多談。後參觀展覽館,前窮困時受地富壓榨剝削,翻身苦幹土地建設,均有繪畫陳列。村中房屋尚好,似解放前地富不少。又參觀一“四無倉庫”:一無蟲,二無霉爛,三無鼠雀,四無事故。糧中埋有儀表,内中温度變化,在外可見。防鼠雀設備均好。老收管理員已管理十餘年,終日勤掃除,異常清潔。又見創業時的毛驢及紅毛猪。毛驢年過 20,工作還好,但很有脾氣,生人近時又踢又咬。一猪輩輩傳種,已養小猪 270 頭。64 年,交售糧達 1,000,000 斤,棉達 470,000 斤。社員平均分紅每人 115 元。社員高興地説(64 年大總結時):去年我們是“3 個 800,000”(交售小麥及儲蓄糧各 800,000 斤,公共積纍 800,000 元),一年之間,變成“3 個 1,000,000”(儲備糧達 1,150,000 斤)。歸至侯馬已一點餘。下午休息。三點後,周明山作報告,他口才很好,報告 3 小時,聽衆不嫌長,仍嫌短。晚吳吉昌作報告。

三日,起四點,補作日記。七點吃飯,八點餘離侯馬,往臨汾。到閭(?)店附近,因後車尚遠,停下小待。路旁膡立一寨門,前有幾字已漫漶,但知爲近代修寨門時立。村西有一大廟,往觀。現已改爲工廠,有磨坊,有碾棉花廠。聞爲一祖師廟,現已無神像,亦無碑刻。前至離臨汾十里處,離公路不遠,有堯廟。規模很大,閭原房屋很多,由閻錫山軍隊於抗戰勝利後駐此,幾全破毀,現僅剩五鳳樓(已改住人),□井亭①,正殿,寢宮,正在修理。據碑説,廟建於唐顯慶②□年③,但址不在此,至元時始移此。碑多係明清,僅有一至元斷碑(僅存一截),爲碑中之最古者。到臨汾,已十二點。吃飯,休息。三點往游社會主義教育展覽館。館凡八室。解放前的苦難,解放後的工作,近年社教的工作及社教後的情況,均有説明及塑像陳列。第五室中對地主與資本家的壓迫剥削,有仿洋片的整套模塑。層層抽開,使人感觸親切。六點餘回寓。吃飯後八點,即到東站,上車(郭院長以副總理的身份,有一專用車,我們每下車時,不用的東西可留車上。再上時仍由原班住原室中)。十一點餘開車,回太原。

四日,六點起,盥洗後即下車。仍到晋祠,住原住室中。八點吃飯時,見郭老,已痊愈。後不久即出發往賈家莊參觀。大隊以善辦理副業顯(屬汾陽縣)。過清徐、交河、文水,才到汾陽。大隊屬萬年青公社。隊長邢寶山報告情況,話不易懂。共 265 户,1315 人。核算單位爲大隊。村處峪道河、禹門河、向陽河三河下游,地很低窪下濕,貧困,有"賈家莊真惡心⋯⋯"的謡諺。解放後,"修築溝洫臺田,改其灌溉渠道,鏟高墊低平整土地,淤泥碱地起高種低,黑油碱地鋪沙蓋碱,清水壓碱"等措施,土地改好,現村莊内頗整潔。總産量今年 240,000 斤。去年每畝總平均 702 斤,今年小麥達 403 斤,總平均 816 斤。每畝賣 400 斤,每人每年

---

①編者注:原於"井亭"前空闕一字。
②編者注:"慶",原作"广",應爲"慶"字未寫完。
③編者注:原於"年"前空闕一字。

得138元。積纍800,000元,流動金80,000元。副業在一大院内,有各種作坊,有醋坊、油房、豆腐坊、糖坊、橡膠房(修補輪胎)、焊接房、木工房、鍛鑄房等作坊。各坊工作,均半機械。説它半機械,僅指它非完全自動化,用不少人工作輔助工而已。他並製有無糧酒,用粉渣、玉米芯作。我嘗一點,味頗佳。他們把工作綜合爲四階段,説:"互助組,入了門;初級社,扎了根;高級社,翻了身;公社化,大躍進。"各方面用電力,已有"不怕天旱,就怕斷電"的説法。後到杏花村,參觀製造汾酒的酒廠。從前村内百餘家,各家用手工造酒。閻錫山時,曾組晉裕公司,把個別經營吸收入大企業。近數年來,從各方面吸收經驗,改爲一大規模的企業。用科學方法化驗汾酒成分,設法除去有害成分,增加有利成分。它設有化驗室,入内似入研究化學的機關。在酒廠吃午飯,設有汾酒(未攙增加的成分)、玫瑰露、竹葉青、白玉四種。汾酒含酒精65°,依次遞降至60°。我每樣嘗一點,覺得都不錯。可是如果有人問我如何分辨,各種優缺點在哪裏,我却是什麽話也答不出來。出往文水雲周西村參觀劉胡蘭陵園。它的規模不小。中有紀念堂,前有兩厢房,是關於她的紀念品,生前用物的陳列,尚有兩廊陳列她生前行動,對她的紀念作品(如戲劇、電影等)附有圖繪及照片。紀念堂紀念七烈士:劉胡蘭外,有劉樹山、石世輝、石三槐、石洋六、張年成、陳樹榮六人。均有照片。犧牲最先是石三槐,歲數最老的是陳樹榮,七十一歲。他們爲共産黨作通訊員等類工作。被閻匪軍隊捉獲,用種種威脅以求知我黨内部消息,六人均艱貞弗渝,先後被敵人鍘死。劉胡蘭最後,敵人仍希望她見鍘死慘狀,害怕降服。可是她却厲聲説:"我咋樣死法?"從容俯就鍘刀就義。堂後東側就是他們就義處。堂後不遠是胡蘭的新墳。再向前爲觀音廟，他們多次在那裏工作，也曾在那裏受敵人刑訊。也曾看見她的繼母胡文秀女士。她父親尚在，但因病不能出，故未見。歸到晉祠寓，六點半已過。吃飯後與皖峰談。洗澡，九點後即寢。

　　五日，將三點起，補寫近三日日記。上午讓大家休息，遂把日記寫完。看《楊談》。下午看《賈家莊》。兩點半後小組開坐談會。我首先發言，完後自己覺得還不錯，但聽別位發言後，才覺得不如他們有些人的深入。寫家信，封好，但未發。

　　六日，起約五點（錶停），檢點什物。七點半吃飯，八點進城看大寨展覽。最後，有一電影，主要是少數民族代表來參觀並聯歡。展覽在舊文廟中。同院還有一社教展覽，但十一點已過，因未參觀，遂歸。午飯後，兩點後，起身到火車站。上車，離太原，往陽泉，將六點半到，有車來接，住於陽泉賓館。

　　七日，上午八點後，往大寨。它在陽泉南五六十公里。有人說路不好，其實路並不壞。十點後到。陳永貴率人到山東、河北、河南取經，故未見。賈進才又在山上取石，也還未見。大隊長賈□□①報告情況，後即出到山上參觀。現建設起兩排很整潔的石窯洞：左下窯洞 12，爲 63 年遭大災後所建；上層有 24 間瓦房；右下層窯 32 間，上層房 64 間，村人稱上層爲二層樓，爲今年新建，似尚未住人。再前漸上山，路均整齊。村人在山跟正建下水道，山上不少隊正在取石。同來的人侯處長及其他一同志試抬一塊

---

①編者注：原於"賈"後空闕二字。

巨石。再前則鐵姑娘隊正在打石工作，我在岩上向她們致敬，後下，同她們相見握手，手皆有厚皺層，令人肅然起敬。又同照像。再前同人已有想回頭的，我仍勉勵前進，求見村人大戰三次才建設成功的狼窩掌及其大壩。壩，他地叫作谷坊，我們從岩上看見，未下溝（後知數年青同志下溝）。後即回頭。沿路均有老農給我講解，我也不知他們姓名。回到休息地，有人對我說，同我已談多時的就是我所非常景仰的賈進才。我才又同他的“鐵掌”（“一次又一次磨破了皮，流出了血，又長出繭子來，現在已經給厚厚一層死皮裹着”）握手相談。後又見宋立英，當時只知她爲婦女隊長、勞模，以後看書，才知道她是賈進才的愛人。此對夫婦真令人景仰無已。吃飯後出到小賣部買關於大寨介紹書七本及圖片兩套，印出照片一套。出到住左邊窰洞人家中閑扯。此家有人五口，上邊還有一點房子；有二女，年皆十五，說一係甥女。窰內整潔，生活幸福。我還想再找一二家訪問，可是一同志來，催我走，說大家已起身，只等我，遂急反上車。此次在山上合作溝（原白駝溝）、趙北峪溝、後底溝皆走過。四點後回到陽泉賓館。大寨的山叫作虎頭山。

八日，上午無事，時風不小。與作銘、皖峰同出，隨便走，到公園門，遂進游。公園名南山，占地300畝，原爲一荒山，後漸培植，於61年5月1日開放，爲山西惟一的山地公園。登臺階約170級，才近到頂。向左轉，順路前行，見內包一動物園，購票（每人二分）入覽。動物還不少。時已十點餘，遂歸。十一點半吃飯，後即上車。兩點餘過娘子關，出一山洞，在左後方，見一瀑布，不很大。聽說如在山上能擋住疏導，可灌溉200,000畝。四點後到石家莊。我們坐的列車摘下,掛上南來快車。四點五十二分開車北上。九點五十分至北京。所中車來接。到家,談。盥洗後,就寢時十二點已過。

九日,起已七點。上午僅翻閱報紙。下午兩點院中車來接,遂與皖峰叫作銘(還有一位同志,似姓錢)回到院部開會談如何寫在晉參觀總結問題。五點半散,歸。九點餘即睡。

十日,三點餘即起。補寫近三日日記。再看前數日報紙。又看本日報紙。下午續看。四點後寫總結的開頭。晚看《關於〈海瑞罷官〉的討論參考資料(一)》。今天開始上下午作兩次工間操。

十一日,五點鐘起,續寫總結。六點半出到公園一轉。終日除看報外,就是寫總結,仍未完。恢復三次作操。以後每天作三次,不缺,即不再寫。

十二日,五點半起,續寫總結。將七點出到公園一轉,全日看報外,即寫總結,完畢。

十三日,起已六點。後出到公園一轉。上午到所,見高謙、澤敏、劉隨盛諸同志,把總結及四斤糧票交隨盛,請他派人送到院裏。後又同子衡、柱塵及二研究生談。時已十一點一刻,出,到王府井大街,買一圍脖(4.7)。歸。下午看報。看《歷史研究》(5)中文數篇。上午及下午兆芸來談。上午未作操。

十四日,起五點半,續看《歷史研究》中文。將七點出到公園一轉。上午補看昨日《光明日報》,看本天報。下午桂愉的同事劉君來與晞奕送薪金,與談。晚看電視放演《雙教子》《補鍋》《送糧》。今日下午風達七級。

十五日,起五點半,續看《歷史研究》中文。將七點,出到公園一轉。上午仍看《歷史研究》中的《平家疃的人民革命鬥争》。因查"疃"字的音，才想到此地我曾經去過；又從日記中查出去在三月十七日。看報。下午兩點，院中車來接，又接作銘及仲良，仲良到政協，我同作銘到新街口電影製片廠看内幕放演的我們此次到山西的製片，以後又放演我們擊沈□□①蔣幫輪的製片，後又放演不少"參考片"。歸坐□□□車②（因所中車往接仲良）。晚到人民大會堂看演話劇《電閃雷鳴》。歸十點餘，寢時十一點半已過。下午未作操。

十六日，起近六點。及上午看《世界知識》（22、23）。六點半後出到公園一轉。將午及下午看報。精神困倦。晚又看電視放演《霓虹燈下的哨兵》。

十七日，六點後起，補看昨日晚報。七點後出到公園一轉。上下午看報及《世界知識》，22看完，23看一部分。晚到所，過組織生活。今晚只討論發展王世民、劉金山、高天麟、任式楠入黨事。我到已晚，王、劉均討論畢，後僅討論高、任。畢，即散。歸至家，尚未九點。

十八日，將六點起。六點三刻出到公園一轉。上午到學部會議室開中心小組座談會，談《關於〈海瑞罷官〉的討論》。我本來也預備一點，但未發言。大家的發言比我想的似都深入。最後一王同志發言，開頭說他思想總是向從前的舊思想一方面偏，我也覺得是那樣。並且我同吳晗有相當的交情，對於他思想的分析，總向寬恕一方面偏，這也還得相當大的努力才能克服。歸十二點

---

①編者注：原於"沈"後空闕約二字。
②編者注：原於"車"前空闕二三字。

餘。下午及晚看報。續看《世界知識》(23)。

十九日,將六點起。續看《世界知識》(23)完畢。七點後出到公園一轉。出東小門,穿過田野,到東大橋路,向南歸。上午把《世界知識》(21)找出,看前未看完部分。九點出到王府井新華書店,想爲興惜訂《農業靠大寨精神》,買《王杰日記》《王杰的故事》《雷鋒日記》,僅買得《雷鋒日記》(想訂的我把名字説錯)。外購《1966年曆書》一本(0. 20),《銀箭紅心攀高峰》一本(0. 12),《儒林外史》一部(1. 35),《紅樓夢》一部(4. 50)。歸十二點。看《銀箭紅心》數頁。下午看何其芳寫的《論〈紅樓夢〉》(節要)及《儒林外史》的"前言"。看《參考消息》,他報未全看。晚看電視放演《像他那樣生活》的一部分。後學習《反對自由主義》。第七種以後我幾全犯(雖然對革命無功,因未擺老資格)!不自警惕,要"把一個共産黨員混同於一個普通的老百姓",那怎麼得了。

二十日,起將五點半。看《世界知識》(21)前未看完部分。六點半出到公園一轉。上下午除看報外,把《世界知識》(21)看完,又把《紅旗》(13)看完。看《科學報》(299)看完,300未看完。張廣立來,説明天下午讓作銘同我作山西參觀報告。晚把運城縣委書記葛宜生《關於運城縣生産和四清情況的簡要報告》看一遍。接荊三林信一封。

二十一日,起五點半過。上半天全是參見前在山西的日記,尋找可作報告的材料(除了看報)。下午一點後即出到所。至後王序告訴我説是兩點半開始(我去時認爲一點半開始),遂到工作室内翻閲《資治通鑑》數頁。四點後我接着作銘説我的感想

（因爲我的筆記太不完全，無法作真正的報告）。散未六點。晚看《艱苦奮鬥十六年》中一部分。〔接外文書店信一封，中國書店信一封，全人代會常委會辦公廳信一封。二十一日。①〕

二十二日，起六點已過。出到公園一轉。上午看《紅樓夢》一段。後感覺不對，把它收起。及下午看報。看見陳永貴到林縣條，説他看見林縣人打旱井，非常高興，要向他們學習。看出這次陳氏出外取經，從下丁家學會種樹及此次學打旱井，收穫不算小。又可見前進無止境。故步自封的人實在是鼠目寸光的人，非常可鄙。王杰寫警惕自己的話：“虛榮的人注視着自己的名字，光榮的人注視着祖國的事業。”寫得真好，常注視自己名字的人，實在是極渺小的人。接到荆三林寄來他所著的《中世紀鄭州歷史物質資料三種釋考》，看了一節。晚學習《青年運動的方向》和《五四運動》。是日上午曾往王府井大街新華書店，購《革命青春的贊歌（王杰的故事）》一本（0. 12）。又定《農業靠大寨精神圖片》，僅交郵告的費用三分。

二十三日，起六點一刻。出到公園一轉。上下午除看報外，翻閲荆三林稿而已。今日風達七八級，又接人代會常委會辦公廳信一封，提今晚的演劇改到明晚。晚學習《關心群衆生活，注意工作方法》。

二十四日，晨到公園一轉。上午到所。研究組開會，總結今年工作並給所方、組方提意見。中午歸。下午看報。四點出到外文書店，把俄文《馬列全集》第 37 卷取回，此爲《全集》最末一本。

---

① 編者注：此爲天頭文字。

晚到人民大會堂,看山東呂劇團演《沂河兩岸》。王伯洪送來通知說明日上午在學部會議室,開中心小組會,討論《海瑞罷官》問題。

　　二十五日,起出到公園一轉。上午又到所,正預備討論,澤敏同志來,説:"你怎麼在這兒,給你在學部開會的通知,你没接到麽?"我才想到是誤來所。澤敏説:"現在去,還不晚,叫所中車送你去。"出到門口,知子衡也來所,要同去。子衡來,説他未接到通知,非誤來,遂同往。到已八點三刻。我説了相當短的話。十二點散。同周□□①一同步行回來。下午看報。晚把《星星之火可以燎原》讀一遍。

　　二十六日,出到東小林作操即歸。九點後出到美術展覽館看收租院展覽。人很擁擠。内分六節,每節均有照片,但不全,有泥塑,泥塑很能傳神:苦痛、憤怒全是鬚眉畢現。又看照片展覽。至"嚴陣以待,來者即殲"展覽,不過進去轉一圈。歸到家尚未正午。下午看報。學習《中國革命戰争的戰略問題》的第一章和第二章。

　　二十七日,五點後起。續看《中國革命戰争的戰略問題》第三、四兩章。出到公園一轉。出北門,向西,轉南,由日壇路,歸。上午爲《現代漢語辭典》試用本提意見。下午看報。再讀《中國革命戰争的戰略問題》的第五章第一、二、三、四數節。今日上午缺作操一次。

　　二十八日,晨到公園一轉。上午到所,把所提意見托吕友荃封好送出,取回《世界知識》(24)、《考古》(12)各一本,中國書店服務科信一封。即回。及下午和晚,看報及《世界知識》,完畢。

---

①編者注:原於"周"後空闕約二字。

把《考古》也翻一下。晚讀《中國革命戰爭的戰略問題》的第五章第五節。

二十九日，晨到公園一轉。上午九點後出到王府井新華書店，由於上星期六看見謝國楨帶兩本關於研究《海瑞罷官》資料的書，我當時未抄兩本書名，也未問他在何處買，以爲到新華書店一問即可，可是他們全不知此二書！只好買《王杰日記》(0.20)一本，《艱苦創業的下丁家人》(0.25)一本。回後看《下丁家人》一節。及下午看報。五點後即吃一點東西，後到大華影院看演《勝利在望》。歸八點半。

三十日，晨到公園一轉。上午到所，開會討論《海瑞罷官》的編寫及吳晗同志的思想問題。中午回。下午看報，又看《中國農村的社會主義高潮》中的《誰説雞毛不能上天》及《莒南縣高家柳溝村青年團支部創辦記工學習班的經驗》。晚續看《下丁家人》中一節。讀《中國革命戰爭的戰略問題》的第五章第六節。

三十一日，將五點醒，在床上續看《下丁家人》數段。六點後，出到公園一轉。上午到所，開會，討論《蘇共領導是宣言和聲明的背叛者》。因下午尚有聯歡會，遂在所午餐。後看恩格斯的兩篇論説。一點半開聯歡會，我説了幾句話。三點半後散。回家看報(及晚)。晚把《艱苦創業的下丁家人》看完。又讀《中國革命戰爭的戰略問題》的第五章第七節。

一九六六年

一 月

　　一日，將三點即醒，五點後起，看《漢書·董仲舒傳》。上午出坐九路公共車，到金臺路。下車後，又向前走一二里，回，到齊家園下車，到百貨商店，給小江買銅筆帽二。到家約十一點。及下午看報。稚岐夫婦、糜岐及小昱來。外有晞奕的二同學，桂愉的同事來，我均不知他們的名。接語言所信一封。未作操。小江及小週隨糜岐去。晚小江回，小週住下。

　　二日，五點後起，讀《改造我們的學習》。六點半，出到公園一轉。出北門，向北，回向東，再向北，看朝鮮大使館的範圍。後向東，不能通，又轉西，轉南，轉東，到東大橋路。向南，歸。將九點韓爭送小週回。我又同韓爭、小江、小週出，到王府井及東安市場，買書送他們三個，我也買《北京農村人民公社工作經驗選編》

(0.54)《吕王巨變》(0.32)、《苦幹巧幹奪高産》(0.08)各一本。小江統計買書共用4.44。回，及下午看《苦幹巧幹奪高産》，完。看報。晚看《工作經驗選編》數段。學習《矛盾論》的第一、二兩節。

三日，四點後，在床上看《吕王巨變》數節。六點起。後出到公園一轉。上午看荆三林的文章。下午看報。把《吕王巨變》看完。

四日，六點後起。再翻《吕王巨變》。將七點出到公園一轉。上午學習《矛盾論》第三節的一部分。及下午看報。續讀《矛盾論》第三節（及晚），但有些地方未能全明白，又讀《蘇聯利益和人類利益的一致》及《中央社、掃蕩報、新民報三記者的談話》。

五日，五點後起。及上午再讀《矛盾論》的第三節，較有進步，但還需再讀。看報（及下午）。看《科學報》(299—302)。接人代常委辦公廳信一封。下午四點後風頗大，達五級。

六日，晨到公園一轉。上午看《科學報》(303—7)。看報（及下午）。翻閲《考古》(11—12)。晚到人民大會堂看粤劇演《山鄉風雲》。回到家已將十一點。上床時已過十二點。服眠爾同[①]一片。

七日，醒已五點餘，看鐘針不清，疑爲將三點，但未多時，室内已轉亮。七點餘，才起，因未出。上午看報。下午看畢。把《矛盾論》學習完畢，又學習《實踐論》。翻閲《惟物論與經驗批判論》的第二章第五節，内有些地方不了了。晚接到郭院長送來他所著

---

①編者注："眠爾同"，即"眠爾通"。

的《武威"王杖十簡"商兌》，看一過。早晨缺作操一次。

八日，晨到公園一轉。上午到所。研究組討論學習《毛選》及備戰問題。在所中吃午飯。後即回家。稍休息，看報（及晚）。報上載積水潭醫院開辦搶救燒傷科經驗。醫生説：我們説没經驗，多與病人相處，多觀察，不是漸漸就有經驗了麼？病人在我們前面，有很生動、很直接的材料供給給我們，我們如果能仔細觀察，看出變化的軌律，就漸漸可以利用這些軌律治療疾病麼？喂病人飯固然是護士的事，如果醫生自己喂，也從此觀察出病人消化力的變化及其軌律，對於治療也有裨益。這一段話很對我有啟發（撮大意記）。

九日，五點後，在床上看《艱苦奮鬥十六年》數節。七點許起，出到公園一轉。出北門向東，走到東大橋路，南轉回家。上午續看《奮鬥十六年》。看報。下午出坐公共車到老虎洞，下車。後步行到南環東路，再東行，到木樨園，坐 17 路車，到天橋，換 20 路車，到東單，換 9 路車歸。晚電視放演《青春紅似火》的前半。今日兆芸來，小波來。中午前聽廣播魏巍所寫的《飛機也怕民兵》。

十日，起已六點半。出到公園一轉。上午（及下午）把《艱苦奮鬥十六年》看完。餘事看報。把《整頓黨的作風》和《反對黨八股》讀一遍，但僅只讀，並未深思，實無大益。希望此後能改。晚與伯洪談，共給研究生出一考試專業題目，問從西周至戰國貨幣的變遷。

十一日，五點後起，想看看《漢書·藝文志》中所載關於農家的著作。從《補注》本，看見清代學者在唐人類書中摘出古書中關於古代傳説的資料，我原來並未搜集到，應該補作。並應細找，他們是否還有漏摘處。六點半出到公園一轉。上午到所。又到仲良家,看他的病。他雖出醫院多日,但仍不敢見涼氣,在此三九四九寒日,仍應保重。他又談及子衡也進醫院,大驚,何病人之多耶! 出,到郭家,見郭太太,問她子衡患病經過。她並説今天下午三點後,可容看病人。歸,午餐後看報。將四點,往協和看子衡病。他大燒已退(37℃),但咯嗽仍相當利害,還要養若干天。晚仍看報。接桂璋信一封。

十二日,晨將出,但霧很重,並有意味,遂不出。及上午把《銀箭紅心攀高峰》看完。看報。下午看《辯證惟物主義》中的數節。晚學習《在延安文藝坐談會上的講話》的"引言"和"結論"的一、二兩節。

十三日,晨到公園一轉。上午看《原始社會》中的數節。又讀《自然辯證法》內的《勞動在從猿到人轉變過程中的作用》節。及下午看報。下午稍睡(因夜睡不好)。理髮。晚把《在延安文藝坐談會上講話》學習完。前年談人性問題,大家遇見誰主張有人性,就要説他右傾,我當時不以爲然,而《毛選》不熟,無詞以辯。大家常引"在階級社會裏就是只有帶着階級性,而沒有什麼超階級的人性"。可是毛主席接着就説:"我們主張無産階級的人性,人民大衆的人性……"可見,毛主席也是主張有人性的,就是不能允許地主或資産階級把他們階級的人性冒充"惟一的人性"罷了。兆蔭同志送來星期六中心小組開會的通知。

十四日,晨出,總穿皮坎肩,覺涼,雖到公園,却未敢脱外套作操。出北門,從芳草地,到東大橋路,歸。上午看《世界知識》(1)。看報。下午將三點半,到學部,至四點半(原認爲四點),聽傳達中共答蘇共送來《對〈人民日報〉及〈紅旗〉所發表的〈駁蘇共新領導的所謂‘聯合行動’〉的抗議書》。六點後歸。晚把《世界知識》看完。僅上午作操一次。

　　十五日，晨到公園一轉。上午八點半後，往學部開中心小組會，仍討論《海瑞罷官》的寫作。中午回。下午看報。三點後出到所。把沁陽的玉簡找出，交給夏所長。夢家手中還有不少關於玉簡的材料，將整理後發表。此項簡書也要交所內保藏。見馬得志自西安歸。晚仍看報。何舉來，把我的內部購書證借去，擬給他父親購院中所出歷史教科書。僅早晨作操一次。

　　十六日，起已七點，風很大，因未出。早飯後，出，坐一路車東到建國路汽車起點站，下。向東仍有公路（無街牌，未知何名），因接着走。約五里餘，過一南北鐵路，再向東走二里餘，回到起點站，仍坐一路車歸。時風很大，達七級。下午看報。將六點吃晚飯。後同兆芸出到人民劇園看演《人歡馬叫》。常香玉演吳大娘，發音作工均極好。外演愛勤的魏雲嗓子很有前途。回到家約十點半。僅下午作操一次。

　　十七日，六點後起，桂愉已回到家一會兒。與談，因未出。上午到所，借來郭院長主編的《中國史稿》三本。與劉一曼談。後即歸，約十一點。及下午看報，翻閱《史稿》。晚仍繼續。僅下午作操一次。

　　十八日，五點半起，稍看一點昨天報。一點半後出到公園一轉。上午續看報。何舉來，把《中國史稿》後兩本帶走與他父親看（他將於卅日回京時帶回）。及下午看今天報。接電話說下午兩點在科學會堂有對訪大寨講演，囑我在家等所中車來接我去。一點後秉琦來，說要同去。王俊卿又帶來俄文《馬恩全集》

（38）一本,中國書店信一封。往到會堂,上午曾聽何舉説此會,以爲大家來説,乃只有王葆仁同志一人作關於山西參觀見聞的報告,相當完備,四點完。後放映《黄沙绿浪》電影。回到家,已六點半。晚飯後往與兆勳同志談,時學部張主任在座。回看《青年英雄的故事》中的"杜鳳瑞"節(杜係方城趙洼村人)。下午未作操。

十九日起將六點。出到公園一轉。上午看昨日報。十點後出到西里百貨商店買兩條手絹(0.96)。看本天報。午飯後,即與兆勳、作銘、仲良三同志同坐所中車,到民族文化宫,郭院長與哲學社會科學部諸同志舉行會見。後放映電影,除新聞紀録片外,有《雄鷄夜鳴》《競賽》《我們是同志》《新社員》,五點餘,散,回家。晚仍看報。學習《抗日時期的經濟問題和財政問題》和《開展根據地的減租、生産和擁政愛民運動》。下午未作操。接人代會常委會辦公廳送來除夕晚會票兩張。晚曾看《青年英雄的故事》中的"龍均爵""向秀麗"兩節。

二十日,起六點。下了一點雪,可惜不久又晴。因雪尚降,未出。看《青年英雄的故事》的"李勇"一節。上午到學部聽放周明山報告的録音。至過一點完。到所會餐後與黄石林談將來工作計劃:我要把主持編寫傳説時代史料索引的責任完全推他。回家已三點。看報。及晚,又讀《中國共産黨在民族戰争中的地位》。接到興華信一封,祝岐信一封。

二十一日,今日爲農曆春節。起六點。上午李遇春、張子明、龔瓊英、馬小春來。後黄石林、劉一曼、□□□①來。看報。下午

---

①編者注:原於"劉一曼"後空闕約三字。

看《青年英雄的故事》中的"丁佑君""安業民""邱少雲"三節。下午王伯洪、盧兆蔭兩同志來。聽和念《故事》中"西繞"節。晚續看《故事》中的"徐雙喜""蘇滿基"兩節。今天未作操。

二十二日，五點後在床上看《故事續編》中的"張英男""謝臣"節，但後節未完。將七點起，到公園一轉。上午續看"謝臣"節，完。魏銘經來。看電視放演《一百分不算滿分》。下午看《故事續編》的"龍代林、韓官學"節。三點後同桂愉夫婦及小江、小週到所，把他們介紹給所中同志，以便他們可以隨同志們往美術展覽館參觀收租院泥塑。我回，途中往看子衡病，談。回家已五點餘，糜岐領爭、波來，兆芸來。晚學習《中國革命和中國共產黨》的第一章的頭兩節。下午未作操。

二十三日，晨到公園一轉。上下午翻閱稻葉君山的《清朝全史》。顏闓同志來，錢臨照同志來。下午尚愛松同他的第三子（九歲）來。晚看報。學習《中國革命和中國共產黨》的第一章的第三節和第二章的頭兩節。

二十四日，晨到公園一轉。陰頗重。上午八點餘微雪。同季芳到魏銘經家一坐。返看報。下午睡一點餘。四點後出到尚愛松家談。晚學習《中國革命和中國共產黨》，但精神困倦，遂止，預備睡覺。

二十五日，晨到公園一轉。上午及下午看《楊談》的一部分。看報。晚學習《中國革命和中國共產黨》的第二章的第三、四兩節。接義詮信一封，人代會常委會辦公廳送來明日戲票一張。把秉琦的《關於仰韶文化的若干問題》再細看一遍，比上次看後明白的多，但仍須再細看。

二十六日，夜睡不好。近來覺得晚晌還是不能看書，一看書就不穩。此後要把學習《毛選》挪到白天。晨到公園一轉。上午到所，想找夏所長商量工作，但他未到所。僅與柱塵談。找劉一曼也不見。到工作室把艾思奇講的舊稿找出，又接到《新建設》一本，均帶回。及下午看報。六點吃晚飯，即到大會堂看演花燈戲《平凡的崗位》。回到家十一點已過。上午未作操。

二十七日，睡頗好。起七點已過。上午再到所，而作銘已出聽報告！囑王世民給他打電話，說我下午三點多鐘去看他。同柱塵小談。出到新華書店，要買《中國通史簡編》第三編。他説已出兩本，現只有上本，下本下午可來，遂買上本（1.65）。歸，及下午，看報。後把《中國革命和中國共產黨》學習完畢（下午王世民來電話説作銘有事，不在家，故未出）。後想學習《實踐論》，但看一段即止。晚李蔭棠來談。

二十八日，五點半起。六點後出到公園一轉。八點後出到所。在北屋看報等人。不久作銘同志來所。與談我想把編索引工作卸給黃石林及我想到河南虞城、濮陽等處考查，希望能給我一個認識陶片的助手二事。他對於前事無意見，對後事説現在同志大部往搞四清工作，還須商量斟酌。出到王府井新華書店買《中國通史簡編》三編的二分冊（1.55）。出到商亭買半斤柿餅（0.22）。歸，及下午看報，並翻閱《簡編》三編，感覺二事：1.覺尚愛松批評《簡編》三編爲論多於史不合實事；2.范老工作材料豐富，吐蕃部用到不少藏文材料，方向正確，並極不易。學習《實踐論》畢。上午石林來辭行，説明天下午即啟行。下午成哲來。接桂珍信一封。下午睡一點多鐘。

　　二十九日，五點半起。六點後出到公園一轉。八點後出到所。研究組討論北京市委號召和上海市委亦號召學習毛主席著作。後即回。及下午，看報。後與桂愉談。説桂愉回大連，作社教工作。看《新人新作選》的《鐵臂姑娘》《急行軍》《毛主席、劉主席暢游十三陵水庫》。接中國書店信一封。

　　三十日，五點後在床上看《新人新作選》中的《速寫》各篇。起七點已過，未出。上午出走到建國路（未至郎家園時，曾離公路向過鐵路軌），乘一路電車歸。看報。下午將三點出到永定門外木樨園（皆乘公共車），向西走，想看南環路於何處北轉，可是西段似尚未開始修。我向南又轉向西探，進入煤炭批發公司內。轉多時，才出公司界。後無準路，我由小路向西北走，頗遠，才到馬家堡路，順着走，進陶然亭豁子。順太平街，走到虎坊路，才坐公共車，進前門，換車歸。晚何爵自蘭州昨回京，來。全日未作操。接樂夫信一紙。

　　三十一日，起六點，出到公園一轉。上午看《中國史稿》商代部分。及下午看報。後看《開州（今濮陽）志》。學習《愚公移山》。寫信一封給張文濤，問李季和的住址，以便托他打聽“玉簡”的出土地方。出去買一塊錢的郵票，並把信發走。

二　月

　　一日，三點餘醒，四點餘起。看《宋史·張詠傳》。又看《新人新作選》中的《車從深圳來》和《三戰三捷》，均極好，尤以後者意義更爲深長。六點三刻出到公園一轉。上午看《中國史稿》

（四），及下午看報。再看《史稿》。晚又看《新作選》的《紅旗漫卷長空》。

二日，起六點半後將出，但霧頗大，且有氣味，遂不出。再看《新作選》的……①全天高層黃塵蔽天，但下層却無略大的風。下午三四點鐘，塵漸落，風漸大。全日看《史稿》（四）。外看報時把田漢所寫的《謝瑤②環》看一遍。他翻案頌揚武則天過分際，却忘了這樣頌揚，即麻痹群衆的革命性——因爲他們要有這樣的統治階級就好了。他這一著作，頗像舊日傳奇。不過雲松説他借古諷今，暗中有所指斥，我看也未必然。晚看電視放映話劇《初升的太陽》的一部分。學習《爲人民服務》。

三日，三點後即醒。五點即起。看《通史簡編》。七點後出。到公園一轉。上午仍看《簡編》。及下午看報（至午始送來）。晚飯時鍾玲來，他受雲甫囑來看我。後鴻庵夫婦及叔湘夫婦來談。張廣立把"全國儀器儀表新産品展覽會"票兩張（帶説明）和人代會常委會辦公廳信（明晚劇票）交來。曾看《隋史》的《劉焯、劉炫傳》。下午看報後，學習《論持久戰》（1—25）。

四日，晨到公園一轉。上午到所。澤敏同志説今天晚晌是看文件，你可以自己看，不必來；文件是毛主席講的十大關係。我説文件未必能找出來，她答《中共文件》中有。我請她找出來，我看一遍。因毛主席不喜歡片面性，他的教訓總使人不要起一勞永逸的想法；照顧的面很多，我看罷還不能得很清楚的概念。歸，及下午看報。小睡片時，看蕭華同志所講的《高舉毛澤東思想偉大紅

①編者注：原於"的"後空闕數字。
②編者注："瑤"，原誤作"瑞"。

旗，堅決執行突出政治的五項原則》。續學習《論持久戰》(26—33)。晚到人民大會堂聽演話劇《初升的太陽》。回到家十點二十分鐘。今日僅早晨作操一次。領到月薪。

五日，五點半後起。補寫昨日未完的日記。在《中國共產黨簡要歷史》中查古田會議的經過，並在《關於糾正黨內的錯誤思想》中學習"關於單純軍事觀點"節。將七點出到公園一轉。上午到所討論蕭華的文章和《解放軍報》的《永遠突出政治》。討論中聽說徐苹方等發現元大都二遺址：一爲闊人的居宅，一爲貧人的住室。闊人居室遺物多，照了幾十張象，貧人住室無多遺物，僅照象一張。談次，我們覺得遺物多，多照幾張也可以，可是對貧人住房未引起工作人注意，僅照象一片，報告中僅提一句，實犯見物不見人的錯誤，忽視勞動人民實爲推動歷史動力的毛主席教導，但這不是徐苹方一人的錯誤，就是我們從前也有同樣的錯誤看法。這是一個很大的問題，需要多人仔細想想，多作幾篇文章討論討論才好。回及下午及晚看報，並看《中國封建社會的佃農有什麼樣的人身自由》(《歷史研究》6)一文。作者是要駁胡如雷主張中國當日佃農比歐洲中世紀農奴有較多的自由的說法。他說"土地買賣"在"明清時代比較盛行"，他的意思是說此前並未通行。此點很重要，可是他並未舉出證據。我覺得此問題應該詳細討論是一件事，但我讀完此文甚覺失望。交近三月工會費。接到在山西時照像五張，洗片費 1.25，今日交去。

六日，五點起，翻閱《通史簡編》，未出。上午往介眉，同他一塊訪雲甫，談至十一點半出歸。及下午看報。晚到人民大會堂，看演歌劇《急浪丹心》。回到家，十點二十分。接雲甫信一封（是在見面前寫的）。僅下午作操一次。

七日，五點後起，看《再論不要美化封建反動文人》（未完，晚才把它看完）。七點後出到公園一轉。九點半後出到豫王墳澡堂，他們説十一點才開門。我因鐘點不便，遂進城到寶泉堂洗澡。歸十二點。及下午看報。上午缺操一次。下午學習《放下包袱，開動機器》（係《學習與時局》中的一段）。

八日，將六點起，出到公園一轉。上午到所。黨員開會傳達康生同志對於社會科學學部向農村服務計劃的批示，並略加討論。散後把《虞城縣志》《中國史稿》及向院圖書館的借書證交給圖書室。歸，及下午看報。沁縣縣委的口號"革命先革自己命，革命首先靠自覺"，極好，使我感受很深。晚學習《反對本本主義》，未完。圖書室給我一部《毛澤東著作專題摘録》兩本，價五元。説這是内部材料，本所僅有夏、牛二所長和我的三本，不能外傳。

九日，晨到公園一轉。七點後即出，到所八點半。黨中集體學習，看一月十六日社論《哲學工作者，打起背包，到工農兵群衆中去》和是日報所載陳金元、陳洪斌、周明山、樊明山所作有關哲學思想的文章，又學習《反對本本主義》（續完）、《反對自由主義》、《〈農村調查〉序言》、《紀念白求恩》、《爲人民服務》諸文。回，及下午看報。接天增信一封，接人代會常委辦公廳寄來 11 晚劇票一張。

十日，晨到公園一轉。七點後到所。八點半仍集體學習。談。有二三同志已經把文件看完，我僅看一部分。工間操後，學習《在延安文藝座談會上的講話》的"引論"和"結論"的 1、2、5 三節,未完。已十二點,出到全聚德,爲譯學館丁級同學聚餐。到簡齋、伯符、介眉、伯陶和我,外有劉毓□①,以北大同學加入。子年、新吾皆未到;雲甫也未到(約因風大)。每人費 2.31。歸已兩點餘。看報(及晚)。晚把《座談會上的講話》讀完,又把《全黨團結起來,爲實現黨的任務而鬥爭》和《在中國共產黨全國宣傳工作會議上的講話》略看一遍。

十一日,四點後即起。把《改造我們的學習》《整頓黨的作風》《對晉綏日報編輯人員的談話》匆匆讀完,又把《文藝座談會上的講話》"結論"的 3、4 兩節讀過。餘《湖南農民運動考察報告》及《放下包袱,開動機器》兩篇未讀,前者因大致還記得,後者因七日剛讀過。時已七點餘,因未出。上午到所集體漫談學過各篇的感想。午間回。及下午看報。晚再到所,參加組織活動。張岱海的愛人從家鄉來看他,被煤氣熏喪命。今天討論怎麼處理。九點與張廣立先出,旋即散會,到家已將十點。僅下午作操一次。

十二日,晨到公園一轉。上午到所,研究組坐談學習感想。午間歸。餐後又到所。黨員集談機關應如何進行改革。五點餘散,即歸。及晚看報,未完。上午與作銘再談到河南考古事,他仍答再商議。

十三日,五點半後起。整理報紙。翻閱《科學報》(315)。因霧大,未出。看高天麟的入黨請願書。九點半後出,坐各路公共車,到紅廟。步行過小村,到呼家樓,坐 9 路汽車歸。及下午看報。三點後,同季芳、小週出到學部招待所訪鴻庵,談至六點餘,

①編者注:原於"毓"後空闕一字。

歸。晚兆芸來,給她談介紹對象事,她願意見面。未作操。

十四日,以爲起時近六點,實在是近七點,因未出。八點後到所。黨組仍座談機關改革事宜。午間歸。及下午看報。晚仍看報。學習《論持久戰》(51—58)。

十五日,五點餘起。疑《前赤壁賦》中的"月出於東山之上,徘徊於斗牛之間",是否與"壬戌之秋,七月既望"的天象相合,因用沈懋德的《星宿圖》查,大致不誤。將出,時已快七點,因未出,僅到室外作操。將八點出到所,繼續昨日討論機關改革事宜。正午後回。下午看報。學習《論持久戰》(59—71)。晚翻閱徐仲舒的《鳳氏編鐘圖釋》。接中國書店信一封,人代會常委辦公廳信一封(明晚劇票)。上午曾看《紅旗》(2)中的《工農兵群衆掌握理論的時代開始了》《運用〈實踐論〉總結民間測天經驗》兩篇。

十六日,晨未出,僅在室外作操。上午與作銘、顏闓同車到民族學院聽關於焦裕禄事蹟的錄音報告。音錄得不好,聽不清楚,偶聽到幾句,又全是報上已有的,未能得新知識。午間回家吃飯。兩點後,又到所,繼續討論給學部及所領導提意見。晚到大會堂,看演話劇《邊哨風雲》。回到家,約十點半。僅作操一次。

十七日,晨到公園一轉。上午到所,繼續向學部及所方提意見。午間回。下午小睡,看報。晚在電視中聽王鐵人作工作報告。畢看晚報。學習《論持久戰》(72—77)。

十八日,晨未出,僅在室外作操。八點許出到所,仍繼續向學部及所方提意見。午間回。下午看報。晚繼續學習《論持久戰》(78—84)。接一通知,讓明日上午十點參加對於陳叔通副委員長的公祭。

　　十九日，晨出到公園一轉（五點後在床上看《和英國記者貝特蘭的談話》中數段，起查考其地理）。僅晨作操一次。八點半所中車來，後與作銘同乘到所。時尚早，看《中央文件》，二件未全完，即去。到中山公園中山堂，公祭畢，靈往八寶山，我們各歸。及下午看報。作銘對我說下午兩點學部有傳達報告（也許我聽錯，實在是四點），所以一點半即出到學部。兩點是歷史所開節約會，我一跟着聽。四點後是傳達中共中央答覆波蘭受蘇修的命令，約我們參加他們召集的"援助越南的聯合行動"的文件。來往均步行。及晚再看報。學習《論持久戰》（85—90）。

　　二十日，今日雨雪，中午後止，晚又微落。晨翻閱晞奕給我借來的中學歷史教科書。十點前後雪不大，出走到大北窰，並南拐一小段。回，及下午看報。把無產階級革命事業接班人的五個條件抄到本上以便記憶。晚學習《論持久戰》（91—96）。

　　二十一日，夜雪繼續下。日間也時下。全日除看報外，僅翻閱歷史教科書，晚學習《論持久戰》（97—104）。將六點出走到東大橋路南口。未作操。

　　二十二日，黎明時温度頗低。將六點起，六點半後出到公園一轉（晴），因遍地皆雪，未作操。上午檢查書架。翻閱《古詩源》。及下午看報。學習《論持久戰》（105—120），完此遍學習。五點半出，順建外大街向西走到方巾巷口，歸。晚看電視放演越南歌舞團演的歌舞一會兒。全日未作操。

　　二十三日，晨到公園一轉，仍未作操。上午出到所。與二研究生一談。回，取《科學報》一份（316），看完。翻閱《通史簡編》數節。及下午看報。五點半出東走到東大橋路南口。晚學習

《論反對日本帝國主義的策略》。仍全日未作操。

二十四日，晨到公園一轉，未作操。上午將八點，出到所，討論及提意見會又展延一星期。午間回。下午及晚看報。兩點半後，出到蟾宮影院，聽陳副總理去年在記者招待會上談話的錄音電影。五點半後回到家。晚讀《關於糾正黨內的錯誤思想》（僅讀一遍）。僅上午作一次操。

二十五日，起已六點餘，因未出。將八點出到所。開會，念幾篇關於突出政治的文件。午間歸。下午看報。今日雪融化得很多，路多泥濘，晚遂未往參加組織生活。在家把《關於糾正黨內的錯誤思想》學習一遍。今天僅早晨未作操。

二十六日，五點半起。翻閱《我們的經濟政策》《怎麼分析農村階級》等篇。六點半出到公園一轉。雪已化，又開始作操。上午到所開小組會，討論下鄉問題。午間歸。購月票。下午看報。晚學習《惟心歷史觀的破産》。又看電視劇《焦裕祿》。昨晚九點餘就寢，已睡着，他們又帶來劉金山信一封。

二十七日，晨到公園一轉。全日精神不振。上下午看報，也嫌麻胡。下午出，坐一路車，到建國路站下，又向東走至鐵路綫，本想看看麥苗，但沿路不多見。遠望有青苗，近看有些不是，有些我認不清楚。一點出，回將四點。出汗不少，覺着有點累。午間兆芸來。九點後即睡。

二十八日，四點半即起。及上午再細看《關於仰韶文化的若干問題》，未全完。六點半後，出到公園一轉。上星期説開會提意見，展延一星期，我以爲上星期已完，故未往所。下午正在看報，所中來電話催往開會，遂前往，到時三點已過。仍提意見。五點半會散時,問作銘,他説延期是上星期四開始,故近數日仍開會。晚仍看報。下午缺作操一次。取回《考古》(2),尚未看。

三 月

一日,起將五點,匆匆把《關於仰韶文化的若干問題》看完。六點半後到公園一轉。上午到所,仍提意見。午間歸。下午看報。晚學習《爲什麽要討論白皮書?》《友誼,還是侵略?》。

二日,五點半前起,看《後漢書·黃瓊傳》(有人對我説毛主席勸高級幹部讀《黃瓊傳》和《李固傳》)。六點四十分出到公園一轉。上午到所,繼續開提意見會。午間回。下午看報。一點半所中車來接我和作銘到吉祥劇院,聽王道明的録音報告。聲音尚好,主講人口才也好,主題是他用學毛主席思想作部隊思想的體會。但余聽不聰,僅能懂 30/100。將六點,林壽晋同志暈倒(他有此老病)。作銘命所中車把他送回。約六點一刻,報告完,出,本擬步行歸,但有人説,林同志在車中坐等我們。作銘決步行歸,我也往坐電車,換汽公共車歸。(有一六點紅星的電影票,因已晚不往。)晚續看報,仍未完。上午曾看《紅旗》(3)中的《不愛紅妝愛武裝》《思想不斷革命,技術不斷革命》。後一篇未看完。下午缺作操一次。

三日,四點半即起,補看昨日報。六點半後,出到公園一轉。上午看《新人新作選》(三)中數節。及下午看報。晚學習《論聯合政府》的一、二兩節。三節僅完第一段。接人代會常委辦公廳信一封,送來明晚劇票和農展館票各一張。

　　四日,晨到公園一轉。上午把《思想不斷革命,技術不斷革命》看完,又看《從不願當幹部到決心幹一輩子革命》,看完。出到所,問柱臣明日上午討論何問題,他也還不知道! 問尚謙今晚何討論,他説討論張岱海問題。歸,及下午看報。晚到所時已略晚。九點後歸。

　　五日,晨起,看《中國青年》(　　)①内文數篇,未出。上午到所。前兩星期在黨員中所談問題,要在全體同志討論一星期(分組)。我仍在研究組中談。把從前所寫《謚字同源説》四本(抽印)分贈今天開會的子衡、伯浄、柱臣、夢家。我又借夢家的《文物》一本,歸。從十一點即大雪紛飛。午間冒雪歸。下午看報,五點餘雪降略小,出掃樓前路間雪。及晚看《文物》所載《侯馬東周遺址發現晉國朱書文字》和《侯馬盟書試探》。其中餘文也略翻翻。僅上午作操一次。

　　六日,六點起,洗臉後到院中掃雪。夜間雪落不多,現已停止。上午走到大公路旁看見路不好走,即歸,到九樓前,看雪掃的情況,即歸。看《世界知識》(4)中文數篇。及下午,看報。三點餘到九樓2單元1號開選舉小組會,僅選舉二小組長,即散。又出,到院外公路旁,已見泥濘很多,公路上無人收拾,即歸。看《後漢書》的《黄瓊傳》和《李固傳》,未能明白毛主席勸高級幹部讀的意義。晚學習《論聯合政府》中三節中"中國問題的關鍵""走着曲折道路的歷史""人民戰爭"三段。未作操。

　　七日,四點半鐘起,看《讀通鑑論》,有新體會。六點半出到

————————

①編者注:原稿括號内空闕。

公園一轉。上午出到所。今日因爲學部又布置黨員（非全體）於星期一、三、五，對一文件學習兩星期，共六次，讓別種學習讓路，故原定的學習暫停。文件極密，係由黨中五人小組會制定。午間返時，路間多泥。及下午看報，學習《論聯合政府》中自"兩個戰場"至"兩個前途"九段。晚看《三國志》中《王粲傳》中（至衛覬）諸人事蹟。全日未作操。

八日，晨到公園一轉。上午以爲今天有學習，到所。問柱臣，無有，明日下午才有。歸。翻閱幾篇《讀通鑑論》。及下午看報。學習《論聯合政府》中"我們的一般綱領"和"我們的具體綱領"中的前數段。晚翻閱《新人新作選》（三）的數段。僅下午作操一次。

九日，五點起翻閱《三國志·蜀志》中的傳記。六點四十分出到公園一轉。上午到所，繼續討論文件。午飯在飯廳吃。從半點到兩點半，在工作室翻閱《資治通鑑》後梁部分。兩點半後研究組開會，繼續討論學習毛主席著作問題。五點半後散，托劉玉代購《安第斯山風暴》劇票。歸。及晚看報，未完。上午缺作操一次。接荊三林信一封。晨出時大霧。

十日，晨到公園一轉。有很大的霧。今日補看昨天的報和看本天的報。看《新人新作選》（一）數篇。晚繼續看報。學習《論聯合政府》中的"我們的具體綱領"數段，仍未完。

十一日，未到三點即醒，但起已六點。過四十分，出，有霧，但比前日略薄。到公園一轉。上午到所。繼續討論文件，我未發一言。午間歸。下午看報。看《新人新作選》（一）數篇。學習《論聯合政府》中"我們的具體綱領"，此部分完。晚看報。

十二日，晨到公園一轉。上午到所，仍討論學習毛主席著作問題。午前歸時，步行到王府井外文書店，問俄文《世界歷史》第十本（前聽說已來）是否已來，答言未來。出仍步行到東長安街上公共車，時天氣很熱，脫去外套，仍大汗淋漓。下午看報。《安第斯山風暴》已演末場，票未購到。接語言所信一封，囑不要把《現代漢語詞典》外傳。

十三日，五點後，在床上看《新人新作選》中兩篇。六點起，將七點，出到公園一轉。今天除看報外，積極學習照象，下午曾往王府井大街購膠卷兩卷。也再看《新作選》中數篇。晚七點在對門呂家開會，介紹選舉候選人略歷。下午缺作操一次。

十四日，晨到公園一轉。上午到所。研究組開會，討論如何打破框框問題。午間歸。下午睡覺頗久。後看荊三林寫的文章（及晚）。晚就寢時，十一點已過，服安眠藥一片。

十五日，晨到公園一轉。全日看荊三林的文章（除看報外），仍未完。下午四點後介眉夫婦來，他們送來兩個椰子，皮很難剝，我同介眉合力剝，未小心，打破一個茶杯，但終剝開。接人代會常委會辦公廳送來明晚晚會票一張。

十六日，晨到公園一轉。上午到所。黨組開會討論突出政治問題，並安陽工作同人討論將來工作。中午在飯廳吃飯。後休息。兩點半研究組開會。亦耕亦研，已擬出簡章，交來討論。五點半散會，歸。晚到大會堂看劇。秩序單排五出小劇：《李大爹學文化》《兩個老社員》《支前》（三皆雲南花燈戲），《幫親人》《她不走了》（二皆川劇）。第二出未演。演過第四，劇場休息，我因困倦即出歸。未十點到家。

十七日，晨氣象預報，有七級大風。到公園一轉。上下午全是補看昨日的報和看本日的報。想今晚到農業展覽館看展覽，可是他們的請柬，怎麼也找不出來（前幾天看罷，記放到抽屜裏）！心中甚覺不快。晚再學習《改造我們的學習》。至晚將十點，並無大風，天陰沈。

十八日，兩點半鐘醒時，聽見門窗振振有聲，大風起了。六七級的風颳一天，晚才略住。六點起，六點三刻出到公園一轉。上午到所。我去時總以爲今天是星期六，到後見會中同志才想到錯誤。今天是此次突出政治討論的最末一次，討論如何①會後如何進行。十一點後散，回家。及下午看報。下午劉滿進來。晚再學習《青年運動的方向》。未往參加組織生活。

十九日，將五點起，學習《反對自由主義》和《國共合作成立後的迫切任務》。六點半後出到公園一轉。到內壇時，遇見唐官莊八嫂的外孫王秀柏。他上蘭州鐵道學院，現在要到長春實習，過北京來看我們。遂同回家。我早飯後回到所。接關祥信一封。研究組開會，仍討論亦耕亦研簡章，上午未討論完，遂在飯廳吃飯。後少休息，因研究室未生火，室內僅十度，未能睡。兩點半繼續討論。四點後散。歸。及晚看報，未完。

二十日，起已七點。因未出，在窗外作操。上下午看昨日及今日報。十二點，提早吃飯。後即出到前門大街，爲小江買一瓶苓貝梨膏（2.08）。後即到廣和劇院，看話劇《初升的太陽》，劇編的、演的都很好。回到家，剛五點，及晚，仍看報。

---

①編者注：“如何”，疑衍。

二十一日，五點起。補看昨日報。七點出到公園一轉。上午出理髮，歸，及下午看報。把荆三林的文章草草看完。晚學習《上海太原失陷以後抗日戰爭的形勢和任務》。

二十二日，晨到公園一轉。上午給荆三林寫回信一封。及下午看報。下午一點出，想把荆三林的稿子寄還給他，可是郵政代辦處兩點半才開門，回。到三點後再往，才寄出。四點餘地震，門窗振振有聲。季芳說前尚有微震，我未覺到。晚學部電話來，說夜間仍有震，讓大家小心。後又說在九點前後。我們遂下樓，在侯家休息（因為他們家兩邊有門，出入容易），到十點半，我回就寢，未敢脫衣。季芳在侯家，次早始歸。室中溫度低至十二度。接人代常委辦公廳送來明晚劇票。

二十三日，將三點醒，睡不合適，起叠被窩，脫外衣，就寢。起六點餘。七點出到公園一轉。上下午看報。後看二研究生所作文字，未完。答復北大來問達三社交情況（疑有人說他的閑語）。

二十四日，六點後起，未七點出到公園一轉。上午到所。把達三的社交情況書交給林澤敏同志（原由她把問信交來）。研交組開會，討論對亦農亦研辦法的統一認識。午間歸。下午看報。三點半出到人民文化宮，看李素文學習毛選服務展覽。畢，到文化室一觀。內有多桌下象棋或圍棋的。回到家，六點已過。晚續看報。在文化宮購麥賢德圖片一套兩張（1.00）。

二十五日，晨到公園一轉。上午到所。研究組開會，討論我黨中央答復蘇黨中央拒絕出席他們的 23 次代表大會事。午間回，及下午僅看報。將晚，同季芳談。她談及我錯買地想當地主，這個錯誤我不否認，但錯誤不在此事自身，是由於不走革命道路，即無他路,不得不然。她聽我的話,大怒,忿然出去。她每次談及此事,即異常憤慨,我覺得很奇怪,疑有他故。(由於我不記得她當日曾經絲毫疑義,所以特別覺得奇怪)。

二十六日,四點半起,看兩篇《新人新作選》(三)。六點三刻出到公園一轉。上午到所。研究組開會,討論如何把提高—服務—提高的公式改爲服務—提高—服務的公式和把論文—研究—論文的公式改爲實踐—認識—實踐公式的問題。催作銘盡速決定我到河南作調查的問題,但他仍未能決定! 回。及下午看報,未完。一點後午睡,起時已將三點。晚學習《一個極其重要的政策》《第二次世界大戰的轉折點》《祝十月革命二十五周年》。

二十七日,五點起。看《世界知識》(6)中文數篇。將七點,出到公園一轉。出北門,向東走到東大橋路。向南,走到光華路,向西又向南。後轉到秀水南街。穿東小林,歸。九點又出,走九路車,到東環路。下車,走到二閘。下公路,順運河東走,到八王墳公路,向北,到建國路,上一路車,歸。及下午,看報,午睡一點餘,起已三點。晚學習《在陝甘寧邊區參議會的演說》。給小江講《提前量》的前一部份。上午缺作操一次。

二十八日,晨到公園一轉。上午到所。研究組開會,討論本所應該破什麼的問題。午間回。及下午看報。下午仍午睡一時。後因報上談及農民起義問題,談到梅兔、百政、陳碩真三個名字,看原文上文,似乎前兩個是漢文景時候起義農民的名字,後一是唐貞觀年間起義的名字,可是我對此三名一點影子也沒有! 遍尋《史記》《漢書》文景二帝紀,毫無所得。四點後,原女師大學生劉師儀來談(她現六十七歲,已退休,住趙登禹路180號)。碧書午間也來,她的胃裏有生瘤子的嫌疑。晚學習《〈農村調查〉的序言和跋》。又給小江講完《提前量》。王伯洪送票來,説明天上午八點半在友誼賓館有時事報告會,囑往聽。

二十九日,六點起,未出,僅在窗外作操。將七點,所中車來。上車到友誼賓館,聽王炳南同志作時事報告會。完時將一點。説得很生動,但我仍只能聽到百分之七八十。回。下午看報。六點晚飯。後往紅星,看演《巧用千金水》《泥石流》《鋼鐵戰士麥賢得》電影。回到家已將十點。上午未作操。

三十日,晨未出,僅在窗外作操。上午到所。接到《紅旗》(4)和《科學報》(322)。看《紅旗》中文。劉一曼來談她想出外參觀些考古資料(爲她寫論文作預備,由於有些資料或未發表報告,或雖發表而不完備),我答應同王伯洪商量辦法。後遂與伯洪談。十一點將半,歸。途過王府井時,下車買一牙刷。到家及下午看報。晚學習《被敵人反對是好事而不是壞事》。買下月月票。

三十一日,晨到公園一轉。上午到所。開大會討論突出政治問題。我未發言。中午在飯廳吃飯。下午隨便看點《資治通鑑》。兩點半後回家。今日圖書室同事[1]替我買到《歐陽海之歌》。看了兩章。看報,未完。晚學習《〈共産黨人〉發刊詞》。後半未細讀,當再學習。

四 月

一日,晨到公園一轉。上午到所。繼續開大會討論突出政治

---

[1]編者注:"事",原誤作"室"。

問題。我未發言。午後兩點半,續開。我發些言。六點散,回。晚看報,未完。

二日,四點半起。看《歐陽海之歌》。六點半後,出到公園一轉。毛桃盛開。上午到所。研究組開會,仍討論突出政治問題。午間歸。下午看報。及晚續看《歐陽海之歌》,共看四章。

三日,六點起,收拾屋子,未出。上午看報。十點後,同季芳出往投選舉票。又同到花廠,她買一盆花(0.40),歸。下午仍看報。三點後出,到公園。出東小門,穿新開地,到東大橋路。南行至光華路,轉向東,至東環路。坐9路公共車歸。及晚看《歐陽海之歌》(7—□①)。今天未作操。

四日,五點半起。看《歐陽海之歌》。及上下午勉强看完。六點三刻後,出到公園一轉。上下午看報。晚張廣立來送本月薪水。盧兆蔭來,傳達今日下午劉導生和關山甫的檢查資料。並說明早八點所内開會討論所傳達。

五日,晨起,未出,僅在窗前作操。七點半即出到所。討論學部同②的檢討資料。午間歸。下午小睡。起三點。後看報。晚學習《實踐論》。上午缺操一次。

六日,今日上午微雨。晨仍到公園一轉。上午把《實踐論》的未全明白部分再學習一遍。及下午看報,並學習《矛盾論》,還不全了了,應再學習。晚才對付把《矛盾論》讀完。兆蔭同志來,說明早八點半開會,並送明天中午電影票一張。上午缺作操一次。前寄張文濤信,無人收,返回來。改信皮上名爲張清漣,再寄

---

①編者注:原稿此處空闕。
②編者注:此處疑有脱字。

出去。

七日，起，五點半，學習《爲人民服務》，晚再學習，並學習《愚公移山》。此後當遵大慶人"三篇開竅，兩論起家"的辦法學習，外學習《語錄》和《選讀甲種本》中幾篇以省目力，或能稍多有所得。出到公園一轉。上午到所。研究組學習昨日《人民日報》的《一論突出政治》和《解放軍報》的《關鍵在於黨的領導》，並討論。午飯後到蟾宮看演《城市防宮》的電影（分打飛機、消防、急救三部分）。出，回家。韓里來談（他新自景縣作四清工作歸），訪那邊政治近若干年很落後。看報及晚。韓里往看《初升的太陽》話劇。

八日，起五點半後。學習《紀念白求恩》。出到公園一轉。上午及下午看報。九點後出到王府井大街，購《宋元數學史論文集》一冊（1.80），酵母片一瓶（0.65?），大黃數片（0.03），米花糖半斤（0.45）。歸，十一點半已過。下午及晚曾翻閱《宋元數學史論文集》。兩點出到歷史所禮堂，聽關山甫對於突出政治的報告。出時，鴻庵送我直到日壇路南口，談吳晗、田漢等的犯錯誤事。

九日，起五點半，看昨天的報。六點三刻後，出到公園一轉。上午到所。黨小組開會，傳達此後突出政治學習辦法。午間回家。下午小睡。看報，未完。晚看電視《紅色郵路》。上午缺作操一次。

十日，晨未出，只在窗外作操。上午同季芳到天安門廣場謁碑，各方面獻花圈很多。後季芳往看小宇，余獨歸。及下午看報。小睡。韓爭來。給他同小江講《拉虎部長》。睡頗倦，九點即就寝。上下午均未作操。

十一日，晨到公園一轉。上午開始按照規定作每日學習毛主席著作一點鐘的辦法：學習《毛主席關於突出政治的言論（摘錄）》。及下午看報。再學習《關心群衆生活，注意工作方法》《論反對日本帝國主義的策略》。晚讀《中國革命戰爭的戰略問題》的第一章前三節。接文濤回信説李季和已去世，他又轉寄劉孟真。

十二日，晨到公園一轉。上午仍學習《毛主席關於突出政治的言論》，大部分時間，用於找“摘録”的原文或上下通讀，但有二段未能找出（由於所標的頁數是第二版的，我所有的《選集》是第一版的）。及下午睡，看報，並整理所有馬恩列斯毛和普列漢諾夫的大字本的次序（按時間前後）。下午五點後出買紅蘭鉛筆各一支。

十三日，晨到公園一轉。上午仍學習《毛主席關於突出政治的言論》，把未找出的二段也找出來，並把《在延安文藝坐談會上的講話》重讀一遍。九點餘出到王府井大街，把壞腿的眼鏡送到眼鏡店收拾。回，及下午看報。顯廷和碧書來，我也陪他們談一會兒。晚仍看報。接税岐信一封。

十四日，晨到公園一轉。出時見六樓後空場，有十數男女正在伏地學打槍；公園中有不少男女練習投彈，備戰空氣相當濃厚。上下午看《馬克思主義經典作家論歷史人物評價問題》，完。看報。下午小睡，三點起，知曾落微雨。五點少吃一點東西，即出往蟾宮影院，看演《敢教日月換新天》。去時風已不小，回時更大，或至七八級，有時無法前進！到家將八點。接錫昌信一封。下午天昏黄，後才起風。

十五日，一夜大風，上午仍未降小，下午才小一些，仍有五六級。晚報説："一般是七級左右的西北風，有時還突然颳一陣十級左右風（在黄土高原上，出現這樣的强風是近年少見的）。"終日未出，僅下午五點，出到窗前作操一次。全日除看報外，僅學習《反對本本主義》，翻閲《中國革命戰争的戰略問題》的一部分，對於毛主席五次反圍剿的總結真是佩服無地。晚風停，預報明早有霜凍，最低温度零下一度。今日未開窗，室内仍有十四五度，可是覺寒，冬衣又全上身。

十六日，將三點即醒。在床上看《新人新作選》（2）中的《老獵人的見證》，疑惑這是一篇報告文學，未必子虚。由此引起我再游新疆，參觀塔里木河附近新闢農場的興趣。又看《時間》，寫得很好，但技術方面，或有可修正的地方。晨出到公園一轉，未見有降霜的痕跡。上午到所。研究組開會，討論作四清工作，何人應往的問題。大家談及今日《北京日報》批判鄧拓《燕山夜話①》及《三家村札記》中的思想，我買該報一張，約略看一過，覺前書無問題，鄧拓僅著此書，批評人似神經過敏。晚細看此報，才看出後書爲吳晗、鄧拓、廖沫沙三人所著，吳、廖既問題嚴重，鄧氏與同寫作，自不能脱離關係。此點大家全知道並提出，而我獨久久致疑，思想遲鈍殊爲可驚！中午疑下午有組織生活，因在飯廳吃飯。後問尚謙同志，才知道把組織生活改到星期六下午，僅上次如此，下午無事，飯後遂歸。把《紅旗》（5）、《世界知識》（7）、《科學報》

①編者注："話"，原誤作"語"，據實際書名改。

（323）帶回。下午看報，並看《世界知識》（完）。也小睡。

十七日，晨到公園一游。上午接到孫海波信一封，係文濤把我的信轉給劉孟真，劉又轉給他，請他代復。九點後出到王府井大街取眼鏡，後又到東安市場一轉。歸。稚岐夫婦同小孩來。看報，也同他們談。在王府井，見杜鳳瑞名，不記得，因查《青年英雄的故事》，才知道原來看過，現在全忘掉！遂再看一遍。晚又看丁佑君的故事，也是看過忘掉的！

十八日，今夜下一點小雨。上午仍時落小雨，下午晴。晨到公園一轉。上午看《中國人民解放軍總政治部召開全軍政治工作會議》和《永遠突出政治》兩篇。後翻閱點《青年英雄的故事》。十一點提早吃午飯。後到大華影院看演《兵臨城下》。有些地方我未懂清楚。此片近很受批評，斥爲毒草，我却不覺得有多大問題。兩點多歸。後看《人民日報》附張，仍多批評此片，我頗多不同意。與季芳談，她說我們原來在電視中看過，我頗稱贊此片，我却已全不記得。

十九日，晨到公園一轉。上下午除看報外，看《提倡一個公字》和《最重要最根本的戰備》。也看《青年英雄的故事》中的安業民的故事。晚把《爲人民服務》和《愚公移山》重讀一遍。

二十日，三點後即醒。四點後，在床上看《新人新作選》（2）中數段。晨到公園一轉。上下午看《政治統帥軍事，政治統帥一切》和《把毛主席的書當作全軍各項工作的最高指示》，並看報。十點半後出到所，與靳、林兩同志和杜塵談。回十二點半到家。下午小睡。後把《學習和時局》讀一遍。下午及晚又把《關於若干歷史問題的決議》的前三節約略看一遍。接文濤信一封。

二十一日，五點後起，看《新作選》中的《女獸醫》。出到公園一轉。上下午看《提倡惟物論，抓好活思想》和《關鍵在於黨委的領導》，並看報。讀《關於重慶談判》。看《國民黨進攻的真相》。

二十二日，五點後起。看《新作選》的文章。出到公園一轉。落雨不濕地皮。上下午看報。讀《新民主主義論》。也再看《新作選》中數篇。將晚王秀柏從長春實習畢回，過京，來。談至將十點往車站上車。

二十三日，晨到公園一轉。上午出到所，他們説自行閲讀，不討論，因學習《關於正確處理人民内部矛盾的問題》（未完二節，下午才補完）。將十二點歸。及下午看報。晚晞奕同我談《兵臨城下》的思想問題，比我看得深。又看林默涵在作協座談會上的報告（晞奕得的抄片，指明“勿外傳，勿摘抄”）。接桂璋信一封。

二十四日，五點半起，看《史記》的《李斯列傳》。吃過早飯，即同季芳、小週到所。引小週看所中盛開的丁香。後八點半即上所中雇車（大約由工會雇），往游戒壇、潭柘兩寺。近城平地，麥苗很好。入山後苗較差，後漸無麥苗。沿路桃、梨花盛開，杏花未見，似已殘落。約十點後到戒壇。游至十一點再上車，到潭柘，尚未十二點。吃午飯，飲茶，游廟。約一點半，即下。上車，等至將兩點半，開車，到所，尚未四點。後即歸。對今日報大略看一下，未完。

二十五日，晨到公園一轉。上午再看《老獵人的見證》。十點後霏霧絲，但仍出到所。把二研究生的寫作交給所方存檔。見作銘自西南歸，談，再申到河南工作的請求，請他考慮，但這是最後一次。借得《湛淵靜語》和我的《傳説時代》改訂本。回十二點，及下午翻閱《湛淵静語》。下午小睡，起看報，看《假善人》。
晚給小江講《老獵人的見證》，未完。

二十六日，晨到公園一轉。上午看《新作選》中數篇。及下
午看報。下午小睡。看《世界知識》(7)。晚把《改造我們的學
習》讀一遍。今日，杭岐所介紹的劉風超來京療治眼病，在我們
家暫住。

二十七日，晨到公園一轉。上午看《魯迅怎樣對待歐洲資産
階級文學遺産》(《新建設》11—12)。看報。下午一點三刻所中
車來接(同車有子衡、作銘)，到公安部禮堂看演内部電影。一爲
歐陽予倩改編的《桃花扇》，一爲《舞台姊妹》。後者我看不清楚。
這兩部大約有問題，所以作内部讓大家看。可是我不能提出什麼
意見。晚再讀《惟心歷史觀的破産》。

二十八日，晨同劉風超到公園一游。上午看《馬克思主義經
典作家論歷史人物評價問題》(及下午)。看報。下午小睡，繼續
看報。及晚讀列寧著的《弗里德里希·恩格斯》。

二十九日，晨到公園一轉。上午翻閱《群學肆言》。這本書
我在譯學館上學時第一次看，覺得很好。以後知道斯賓塞知所建
立的方法論有偏差，可是總以爲頭幾篇破除偏見，寫得頗好。記
得他對於英國當時文化有批評，還覺得他相當公平(!)。解放後
總没有工夫再掀掀，成見存在，總還覺得它大致不差(!)。今天
雖隨便掀掀，可是很看出他的淺薄。他對於英國文化的批評，淺
薄且不公平。他對於英國由帝國主義而造出來的繁榮相當滿意，
一句話也没有觸接到! 其他批評也極枝節。嚴復對他的著作竟
五體投地地佩服! 足徵當日學者的淺見。下午小眠，看報。再讀

《在中國共產黨全國宣傳工作會議上的講話》。

三十日，晨到公園一轉。上午到所。研究組開會，因佟、陳、蘇三人將往作四清工作，僅剩子衡、伯諍和我，又加盧兆蔭共四人。討論中因談翦伯贊受批評問題，讓步政策問題，我與兆蔭有爭論。在食堂吃午飯。後看《英國工人階級狀況》中的《致大不列顛工人階級》、序言、導言、《工業無產階級》。兩點半開大會，作銘傳達學部開會令各所注意在五一節時防範反革命分子（近日頗囂張）。三點後即歸。聽電視中傳達周總理歡迎謝胡同志發言和謝胡發言。看報（及晚，仍未完）。柱塵來一信，告羅光燮出處。將《湛淵靜語》《傳說時代》還圖書室。所中發《對立統一規律一百例》一本，稍翻一點（此後所中發書，當全記録）。取回《世界知識》（8）、《歷史研究》（2）、《考古》（4）。作銘對我説，陪我到河南現時無人，只好等到六七月黃石林回來後再説。我説六七月天氣很熱，他説那只好到秋天再往。我自己決定不去。

五　月

一日，晨在窗前作操，時已霏霧絲。到九點，雨較大，我仍執傘往公園。仍觀衆不少。由若干機關同人自編自演節目或舞蹈。演員觀衆均冒雨，但興會仍濃。十一點後歸。下午小睡。起後看《不能否認飛躍過程的兩重性》。翻閱《考古》（4），看《一百例》中五六段。晚看電視放演芭蕾舞劇《白毛女》。以芭蕾舞動作配演此劇，成績不錯，但仍應繼續改進。今天看《人民日報》未完。

　　二日，四點半起，補看謝胡講話。六點半出到公園一轉。上下午除看報外，看高中課本《中國歷史》的頭三編和《新中國的考古收穫》中壹的一部分和貳的全文，叁的一、二兩節（戰國部分細看）。晚看電視放演話劇《路》（很好，可惜第一場未看）。

　　三日，晨到公園一轉。上下午除看報外，看完高中課本《中國歷史》第一本。我個人對於中國歷史和中國文化從前所有支節，不能連貫的若干看法，似有所悟，可以連貫起來。但茲事體大，仍應繼續鑽研，繼續解決矛盾，才可以希①望得較穩妥的總看法。晚晞奕給我念文教局開文教廳長會議的總結報告。

　　四日，晨到公園一轉。上午再看中學課本《中國歷史》。及下午看報。下午糜岐夫婦來。談。他們走後，寫給桂忱信一封，桂璋信一封。晚飯後發出。晚看《一百例》中的兩條。

　　五日，晨到公園一轉。上午再看一點中學課本《中國歷史》。九點後，出到王府井大街，買一本袁水拍寫的《政治諷刺詩》（0.33）。又買兩種甜食（1.09）。回十點。及下午看報。下午小睡。看《毛澤東同志的初期革命活動》中數段。晚給小江講完《老獵人的見證》。接人大常委辦公廳送來明晚劇票一張。翻閱《中國婦女》（5）中數節。

　　六日，晨到公園一轉。上午到所，同林澤敏同志一談。歸室，看《英國工人階級狀況》的《大都市》的一部分。起風，回家。途中買牙膏一筒。及下午看報。看《毛主席語錄》數條。晚到人民大會堂看話劇《奴隸之歌》。回到家，十點半剛過。上午缺作操

---

①編者注：原於"希"後衍"可以希"三字。

一次。

七日，晨到公園一轉。上午研究組開會，討論《新民主主義論》。又因説話同仲良爭辯頗劇，其實毫無必要，我的急性病又犯！十二點後回家。及下午，看報。晚爲大家念《河南日報》載林縣挖紅旗渠的英雄任羊成的故事，是一件非常感動人的故事。後與晞奕談。

八日，五點後起，補看昨日晚報。出到公園一轉。九點許同季芳、小週、劉風超出游動物園（小江先往稚岐家，問她們去不去，後即往動物園）。到十一點餘，買點東西，即行午餐。後往看鳥。今日得新見的爲企鵝及大猩猩。將三點出，歸。看報。只晨作操一次。

九日，五點起，看中學課本《中國歷史》。出到公園一轉。上午繼續看《中國歷史》和《原始社會史》。及下午看報。下午小睡。看《科學報》(323)。晚仍看《科學報》(324)的一小部分。

十日，五點起，及上下午，看完《科學報》(324)。六點前，聽不完全的新聞報告，知昨日四點，我們的氫彈爆炸成功。想聽六點半後的完整報告，因未出，只到窗外作操。上午報到過十二點才送到。上午僅看《參考消息》。下午看報。再學習《實踐論》。晚看《學習毛主席哲學著作的輔導報告》中的一段，又讀《人的正確思想是從哪裏來的?》。

十一日，晨到公園一轉。上午到所。研究組合開會，討論鄧拓的《燕山夜話》。中午歸。下午小睡，看報。續看《學習毛主席哲學著作的輔導報告》的第三部分：關於矛盾論、兩種宇宙觀、矛盾的普遍性和特殊性三節（及晚）。接雲甫一信説十二日不要到思成居，似乎前有一未收到的信。

十二日，五點起。及上午看《毛澤東同志的初期革命活動》。出到公園一轉。下午到公安部禮堂，看演內部電影：一、《雙家人》；二、《逆風千里》。回看報（今天早報到下午一點多鐘我出門時還未來。只有《參考消息》上午來）。晚看《學習毛主席哲學著作的報告》中的"主要矛盾和矛盾的主要方面"節。上午看我所寫不成熟的《中西文化的試探》稿。下午缺作操一次。收桂璋來信一封。

十三日，五點起，及上午看《先秦天道觀之進展》前幾頁，《儒家八派的批判》中的第二節。我前覺今本《中庸》和《孟子》內無五行説的痕跡，至"木神則仁……土神則信"之説，出於漢儒説，與《中庸》著者的意思也未必相合，所以對《荀子》案"往舊造説謂之五行"中五行的意思總想用譚戒甫"五倫"的説法。現在看見郭氏引《荀子》"以爲仲尼、子游爲兹厚於後世"之文，又説《禮運》爲"子游氏之儒"所作，其説可以成立。而《禮運》篇內五行説很濃厚。那如郭氏的説也很有理。雖今日就説定案似尚稍早，但郭氏之説不比譚氏差，總可以説啦。上午及下午看報。下午小睡。晚看《隋代大音樂家萬寶常》，關於樂理一部分，我不懂。又看《論曹植》。

十四日，昨晚在床上，又把《甲申三百年祭》《魯迅與王國維》各看一大部分。一點後才睡着。將三點即醒，又把昨晚未看完的雙篇看完。將五點起。及上午、晚，續看《學習毛主席哲學著作的報告》，完畢，又看第二遍，僅看第一部分和第二部分的導言。將午看報，忽見小週已由幼兒園歸，急看報頭，始知今日已星期六！我印象中似爲星期三四，並未到星期五！耽誤上午討論，記憶力的壞到這步田地，極以爲苦。下午看報。亦小睡。

十五日，快四點即醒，後即起。仍續看《學習毛主席哲學著作的報告》的"關於實踐觀點""實踐同認識的相互關係"兩節。出到公園一轉。七點半出到歷史所禮堂聽錄音報告：1. 爲姚仲明大使報告我們使領館與印尼右派政府的鬥爭；2. 爲邢録（？）同志報告四月十五日印尼右派受他們政府的鼓動，攻擊我大使館，大使館員同他們堅決鬥爭；3. 爲一外交部職員報告近來外交人員與各國反動派鬥爭的英雄事件和少數外交人員叛國降敵或因堅持資產階級思想而自殺的經過。最後由陳副總理總結發言，論近年外交方面特別多事的原因，説明不撤印尼和加納外交人員的理由，説今日外交人員應有的思想準備等事。最駭人聽聞的是我一留蘇學火箭的學生成績優異，竟爲蘇修所忌暗殺！蘇修竟墮落到這步田地！散會時已兩點半。歸。下午看報。晚看電視放演話劇《我看見了》。才接到雲甫前日已經取消的信件。上午缺作操一次。

十六日，起五點，及上下午晚續看《學習毛主席哲學著作的報告》，至"主要矛盾和矛盾的主要方面"，完畢。記出内不够妥帖地方（一處）。上下午看報。下午小睡。寫了對將來的認識與現在生活的關係一短文。早晨因要同晞奕説幾句話，未出，在窗外作操。早餐後出，穿東小林，北行到公園東小門，進内一轉。

十七日，起五點。及上午，仍續看《學習毛主席哲學著作的輔助報告》，完畢。出到公園，遇鴻庵，同路一轉，未作操，回後在窗外作。上午到所，本想找作銘一談，他出開會。王世民給我

《林彪同志關於政治思想工作言論摘録》《突出政治是一切工作的根本》《高舉毛澤東思想偉大紅旗,積極參加社會主義文化大革命》各一本。出到傳達室取回《世界知識》(9)、《科學報》(325)各一份。出到美術展覽館看贊美焦裕禄畫展。後將看李家莊學習毛主席著作展覽,但他們只賣集體票,遂止。買《王鐵人》《怎樣用步槍和輕機槍擊打敵機?》(0.28)各一本。歸,及下午看報。小睡。看《世界知識》中大部分文章。晚把《怎樣打敵機》翻閱一下。今天看《光明日報》所載《學習毛主席著作,改造思想,改造教學》(郭子真),很有啟發。上午缺作操一次。

十八日,三點後醒,四點後起。及上午看《王鐵人》,完畢。深感像焦裕禄、王進喜、陳永貴等人真是我們應該學習的呀! 真配得上當我們的老師呀! 我們就是努力學習,還不曉得能趕上趕不上! 什麼時候才能趕上! 到公園一轉。將午報才送來。及下午看報。下午睡了兩三點鐘。把《關於若干歷史問題的決議》讀了一部分。晚把《林彪關於思想工作言論摘録》看幾段。上午也把《世界知識》大致看完,《科學報》大致翻閱完。

十九日,五點起,查幾個字。到公園内一轉。上午到所,與澤敏、作銘兩同志談。取回《紅旗》(7)、《歷史研究》(3)各一册。回,及下午晚把兩册中已看過的文章先放下,餘大致看完。看報。下午小睡。晚飯後出看建外車站傍人工湖放水。

二十日,五點起,看《老兵新傳》一部分。出到公園一轉。上午到所。九點開會討論"三家村"問題。我也一談。在飯廳吃飯。後小睡。起以爲作銘有動員報告,但他又到學部開會,未能開會。看一點報。兆蔭來,説在人事科有會,往則僅澤敏、高廣仁、趙芝荃、兆蔭及我五人。此事有些情節很出我意外,初聽,頗不安。散後,又因找眼鏡耽誤片時。歸,看報,未完。晚續看《老兵新傳》,仍未完。所中發《論知識分子活學活用毛主席著作》《向反黨反社會主義的黑綫開火》《評"三家村"》三小冊子。前本擬今天對反黨問題寫一短文,下午開會後,才感覺文必須寫,但原計劃寫法,太不夠勁兒。待星期日,看有關材料後,細加琢磨再寫。

二十一日,夜間雨濕地皮。晨出到東小林作操。時落雨不多。溫度降低。出到所,將夾襪換毛衣,仍覺寒。在人事科開會,並稍爲討論。在飯廳午餐後,室內尚有二十二度。小睡,起覺寒。下午有黨團活動,未敢參加,請假先歸。看報(本天和昨天的)。晚《燕山夜話》。上午缺作操一次。

二十二日,五點起,再看《燕山夜話》的幾篇,並抄出幾篇有用的材料。早未出。早餐後,出訪雲甫,與談同作銘商討印稿事宜。九點半即回,到家尚未十點。稚岐來,與談。後景發亦來。下午小睡,看報。稚岐本說要晞奕和我商討我要寫的反對反黨的文章內容問題,以後她忘了,我也忘了! 她要走,我沒有留她。後同晞奕談,她勸我去同韓里、糜岐談。因同小江出往他們家。在他們那裏吃晚飯。談至九點半,回。今日親家婆亦來。僅下午作操一次。

二十三日,將三點即醒,四點半起,僅看《春筍集》內數篇(晚續看),出到公園一轉。上午到所,開會(黨中)仍討論反黨問題。又因夜眠不佳,精神委靡,情緒亦低落。午間回,在王府井商亭,購桂花米花糖一盒(0.56)。下午小睡,看報。寫揭發鄧拓文,未完。上午缺作一次操。

二十四日，起五點，看《耕雲記》內一節。出到公園一轉。餘時未出，在家上下午寫完揭發鄧拓文。下午小睡，看報。晚學習《必須學會做經濟工作》。接到伯符、雲甫、簡齋信片一紙。晨出時微雨數點。終日陰，有時落幾點。

二十五日，四點半後起，讀《在延安文藝座談會上的講話》中的數段。出到公園一轉。全日未出。寫《問吳晗的幾句話》，完。看報。下午看《長短錄》，這是晞奕從師大拿回來的。原載於《人民日報》。寫文章的人是"三家村"的一夥和孟超、夏衍、唐弢、張華來等人。我的感覺很不靈敏：除三四篇看出來點問題，餘均感覺不到！晚擬學習《戰爭和戰略問題》，未讀幾行，精神困倦，即止。今天仍陰。

二十六日，四點半起，學習《戰爭和戰略問題》。微雨。六點後稍止。出順公路西行，到建國門附近。歸。上午到所，把寫出來的請同志抄出，作大字報（實在是小字報），貼出供同人觀覽和批評。後即感覺事態嚴重，寫的很不夠勁兒。在門頭溝作四清工作的同志已回，學部吩咐一切工作均暫停，一心反對反黨反社會主義分子。在子衡室內，原北屋組同人開會，商議決定看材料，看楊述所寫的《青春漫語》，然後決定如何作文揭發。散後，歸途看大字報（到學部），知道楊述曾指導《哲學評論》同人向《前綫》學習！下午睡頗久。看報。感到我們常常口說我們中國現正同美帝作你死我活的鬥爭，却只是口說，實在不懂"你死我活"是什麼意思！晚飯時因大家談此事。布置學習《毛主席語錄》及討論事。晚看《青春漫語》，未完，已將十一點，遂止。今日把譯館同學聚餐事忘掉！所中發《揭破鄧拓反黨反社會主義的面目》《評

〈前綫〉〈北京日報〉的資產階級立場》各一本。晚雷聲殷殷,落陣雨,不够大。

二十七日,將三點醒,三點半後即起,把《青春漫語》看完。後再睡。起將六點。出到公園一轉。上午到所。九點半,原北屋組開會。未久即散。聽説學部又給關山復同志貼不少的大字報,遂同往看。看至十一點,即歸,精神睏乏。看報(及下午)。下午小睡,看《毛主席語録》《階級和階級鬥爭》節。晚再看《歐陽海之歌》前一章和二章第一節。又看《〈前綫〉發刊詞》。

二十八日,晨到公園一轉。上午到所,原北屋組開會,檢查《青春漫語》中反黨反社會主義思想,而我却忘帶該印本!在飯廳吃飯後看《資治通鑑》(漢初)若干頁。兩點半後,過組織生活。未六點散歸。及晚看報。晚學習《組織起來》。下午缺作操一次。

二十九日,將三點醒。三點餘,在床上看《揭破鄧拓反黨反社會主義的面目》。後邊注着"原載一九六六年五月十四日《人民日報》"。頗詫異原既看過,何以一點印象没有,何以自己思想還很遲留。晨起查十四日日記,才想起那晚睡得太少,上午又看別的東西,下午又曾小睡,也許當時没看那一篇!晨出到公園一轉。出西門,南行。後離公路往西,經多曲折,從建外車站附近,到大街公路,歸。上午介眉夫婦來談。及下午看報。再學習《學習和時局》,又學習《整頓黨的作風》的大部分。晚飯後同鳳超、小江一起走到東邊河邊。僅晨作操一次。

三十日,晨到公園一轉(夜間微雨)。上午到所。九點開大會,聲討楊述。很多同志預備得很好,談的激昂慷慨。大雨,間落電子,長一二十分鐘。在飯廳吃飯。下午還有幾個同志要繼續發

言,但我精神不振,遂歸。小睡,看報。學習《關於領導方法的若
干問題》,未完。晚看《河南日報》,内載襄樊綿織廠黨委書記梁
彦斌的經歷,很感動人。今日因近覺衰老,遽萌退志！原往大慶
教書的計畫,也擬捨棄。下午看報上所載的先進事跡,才感覺思
想不對頭。前半生没趕上時代,自外於祖國革命運動。剛建立起
思想革命的計畫,即擬捨棄,可耻孰甚！雖有困難,而嬌惰下去,
不圖克服,豈將落後以没世耶！前所寫的《質問吴晗幾句話》,所
中同人希望我自己改正後寄到報館,任它登否。昨以示晞奕,她
説格調過低,應該改高後再寄,我遂不寄(懶於改)！現覺她提的
意見很對,應努力改寫後寄出。取回《世界知識》(10)、《科學報》
(328)各一份。

　　三十一日,晨到公園一轉。上午到所,本意想改寫《質問吴
晗》的文章,但未把原文帶去,他説話的原文我即忘記,不便於
寫,遂暫停！及下午兩點半前,全看《通鑑》(漢武時一部分)而
已。十點,原北屋組開會,繼續檢查《青春漫語》中的思想,完畢。
下午兩點半後黨内僅伯洪、兆蔭和我,外有靳(三點半即往學部
開會)、林和夏所長三人開會,念此次文化革命運動的《大事記》,
知道①很多内幕的不幸事件。四點半後我先出回。及晚看報,未
完。下午雲甫來家,我回時已去,因未見。

六　月

　　一日,晨到公園一轉。下午出到理髮館想理髮,但因等待的

---

① 編者注:"道",原誤作"到"。

人過多,遂止。愛松來談。文章未寫完。晚學習《爲動員一切軍事力量爭取抗戰勝利而鬥爭》《反對自由主義》。

二日,夜中雷雨。晨到公園一轉。上午學習《中國社會各階級的分析》《湖南農民運動考察報告》。及下午晚看報。上午十點半,往理髮。下午兩點出到歷史所禮堂聽傳達批判羅瑞卿同志附件。附件共六,今天僅傳達三,餘三明日下午三點再傳達。散會已七點。接白兆蕙信一封。下午缺作操一次。

三日,夜中有雨,白天上午也時微雨。將五點起。及上午學習《論反對日本帝國的策略》,未完。晨只到東小林作操。八點許所中車來接,與作銘同車到民族文化宮聽張勁夫同志作關於擴大會議的報告。十一點三刻散會。作銘還有事,我走到西單,坐一路公共車回家。及下午看報。兩點半出將往歷史所禮堂續聽對於羅瑞卿案附件的傳達。途中遇所中車又接我和尚謙同志,但他已先往。散時五點餘,風很大。晚把今天《人民日報》所發表吳晗和胡適通信的按語同《歷史評論》內的按語對比一看。上下午均未作操。

四日,晨到公園一轉。將七點,出將乘公共車往聽聲討楊述大會。到車站,所中車又來接,遂與作銘同車,先到所,後到首都劇場開會。初開會時,精神尚好,聽得清楚。後漸困倦。一位發言下邊遞上二十幾張條子,不同意他的發言(我未聽到他作何語)。後又有要說話,有人反對,擾攘片時,要發言人被人拉下臺(也許是被反對的人想自作辯護)。後有數人發言。到十一點半,有多人拿上臺一張大字報,有不少人反對,又擾攘片時,遂宣布散會(原定上午自八點至十二點,下午自兩點至六點)。我雖在場,但對紛擾原因,也不能清楚。但有不少的人對主席團不滿意。回家午飯後看報。一點半將出開下午會,但小梁接電話説不開啦,遂回室看報。學習《關於正確處理人民内部矛盾的問題》的第一節。晚開家庭①學習《毛主席語録》的第二節,不成功(嫌過深)。上午未作操。

　　五日,晨到公園一轉。出西門,順日壇路歸。上午桂愉從四清工作歸,與談。後又同出,走到東環路,歸。及下午看報。下午小睡。學習《關於正確處理人民内部矛盾的問題》,完。晚翻閲《反對本本主義》。上午未作操。

　　六日,四點半起,學習《論軍隊生產自給兼論整風和生產兩大運動的重要性》。出到公園一轉。上午學習《在中國共產黨全國宣傳工作會議上的講話》。九點前出到所,與柱塵談。接到雲甫信一封。出到歷史所禮堂,聽關山甫傳達周總理和張勁夫的指示講話。十一點半散會,歸。下午廣播《解放軍報》的《關於文化大革命的宣傳教育要點》,又看《張洪池》小册子。將三點報才送來,看報。晚看《評國民黨十一中全會和三屆二次國民參政會》。這一次文化大革命,我的思想總是跟不上,老落後!我素常總是有麻痹大意的巨大缺點,我自己也知道,也常警惕,可是嗅覺極鈍,分析力也很差。我想努力克服,但未知能克服到多少!

　　七日,晨到公園一轉。上午再學習《關於正確處理人民内部矛盾的問題》的前六節。又看《對立統一規律一百例》中數條。及下午看報。桂愉來,共談,談到接雲甫信,説九號中午請我陪

──────────

①編者注:此處疑脱一"會"字。

客,客爲彭德懷的岳父浦友梧。季芳竭力主辭,桂愉説應報告組織,意見很好,可我没有先想到。晚飯後到大華看放演《這是我應該作的》。九點散,與伯洪、廣立(和她的小孩)兩同志同歸。

八日,醒將四點。在床上看《一百例》。晨到公園一轉。上午到所,與靳、林二同志談雲甫請客事,他們不置可否,讓我自己斟酌,似乎不覺問題有多麼重要。與子衡談,後夢家亦來,同到近代史所看大字報。十一點半,歸。及下午看報。下午小睡。學習《被敵人反對是好事而不是壞事》。又把《關於正確處理人民内部矛盾的問題》後半學習完。晚再看《一百例》中數條。今天下午忽覺自己相信毛主席正確處理問題不够堅決,實在是很危險的問題。稍稍遲疑向後退一步,即會滑入修正主義的泥坑!從前覺得立場已够穩,實在還判斷的過早一點。近來學《毛選》,又過廣泛,無能實用。此後當加緊學毛主席著作。篇數不得多超過二十篇,多思並試用,或能較好一點吧。又接雲甫信一封。取回《科學報》(330—331)兩份。看《科學報》(227)。明日在全聚德陪客事,我還是想去,季芳仍堅決反對,我心裏尚無定見。

九日,晨到公園一轉。上午學習《在延安文藝座談會上的講話》,完。十點後出到所,小坐。十一點半出。取回《考古》(5)、《科學報》(332—333),到全聚德。雲甫請的陪客有簡齋、伯陶和他的愛人及弟弟(醫生)、劉□□①諸人。我與客人僅説兩句無關的話。畢,又到所,讀《四月提綱》。看尚謙、澤敏兩同志,靳往學部開會,林不在室内,托廣立把今日陪客經過報告。後在車站遇

---

① 編者注:原於"劉"後空闕二字。

魏樹勳、呂友荃兩同志，遂同到學部看大字報。歸已四點餘。及晚看報。雲甫交給我他所寫的駁《禹貢注釋》《漢書地理志選釋》文章，看了一遍。他所駁的，或者全對（我知道不清），但有些措詞，過於尖銳。今天看大字報，才覺得關山甫至少是處置不當，是否還有比較重大的問題，現尚未知。

　　十日，四點起。及上午學習《矛盾論》的一、二兩節，内還有些問題。到公園一轉。出東小門，向東穿菜地、麥地，東出到公路，至光華路，稍西，又轉南，循使館區東界公路南行到秀水南街，西行，穿東小林歸。上午九點餘出到所，見柱臣，想問明日上午討論何項，答言並未布置。因談。後有人呼言要在飯廳開大會，遂往。靳主任報告（作銘因有外賓，往招待）。從鄧拓、吳晗、院部、學部和本所及鄰所有意見，可以當面提，也可以寫大字報。又宣布撤王世民職，以任式楠補所長室秘書，係應本所左派同志的要求。後同志發言很踴躍。今日革命空氣頗濃厚，一反多年來邁四方步的作風。十二點散，在飯廳吃飯。後即歸。小睡。起，雲甫派人送來一信，我回一信，想來人帶回，可是她已早去，只好加郵票送信箱中。看報。上午僅作前三節操。

　　十一日，晨到公園一轉。回後聽廣播。上午繼續學習《矛盾論》的三節，比以前的學習更明白一點。九點半後出到所。十點後也是聽廣播，我因聽過，未往聽。看了幾張大字報，後在室内看《一百例》多節（及下午）。兩點半在飯廳繼續昨天未完的會。作銘作説明和檢討。成立一領導戰鬥小組，由烏恩、任式楠、蔣樹成三同志爲核心，再與各科室商酌擴充人員。散會回家，到家已七點半。晚飯後看報，未完。

十二日,晨到東小林作操。反雲甫同其阿姨來。談。去時我把他們送到汽車站。上午及下午晚看第二本《艷陽天》。五點後及晚看報。上午缺作操一次。晚把《矛盾論》學習完。

十三日,晨到公園一轉。上午再學習《關於正確處理人民內部矛盾的問題》的前四節。及下午晚看報。看完第二本《艷陽天》,取回《紅旗》(8)、《世界知識》(11)、《科學報》(339)各一份。

十四日,晨到公園一轉。上午又掀第一本《艷陽天》,理理頭緒。把《關於正確處理人民內部矛盾的問題》學習完。看《參考消息》。再掀《艷陽天》。下午看報。兩點出到所。兩點半開大會,討論成立戰鬥小組事。主席提出兩組辦法:第一組烏、任、蔣外,加王序、趙芝荃二人;第二組,三人外加劉一曼、王福祥。魏樹勳又提第三組辦法。討論結果,用第二組。後靳、林二同志作檢討。散會六點,歸。晚仍掀《艷陽天》。

十五日,晨到公園一轉。上午學習《丟掉幻想,準備鬥爭》《論人民民主專政》。又掀《艷陽天》。下午看報。將兩點半出到所。三點研究組開會,討論靳、林二同志的檢討。將六點散,回。及晚再看報,未完。

十六日,晨到公園一轉。上午學習《毛主席語錄》的“敢於鬥爭,敢於勝利”節,又學習《目前形勢和我們的任務》《第二次世界大戰的轉折點》。再掀《艷陽天》(及下午)。看報。晚,有雷,落雨數點。

十七日,晨微雨,未出。只在雨間歇時間在窗外作操。作了六節,又雨,頗密,遂急歸室。上午時雨時止。出到所。九點研究組開會,討論學部近幾日添寫大字報問題。我因未往閱,無法發

言。下午轉晴，小睡，看報。晚飯後，出走至公園門口。歸，看
《一百例》數節。劉鳳超回東北。又取回《考古》(5)一本(上次
係編輯室送)。上午學習《〈農村調查〉的序言和跋》《改造我們的
學習》。出時八點餘。

十八日，將三點即醒，將四點起。學習《整頓黨的作風》中關
於主觀主義部分。晨到公園一轉。上午八點即到所。九點研究
組開會，討論戰鬥小組工作，並作建議。昨日柱臣爲全組起草糾
舉澤敏同志的大字報稿，討論通過。他們要讓我簽第一名。十點
餘即散。會前會後全看所内大字報。約略看完，已十一點半，即
歸。續看《艷陽天》(及下午)。下午看報，並小睡。晚飯後，出到
建國大街略走，未至齊家站，即歸。下午五點前後大雨一陣。

十九日，四點後起，繼續學習《整頓黨的作風》後半宗派主義
部分。出到公園一轉。上午獨出，坐九路車到水碓下車，渠邊種
麥，已黃。穗頭子粒均好，但内多藜稗，青黃交映或幾占一半！前
行至金臺路，仍坐九路車歸。九點。小睡。及下午看報。讀《人
民戰爭勝利萬歲》前半。晚飯後出到建外的人工湖畔一游。今
日張親家婆來。上午缺作操一次。

二十日，起，四點半。及上午學習《必須注意經濟工作》。晨
到公園一轉。把《人民戰爭勝利萬歲》讀幾頁(下午才讀完)。八
點一刻出到所。九點後研究組開會，領到《關於文化大革命的宣
傳要點》、《毛澤東思想的新勝利》及其他三篇、《橫掃一切牛鬼
蛇①神》及另一篇各一本。十點即散會。作操後讀《關於文化大

---

①編者注："蛇"，原誤作"社"。

革命的宣傳要點》。看大字報（及下午）。本想回家，尚謙同志説
下午兩點半有會，遂止。兩點半後，到北屋，靳説，讓我先看報稍
等。後又説現尚未能定。及四點半，柱臣來，説會今下午不開，明
天下午開！遂歸。晚飯後，出走至人工湖，穿至近城一街，南行幾
到城角。有河，有一大石橋。這道街路不平，多泥。返循公路歸。

二十一日，五點鐘起。及上午，學習《反對本本主義》。到東
小林内作操。上午及下午又學習《中國紅色政權爲什麼能够存
在?》，將八點半出到所，未九點，研究組即開會。傳達陳伯達、陶
鑄二同志的講話（我記憶的很不好），並討論。十點散。看大字
報。雖知下午當有會，但並無人招呼，遲疑片刻，終歸。及下午看
報。小睡。晚飯後出到人工湖一轉。歸，與季芳、小江開始學習
《毛主席語録》，從頭開始。學習一點鐘(8—9)。

二十二日，五點醒。在床上學習《重要的問題在善於學習》
（及上午）。起出到公園一轉。上午雷雨，頗大，下午雨止。小
睡，看報。又把《中國革命戰爭的戰略問題》第一章學習一遍。
給桂忱寫信（及晚），未完。上午缺作操一次。

二十三日，五點起。因有霧，且有異味，未出，亦未作操。學
習《學習和時局》，並把《關於若干歷史問題的決議》的第三節看
一部分。八點三刻出到所。在山西工作同志已全回來，不少人嫌
他們回來拖的太久。給兆勳同志貼好幾張大字報。看新大字報。
仲良想拉我給作銘貼一張，同他商酌並改正稿件，使較着實。因
無事，即歸。及下午看報。下午小睡。晚重學習《爲人民服務》
《愚公移山》二篇。

二十四日，晨到公園一轉。上午學習《和美國記者安娜·路

易斯·斯特朗的談話》。將九點到所。看大字報。看恩格斯所著《共産主義原理》，又把《共産黨宣言》看一小部分（及下午）。下午兩點半鐘開揭發林澤敏同志會。將七點散會，晚仍要繼續開，我已經難支持，遂歸。然忘向主席烏恩請假。晚飯後周新民所長來談。看報，未完。下午欠作操一次。周把他所寫的《我赴河南參觀的點滴體會和自我改造》借給我看。

　　二十五日，晨未出。上午學習《中國共産黨在民族戰爭中的地位》（及晚）的最後四節。出到所。研究組開小會，投票讓烏恩到學部參加領導小組。又決定給澤敏、兆勳二同志各貼大字報一張。歸未十二點。下午小睡，看報。晚學習《在延安文藝座談會上的講話》的一個頭頭。仍僅下午作操一次。

　　二十六日，早晨未出。上午出乘九路車，仍到水碓下車。走至金臺路。麥全割完，正在忙着種稻子。有人正在攤場。也有打過垛起來的。取視，則打得不够乾净，疑惑由於地濕及秸濕的緣故。南過一橋，與村民杜老閑聊一起。此家小地名爲□家莊①，大地名仍屬小村。回乘九路車，尚未十點。與桂愉談，後季芳同桂愉説，現當文化大革命時，離北京往東北，不合適，不如留待將來。細思有理。下午小睡後，看報。預備給烏恩寫出侯薪與鄧拓關係的資料。寫信給桂忱，又寫給桂璋，均告以不往東北。晚飯後出送信。又東行到人工湖。歸。學習《在延安文藝座談會上的講話》一小部分。僅下午作操一次。

　　二十七日，晨到公園一轉，回桂璋已來。上午繼續學習《在

①編者注：原於"家莊"前空闕一字。

延安文藝座談會上的講話》的一部分。八點半往所。研究組開會，討論黨支部是否已經爛啦、所將來應該如何辦兩問題。十一點半，大家往看大字報。主要是趙信等六人所提削除級別等六條以便響應。回。下午小睡，看報。看《黨的陽光照亮文化大革命的道路》。晚飯後同桂璋再到公園一轉。因走得慢，回到家已八點半。學習《在中國共產黨全國宣傳工作會議上的講話》的前四點。上午缺作操一次。

二十八日，晨微雨。同桂璋走到建外大街公路傍，雨不停，即歸。及上午把《在中國共產黨全國宣傳工作會議上的講話》學習完。又學習《放下包袱，開動機器》。作操（在窗外）。八點半出到所。研究組開會斟酌《贊同吳滿長等六同志關於消除研究人員階級提議》的大字報稿（下午柱臣寫成同往貼出）。用飯後，小睡。兩點半，開會，兆勳同志作檢查，頗傷空洞。三點餘散。小組開會，對①他的檢查提意見。六點散歸。晚約略看報。終天微雨。僅作操一次。早晨購下月月票。

二十九日，晨到公園一轉。上午學習《反對黨八股》（□□□□②學習完）。八點半出到所。同子衡、柱臣商酌對兆勳同志的檢查提意見的大字報稿。我主張對柱臣所擬稿添加首尾，已寫出。因與柱臣有爭論，決定不貼出。午歸。下午看《參考消息》過兩點。我睡在床上，小江把早報送到床上，我小翻閱，即睡着。三點半後醒，竟忘報已送來，在外間未找到，以爲未到！晚飯後出問小梁，才知已送來。看報，又同季芳、桂璋、小江學《毛主

----

①編者注："對"，原誤作"開"。
②編者注：原稿此處約四字污損，無法識別。

席語録》。報未看完。上午缺作操一次。小雙雙發燒,上午打針,下午找小兒王看,尚未退燒。

三十日,晨到公園一轉。上午及下午學習《新民主主義論》一部分。八點半出到所。開大會,傳達選文化革命小組組員標準四條。散後,小組開會醞釀應選人員。將十點歸。看報(及下午)。晚將七點再到所。黨中分組開會,醞釀選支委人員。歸,未八點。下午小睡。雙雙燒仍不退。到兒童醫院診視,説她要出騒疹。

七　月

一日,晨到公園一轉。上午及下午把《新民主主義論》學習完畢。八點半出,九點小過到所。研究小組討論應補選文化大革命小組二人應爲何人問題。大家對趙永福應當選,無反對問題。有人説對原來的王福祥説有問題,那末,超外或應再選二人。談到的有高廣仁、高天琳①、□□□②三人,未定。十點聽廣播《人民日報》今日紀念中共成立四十五周年的社論《毛澤東思想萬歳》。後黨中繼續昨晚會,醞釀支委人選。昨晚分四組討論,今日先仍分組討論,合組討論。最後投票舉三人:烏恩、蔣樹成、趙永福當選。在食堂吃飯後,少休息。我覺得將來補選文化革命小組,如三人全爲支委,不很好。與子衡、柱臣談。子衡覺王福祥無問題,我也贊成。補選二人,把趙永福去掉,改爲

---

①編者注:“琳”,原寫作“麟”,作者又將其圈去,旁改作“琳”。
②編者注:原於“高天琳”後空闕約三字。

孫東根、高天琳①。反映他組意見後，再行確定。歸三點已過。
看報。今天《人民日報》本有兩大張。我在床上看，睡着一會
兒，醒把第一張看完，到桌上找第二張，不見。知桂璋曾買一
份，問他，也僅一張。晚飯後，往問小梁，她説是兩張，零買的僅
一張。歸路上，問白天同志及呂太太，均爲兩張。回來再找，乃
在床上！呂太太因我無此張，又把她的送來，只好謝謝！僅晨
作操一次。

　　二日，晨到公園一轉。回，及上午學習《關心群衆生活，注意
工作方法》《中國社會各階級的分析》。九點半才出到所（以爲八
點半！到所始悟！）。正開大會，討論文化革命小組人選。下午
兩點半，繼續討論。投票仍舉五人，烏恩、任式楠、蔣樹成、劉金
山、段鵬琦當選。散後研究小組開會，討論到學部代表人選，仍舉
烏恩。又討論張際春及潘老的發言。回到家，將六點。及晚，看
報。繼續學《毛主席語錄》。上午缺作操一次。晚學習《湖南農
民運動考察報告》前四節。

　　三日，晨未出。及下午、晚，繼續學習《湖南農民運動考察報
告》，完。上午同桂璋出坐公共汽車（換一次），到老虎洞。下車
後，向南走約二里，見社員正拔草，遂往幫助拔。實在拔草的並非
社員，爲第十三女中學生，也是前來助拔。十點回，走到東站，天
氣很熱。仍坐車回。及下午、晚，看報。桂愉夫婦和小週，稚岐母
女，張親家母均來。與桂愉夫婦、稚岐談，才知道有些機關內反動
派對革命派反撲，極爲猖狂。晚飯後，出走到齊家園（初與桂愉

---

①編者注："琳"，原寫作"麟"，作者又將其圈去，旁改"琳"。

同行,後他們急前行)。終天未作操。

四日,晨到公園一轉。上午學習《丟掉幻想,準備鬥争》《惟心歷史觀的破產》。又把兩本《大字報摘録》掀看一遍。八點半出到所。開大會,安排工作,並宣布分組名單,即散。開小組會。舉柱臣、子衡爲組長。也談一點將來工作。十點後,看大字報。歸。翻看《上海太原失陷以後抗日戰争的形勢和任務》。下午小睡。醒,看報。學習《青年運動的方向》。提早吃飯,再到所,時七點,因七點一刻開黨小組會,先到工作室,坐將到一刻,往開會。將至,遇李□①人,他説人早到齊,提前開會,僅選□□②,他應選,問我是否有意見,答無意見。後即歸。翻閲《儒林外史》兩節。

五日,陰雨。六點停,遂出到公園一轉。又微雨。急回,外衣潮濕。上午雨不小。學習《關於領導方法的若干問題》的後半。又學習《紅旗》(9)的社論:《信任群衆、依靠群衆》。下午看報。小睡。又學習《在延安文藝座談會上的講話》的後半(及晚)。上午缺作操一次。

六日,晨到公園一轉。上午七點半,到所。我們的小組分開了。我由地域分到洛陽組。組内的同志未能全認識。上下午均在組内開會,因事多未明白,盡力聽,未發言。晚重學習《學習和時局》。所中發《徹底搞好文化革命,徹底改革教育制度》《毛澤東思想是我們革命事業的望遠鏡和顯微鏡》二小册子。下午休息時翻閲《中國史稿》第二册。

七日,晨同桂璋一起到公園一轉。上午重學習《反對自由主

①編者注:原於"李"後空闕一字。
②編者注:原於"選"後空闕約二字。

義》《五四運動》《大量吸收知識分子》《紀念白求恩》等。及下午看報。下午小睡。四點後出理髮。後重學習《矛盾論》前兩章（及晚）。飯後同桂璋到人工湖一轉。

八日，晨到公園一轉。上午及下午把《矛盾論》學習完。上午、下午及晚看報。上午重讀《爲什麼要討論白皮書?》《"友誼"，還是侵略?》，下午重讀《中國革命和中國共產黨》。上午及下午均翻閱《艷陽天》。今晚桂璋往東北。

九日，晨到公園一轉。上午到所。小組會閱讀《在延安文藝座談會上的講話》，我却未帶！僅看《一百例》和聽別人的講話。下午兩點半黨中舉行組織生活。我也説幾句話。回到家，七點已過。晚看報，未完。接玉信一封。

十日，晨未出。看昨日報。上午出，坐 9 路車，到東環路，換 28 路，到老虎洞下車。南順東環路，轉南環路，走進永定門，到天壇站，才坐 20 路，到東單，換 9 路回，到家已將十二點半。稚岐、小宇、晞奕母子皆來。午飯後看報，同他們談，後景發也來，長談。晚仍看報。今天在東環路和南環路均曾微雨數點，餘時有雲。將到永安門，才出太陽。終日未作操。走的路近 30 里。下午睡時頗長。

十一日，今日晴雨交錯。上午及下午均曾大雨一陣，餘時又呆呆出日。晨到公園一轉。上午重學習《新民主主義論》。下午小睡，看報。餘時翻閱《艷陽天》。

十二日，今日約如昨日。晨到公園一轉。上午重學習《關於正確處理人民內部矛盾的問題》。看報（及下午）。下午小睡。餘時翻閱《艷陽天》。把近幾期的《科學報》大致翻閱一下，收起。

十三日，晨到公園一轉。上午到所。小組開會，學習和討論《在中國共產黨全國宣傳工作會議上的講話》，開始發言。午間回家。下午小睡。看報。晚看電視放演《突破烏江》和餘節。

十四日，晨到公園一轉。上午重學習《在中國共產黨全國宣傳工作會議上的講話》《中國社會各階級的分析》《湖南農民運動考察報告》《〈農村調查〉的序言和跋》幾篇。將十一點出到王府井大街，購桃二斤，苹果二斤（共價 1. 76）。下午看報，小睡。晚把《中國的紅色政權爲什麽能够存在?》重讀一遍。接桂璋和振玉等來信一封。

十五日，晨到公園一轉。上午重學習《反對本本主義》。重讀《必須注意經濟工作》《我們的經濟政策》《關心群衆生活，注意工作方法》幾篇。又重學習《實踐論》。及下午看報。下午小睡。重看《學習毛主席哲學的輔導報告》中關於《實踐論》的一部分。晚重看《中國阿爾巴尼亞聯合聲明》。下午讀列寧的《我們的綱領》。有時微雨。

十六日，晨到公園一轉。上午到所。開大會，批評兆勳同志。上午未完，下午繼續。到四點半，會尚未完。我有點累，即歸。今日據同志所揭發，兆勳的錯誤很嚴重。他自不學習毛主席著作，又不布置同志學，有願學的，他還常去妨礙! 不像一個共產黨員!回家看報。晚□□①只晨作操一次。

十七日，晨到公園一轉。上午想出安定門尋找北環路西段如何。出坐 9 路到東環路，換坐 28 路（當時誤認 28 路從東環路北

---

①編者注:原於"晚"後空闕約二字。

行,轉到東直門),到朝陽門。進城走至北小街口,上 24 路,到東直門大街,下車,走至北新橋。上 18 路,出安定門,到小關北站下。找一下,未見北環路(找出一里多地)。仍回到小關,乘 18 路,到交道口,換 8 路電車。到東單,換 9 路汽車歸。十一點半。及下午晚,看報。桂愉夫婦和小週來。張親家母也來。下午小睡,同桂愉論將來退休後如何下鄉計畫。晚重讀《學習和時局》。仍只晨作操一次。晚,桂愉夫婦回他們家時已微雨。

十八日,晨到公園一轉。上午重學習《矛盾論》的一節。參考《輔導報告》的關於《矛盾論》節。這一節寫的不好,並有錯誤處。後寫給錫昌回信。下午睡。把信寫完。出送信,並買郵票兩元。回,及晚看報。看《胡志明傳》一部分。

十九日,晨到公園一轉。上午再看一節《胡志明傳》。及下午把《矛盾論》學習完。下午看報。晚重讀《正確的思想是從哪裏來?》。

二十日,晨到公園一轉。上午到所。小組開會,本爲各人自行檢查,後因許景元發言有反抗文化大革命運動傾向的議論,後半及下午變爲批判他的思想會。六點半散。在東單下電車進商場,想買水果,已收攤,想不買,到 9 路汽車站等車。遇侯薪,他説東單拐彎有鋪子賣,遂往,購桃二斤,芭蕉二斤(價共 1.05)。到家,七點半已過。晚看報,未完。上午缺作操一次。晚重讀《爲人民服務》《文化工作中的統一戰綫》。

二十一日,晨到公園一轉。上午把昨天報看完。及下午及晚看《關於若干歷史問題的決議》的第三節的後半和第四節的全部。學習《反對本本主義》。下午睡,看報。晚飯後出走到建外車站。回，又學習《被敵人反對是好事而不是壞事》。

二十二日，前日見人給兩張大字報，一張批評顏伯諍同我，説我們不去開會，不寫大字報。初意覺得我歲數大了，可以不管它。後想這未對，晚晌頭昏，思想不好整理，等早晨再細想。今早起時，翻看《歐陽海之歌》一段，豁然開朗，用不着再想：我素常看不起依老賣老的人，推説歲數大，不是依老賣老麼！出到公園一轉。路遇很多人群從鄉下來，打紅旗，手執小旗。我想看旗上的字，但他們走得快，看不見。以後才知是到天安門，開萬人大會，支援越戰。出公園，順光華路往東過越南大使館門口，也有標語。轉南，走日壇東路和東小林歸。上午重讀《丟掉幻想，準備鬥爭》《論人民民主專政》等篇。十點後想到所，但人過多，公共車不開，遂往買一紅鉛筆（0.07）。歸，重學習《和美國記者安娜·路易斯·斯特朗的談話》《中國革命戰爭的戰略問題》《關於目前黨的政策中的幾個重要問題》。下午兩點出到所，帶《人民日報》，看，並看《參考消息》。小組會預備批判林澤敏材料。今日又有批評我的兩張大字報。六點出到王府井果亭，買一合桂花米花糖（0.55），歸，七點。晚看《歐陽海之歌》四節。

二十三日，五點起，與季芳談二人的思想問題，至將七點，未出。上午出到所，開大會。烏恩同志傳達陶鑄同志對工作的指示，不長。散後小組開會討論陶鑄的指示。午後小睡。兩點半繼續開會，開會時，我把今天的《參考消息》和《解放軍報》《人民日報》大致看過。此時雷雨一大陣。四點半散。回，再稍補足看報。看《歐陽海之歌》數段。晚與季芳談學習《在延安文藝座談會上的講話》的心得。重讀《第二次世界大戰的轉折點》《關於領導方法的若干問題》一遍。僅上午作操一次。

二十四日，晨到公園一轉。出小東門，順日壇東路南行，到秀水南街，向東轉。到□□□□東①，南出，到建外大街，歸。上午出，乘北酒路車，到亮馬橋下。走過牛王廟，繼續前行，在左邊有公路，以爲是北環東路，向西行，可轉到安定門。乃走到東直門！大約此路非向西而向西南。遂乘24路汽車，轉9路歸，時十一點。小寢。看報（及下午）。稚岐母女、桂愉夫婦和小週均來。張親家母亦來。晚飯後與桂愉談。後他們除小週外，均去。僅晨作操一次。

二十五日，晨出時小雨中止。但中途又微雨，遂到東小林作操。後雨又止，仍到公園一轉。時微雨時止。上午學習《〈農村調查〉的序言和跋》《改造我們的學習》。把《論政策》讀一遍。九點後往所。小組開會討論《關於正確處理人民内部矛盾的問題》。十點後許景元作檢查。午餐後仍翻閲《帝國主義是資本主義的最高階段》的一節。兩點半後仍開會，繼續批評許景元，青年同志分析能力强，並且在洛陽聞見甚真，故發言很中肯。我也説了幾句。六點半散。歸。晚餐後看報。十點後將寢時，大雨一陣。

二十六日，晨到公園一轉。時温度降低。上下午學習《中國革命戰争的戰略問題》，未完。九點後，將到所，仍微雨，遂止。上下午看報。僅晨作操一次。上下午均時微雨時止。

二十七日，晨到公園一轉。上午重讀《爲人民服務》一遍。

---

①編者注：原於"東"前空闕三四字。

出到所。開大會揭露林澤敏。我於十一點半後很渴，出往茶爐找開水而水却未開！看一會大家報。已將十二點，遂取一點洗手熱水，預備吃飯。待人不來，遂先吃，吃完，往取開水。取來後會還未散，再入會場片時，才散。下午小睡，看《帝國主義是資本主義的最高階段》一小節。兩點半後，小組開會，仍批判許景元。五點許散。回。及晚看報。仍晨作操一次。接徐天增信一封。

二十八日，昨日趙永福同志對我說，要我把解放後從南陽來訪我的人的姓名、歲數、姓別、出身成份、現在何處工作，詳細開列給他。今晨與季芳共同從記憶中寫出。畢，已七點餘。上午出到所。今日上下午仍繼續昨日會，聽林澤敏的"擠牙膏"。今日午後兩點餘大雨片時。後時雨時止。晚仍將繼續開會，我怕不好走路，遂先歸。晚看報未完。把《愚公移山》重讀一遍。今天未作操。

二十九日，起已六點，因未出。上午學習《中國革命戰爭的戰略問題》，完畢。出到所，今上午所內多數人出去參觀。與趙芝荃談，解釋他所貼大字報問題，及他問題。後十點，大家聽廣播。我在早晨已聽過，遂回。看《歐陽海之歌》數節。下午及晚，看一點報，未完。將兩點，出到民族文化宮聽報告，臨時又改爲在學部作，又回到學部，則一北大談他校文化大革命運動情況，說宣傳部派來的工作組，偏信右派，壓抑左派，很失衆望。現廣大同學，不理工作組，自己響應毛主席的號召，自推行運動。後本學部所屬各單位的左派同志發言，直到七點半才散。也是批評來學部工作組的右傾。此種情形，我今日才知道。僅上午作操一次。

三十日，晨到公園一轉。上午學習《反對自由主義》。重讀

《五四運動》《青年運動的方向》《大量吸收知識分子》《紀念白求恩》諸篇。九點想出到所（我幾乎整天相信今天爲星期五！），季芳來同我談思想問題，我以爲到所無大事，遂止不往！談罷，又讀《關於重慶談判》。下午睡。醒後，看報。聽見小週説話，才疑惑今天非星期五，看報端，果爲星期六！今天怎麽可以不到所呢！晚續看報。看《歐陽海之歌》三節。上午缺作操一次。

三十一日，起五點，看《歐陽海之歌》一小節。收拾屋子。上午讀《抗日戰爭勝利後的時局和我們的方針》。九點出到東單買月票。回，稚岐、小宇、韓争皆來。談。睡片時，下午看報。讀《關於若干歷史問題的決議》的未讀部分，仍未全完（及晚）。僅下午作操一次。

八　月

一日，晨簡略整理屋子。上午重學習《新民主主義論》的部分①。九點出到所，看大字報。開小組會，討論近日所内革命運動情形。中午歸。小睡。兩點半後，出到學部開會，聽各所左派同志聲討原工作組的右傾言行。七點半散。晚看報。今日上午及下午雨。兩三點鐘止，後漸晴。僅上午作操一次。接周國亭信一封。

二日，晨起看了一節《歐陽海之歌》，才認識到我近幾年進步特別遲緩的真正原因，是因爲我總覺得從前並不很自私自利，問

---

①編者注："分"，原脱，據文意補。

題不大。有這樣驕傲情緒作總病根,它阻礙一切可能作出的進步! 此點不努力克服,今後仍將進步無希望! 這是多麼可怕呢! 至於受到別人批評關於翦伯贊的發言,也有兩點的錯誤:1. 未認清一件事"在某一個歷史環境下是正確的東西,在另外一個歷史環境下就可以成爲不正確的"的原則。就生出第二點錯誤。我由於晞奕不知"房杜"的意思(至於不應該强調此二人的太重要,那是另外的問題),知道解放後初期,教歷史的教員有顧慮,曾以社會發展史代替歷史的教授。由於這點形而上學的認識,遂説翦氏説的並不錯! 没有調查翦氏在哪一年説話,當時歷史的教授是什麽樣子(實在這十幾年中一定有很大的變化),就"閉着眼睛在那裏瞎説",這怎麼能要得呢! 到公園一轉。八點半後出到學部,聽繼續昨日的報告。十二點半散,歸。下午小睡。兩點半後,仍往學部聽上月二十九日晚,劉主席和中共他首領向大衆發言的録音。可是由於我耳不聰,聽了一點鐘,只聽到幾個詞,未能聽到一整句發言! 無法,遂先歸。看報。晚再看《歐陽海之歌》幾節。只晨作操一次。周國亭又寄來兩塊錢。

三日,晨起掃室内地。到公園内一轉。上午及晚學習《新民主主義論》的上節半。到所,時落雨,到室内後,大雨淋漓。後稍止,即由工作室到會議室。路上水深,雖着膠靴,而水入靴筒,韈子全濕! 小組會討論八一報上社論。下午看一點《帝國主義是資本主義發展的最高階段》内一節。六點二十分我即先出。歸。晚僅看《參考消息》。《人民日報》僅掀掀。

四日,晨到公園一轉。上午讀《關於目前國際形勢的幾點估計》《以自衛戰爭粉碎蔣介石的進攻》。又讀《集中優勢兵力,各個殲滅敵人》，未完。到所，開大會，繼續昨日討論。下午仍將繼續，我不願參加，即歸。下午小睡，看報。六點半後，出到所。七點半參加黨組織生活。十點尚未完。我因天晚，先歸。睡時已**五日**零點十幾分了，吃一片安眠藥。夜睡頗酣。醒已六點。未出。上午把《集中優勢兵力，各個殲滅敵人》讀完。又讀《美國"調解"真相和中國內戰前途》《三個月總結》《迎接中國革命的新高潮》。後及晚又讀《帝國主義是資本主義的最高階段》中數節。下午一點後出到革命博物館前，兩點二十分後入門參觀大慶展覽。分總館、政治工作館、技術工作(?)館三部分。總館按年分述。五點餘出，歸到家，六點。未作操。

六日，起五點。到公園一轉。回學習《丟掉幻想，準備鬥爭》。上午到所，小組開會(及下午)討論毛主席把全國辦成革命大學校的號召。下午小睡。小組會休息後，開大會，烏恩報告□□兩點在學部所□□□□□①報告。散後小組又討論一番。晚看報，未完，很睏，遂止。

七日，五點起，收拾屋子，未出。上午看昨天未看完的報。重學習《將革命進行到底》，未完。及下午看本天的報。下午小睡。和桂愉談近年思想方面的緩慢變化。晞奕想看看《論黨》，遍找未見。却找出《辯證惟物主義》。晚把它翻閱一下。僅上午作操一次。

八日，四點半起，看《歐陽海之歌》一節。出到公園一轉。上午學習《黨委會的工作方法》。九點後將往所，見正落微雨，遂止。讀《別了，司徒雷登》。又翻閱一九四九年主席所寫各篇。

①編者注：原稿此處數字無法辨識。

及下午看報。下午小睡。又學習《在中國共產黨第七屆中央委員會第二次全體會議上的報告》。晚……①上午缺作操一次。

九日，五點起。掃屋子（前幾天也掃）。出到公園一轉。上午重讀《五四運動》《青年運動的方向》。又讀《統一戰綫中的獨立自主問題》。八點半後出到所。十點後所中無事，小組同志均往學部看大字報，我也隨後去。才看一條，高天麟等已出。高對我說，所中下午大家往三里河某處開鬥爭孫冶方會，如果我想去，可以坐車回所，早吃飯。我因爲孫爲比蘇修更修的一人，也願參與。遂回所吃飯。後我已上車，可是西屋組去人已滿額，不願我去，只好下車回家。看報，小睡。讀《抗日時期的經濟問題和財政問題》。又把《關於若干歷史問題的決議》中未圈點完的部分圈點完。晚看《河南日報》。在所取回兩份《科學報》（347—8），曾略看一遍。

十日（此後掃屋不記），晨起到公園一轉。上午七點後，出到所。大家說要到學部開辯論會，我因卡車太擠，乘公共車前往。主要爲批評張際春和他所領導的工作組。將十二點散。步行回家。下午繼續開會，我因看報未前往。看《歐陽海之歌》數段。讀《在陝甘寧邊區參議會的演說》《一個極其重要的政策》（及晚）。上午缺作操一次。

十一日，晨到公園一轉。上午讀《中共中央關於同國民黨進行和平談判的通知》，重讀《關於重慶談判》，讀《減租和生產是保衛解放區的兩件大事》《以自衛戰爭粉碎蔣介石的進攻》。八點

---

①編者注：原於“晚”後空闕數字。

半後出到所。找出《論共産黨員的修養》的活頁本。學習《關於
正確處理人民内部矛盾的問題》的第一段。十點後參加小組學
習,看到江青、陶鑄、陳伯達、劉少奇諸同志的發言稿。下午看
《帝國主義是資本主義的最高階段》後附録的《論尤烏尼斯的小
册子》。兩點半後繼續上午會。他們談,我聽不清,只聽到説要
本小組舉出下午出開會四人,晚開會四人。將四點,他們全散。
我回室内看□□□夫①的《政治經濟學》一段,歸。看《參考消
息》。早報將晚才來。晚看報。讀《論共産黨員的修養》一段。

　　十二日,六點後到公園一轉。上午讀《三個月總結》《迎接中
國革命的高潮》。八點半後到所,參加小組會,討論《關於無産文
化大革命的決定》的第一、二兩條。休息後,開大會,昨日往開會
同志輪流報告其所見聞。大約是應用地球物理所王錫朋(?)前
些天給院黨委寫大字報提意見,被誣爲反黨、反革命分子。昨晚
在中關村廣場開大會,辯清是非,始知被誣。下午一點到首都劇
場,開批判侯外盧的大會。如關山復、楊述、劉道生、張幼漁、何其
芳、劉大年、黎澍、劉桂五、酈家駒、楊獻珍等皆與。我所仲銘②、
兆勳、澤敏三人也在其中。六點半後散(尹達因在所中鬥,未被
揪出)。晚看報,未完。下午未作操。

　　十三日,起後與季芳談昨日開會情形,我疑惑帶高帽子的辦
法有挫傷知識分子積極性的危險,季芳不以爲然。未出。七點半
後出到所。小組討論《關於無産階級文化大革命的決定》中第
三、四兩條。休息後,我只看今天的《參考消息》。未到十二點,

---

①編者注:原於"夫"前空闕約三字。
②編者注:"仲銘",疑"作銘"之誤,即夏鼐。

因討論中無大興趣，遂先出，歸。下午看報，小睡。五點後及六點後，曾兩次聽八屆十一次全會的決議。每次約三十分鐘。晚，讀《論共產黨員的修養》第二章第一節。晨缺作操一次。

十四日，夜雨，終日時落雨。僅將晚時停。起後收拾屋子。上午學習《關於糾正黨內的錯誤思想》。將十點，冒雨出到王府井新華書店，購《毛澤東選集》第一、第三兩卷（通行本，0.80）、《論共產黨員的修養》（0.20）。出，到前門下車，到打磨廠，以爲王麻子刀剪鋪在此，打聽，才知它已搬到崇文門大街，遂步行往。現路北鋪面多已毀掉，路不好走。到刀剪鋪，購小剪一件（0.64）。過崇文門，門樓已拆，僅餘一門洞。後坐公共車回家。下午小睡，看報。又讀《星星之火，可以燎原》（及晚）。復周國亭信。僅下午作操一次。

十五日，三點半後即醒，後看《歐陽海之歌》。五點起。今日全天時霏霧絲，也無大雨。到公園一轉。上午讀《中國共產黨在民族戰爭中的地位》的前半。九點後出到所。因忘帶鑰匙，找黃石林，後發現周國亭的手提箱，仍在我室內，才知道前幾天認爲曾把此箱轉交黃仲良的錯誤。十點後開大會，室內無坐位，坐在室外臺階上聽。烏恩正報告宣傳部副部長（張姓）同他的談話，及分派所中將來的工作辦法。十一點將半散。回家。下午小睡。看報，未完。續讀上午未讀完的後半。晚讀《爲爭取千百萬群眾進入抗日民族統一戰綫而鬥爭》，未完。今天下午也看《論共產黨員的修養》中幾節。

十六日，夜雨，上午仍淋漓不止，至下午三點後，才漸停。上午讀《組織起來》《開展根據地的減租、生產和擁政愛民運動》。翻閱《毛澤東同志的初期革命活動》中數節。讀《論共產黨員的修養》的第六節和七節中第一項。看報(及下午)。下午小睡。讀《必須學習做經濟工作》《游擊區也能够進行生產》《愚公移山》。又讀鄧小平同志《關於修改黨的章程的報告》的第一、二兩節。晚未工作。僅下午作操一次。

〔落一天日記,落的大約是十七的。〕①

十八日,昨天已經知道今日要在天安門前開百萬人的慶祝文化大革命。未四點,即聽到隊伍經過的鑼鼓聲。過四點半即起。五點後出到公路旁,參觀經過的隊伍。五點半後,過完。即到公園一轉。上午看電視放演天安門大會。並讀《論聯合政府》的部分(及下午)。看報(及下午)。下午小睡。把《修改黨的章程的報告》(及晚)約略看完。上午缺作操一次。

十九日,晨到公園一轉。上午讀《在晋綏幹部會議上的講話》。又把《對晋綏日報編輯人員的談話》看一遍。八點半後,出到所。小組中所談已到"改"的問題。休息後開大會,仍給文化大革命小組提意見。下午仍繼續。晚過組織生活(前曾與作銘小談)。快十點出(他們仍在繼續)。到家,已十點二十分。下午曾小睡。就寢時十二點二十分。

二十日,晨到公園一轉。上午出到所。小組討論十六條決定的第十、十一兩條。九點開大會,傳達黨中央關於清查民間槍支的決定。後仍小組會,討論此決定。下午小睡。兩點半後開大會,仍繼續給文革小組提意見。七點半散。看完圖書館的大字報。回到家已七點半。晚看報,未完。

①編者注:此爲天頭文字。

二十一日,起整理屋子,未出。上午看昨日報。因爲《毛澤東同志的初期革命活動》内説:毛主席第一次來北京時(1918),曾住三眼井傍,吉安東夾道七號,我想找着這個房子,因在九十點時,出,到三眼井下車,打聽。今日只有吉安所左巷及北巷,並無東夾道名。附近又大學夾道,似乎無干。遂廢然返。張親家母本已早來,回時韓争、波、昱和稚岐母女皆來。後桂愉夫婦和田景發也來。看報(及下午)。下午小睡。談。後他們(除晞奕外)都走。我讀《中國革命戰争的戰略問題》的一部分,又看《論反對日本帝國主義的策略》第一節。晨缺作操一次。稚岐在學校尚未爲學生所諒解,被鬥頗嚴重,我們頗憂慮。

二十二日,晨到公園一轉。上午繼續看《論反對日本帝國主義的策略》,匆匆看完(下午又重看)。八點半後,出到所,小組仍討論十六條。十點後,開大會,烏恩報告文革小組工作上的缺點。十一點半散會,我即回家。下午小睡,看報。把《科學報》的342—3—4—5—6—7—8七份,匆匆翻完。晚學習《關於正確處理人民内部矛盾的問題》。下午四點四十分,將下作操,因微雨,遂缺作一次。晚雨頗大。

二十三日,晨到公園一轉。上午讀《必須學會做經濟工作》《游擊區也能够進行生産》。九點出到所,已九點三刻。後看大字報。小組討論選舉文化革命委員會人選。我因人全不熟,未能發言。看《參考消息》。十二點回。下午小睡,看報。及晚想把無用和有問題的書處理掉,清理一番。晚桂愉來,談家中將來處置。

二十四日,晨起六點,僅到東小林作操。上午續讀《關於正確處理人民內部的矛盾問題》中數節。將八點，出到所，才知道昨天下午並沒有選舉人，僅開大會揪出一二十人，我大約在其內，可是我沒去。今天小組大約決定繼續鬥我，處處挑眼。後又提出我對於牛、林、夏三人的看法，我曾經説過，不能不承認。致觸同人大怒。把我拉到院内，戴高帽子，掛牌子，迫我低頭。我堅決不低頭。被擊數拳。後讓我寫檢查，我寫了一點。後我回家吃飯。將兩點出到所。他們命我再寫檢查。這次檢查，思想有些進步。六點後出。步行到防修街，路上看了些大字報。到榮寶齋和兒童玩具店，一觀。回家已七點餘。晚看報。後桂愉來談。

二十五日，晨到公園一轉。上午將到八點，出到所，小組討論應參加勞動的人如何分法，我分同作銘等一組。十點後開大會，把十幾個人掛牌子，列站前邊。夏、林、牛、靳皆預。受囑後，又討論昨晚陳夢家圖自殺事。人未死，在醫院。衆情憤激更加。後出，參加勞動。與夏、林、牛等偕。十二點回家吃飯。將兩點，仍出到所。讀《矛盾論》前半。看《人民日報》。回家七點。晚看《目前形勢和我們的任務》，不全。下午學習時，聽夏、牛、林諸人談，皆心平氣和，顧全大局，思想比我進步。

徐旭生傳略

徐桂倫

　　徐旭生(1888—1976),原名炳昶,字旭生,後以字行。曾用虛生、遁庵、四河人等筆名,河南省唐河縣人。古史專家、考古學家、教育家。早年入京師譯學館就讀,後留學法國,巴黎大學畢業。回國後曾任北京大學哲學系教授,北京大學教務長。期間,曾任中外合組的"中國西北科學考察團"中方團長赴大西北考察。1929年任北平大學第二師範學院(即北平女子師範大學)院長。1931年任北師大和女師大合併後的北平師範大學校長。1932年後,歷任北平研究院史學研究會(所)編輯、研究員、所長。1949年以後,任中國科學院考古研究所研究員。爲第三屆全國人民代表大會代表。

　　主要著作:《中國古史的傳說時代》、《徐旭生西游日記》。發表文章:《試論傳說材料的整理與傳說時代的研究》(合作)、《略談研究夏文化的問題》、《1959年夏豫西調查"夏墟"的初步報

告》等。譯著有：威伯爾（法）《歐洲哲學史》、顯克微支（波蘭）
《你往何處去》（合作）等。

徐旭生先生是我國著名考古學家、古史專家和教育家。他在
六十餘年的教學、科學研究中，成就斐然。20 世紀 20 年代，由他
出任中方團長的“中國西北科學考察團”，在科學考察方面第一
次捍衛了國家的主權和尊嚴，并在地質、礦物、考古、古生物、氣象
等學科取得巨大成就。

一、積极干預現實的人生態度

徐旭生 1888 年 12 月 10 日出生於河南省唐河縣。1906 年到
北京豫學堂學習，同年冬入京師譯學館習法文。1913 年春留學
法國，在巴黎大學學習哲學。1919 年回國後，在開封第一師範及
留學歐美預備學校任教。1920 年河南教育界爲反對軍閥趙倜，
推舉徐旭生爲代表赴北京請願，此後因受反動勢力阻撓不能回
豫，即留居北京。

1921 年秋，徐旭生受聘於北京大學任哲學系教授，講授西洋
哲學史課。期間，翻譯了法國威伯爾的《歐洲哲學史》，又與摯友
喬曾劬（大壯）合譯波蘭作家顯克微支的歷史小説《你往何處
去》，這是該書在我國的最早譯本。

在北大任教的同時，1925 年，徐旭生與友人李玄伯共同創辦
了《猛進》周刊，徐任主編。關於徐旭生與這份刊物，當代學者、
現代文學史專家孫郁在一篇文章中曾有簡要和精辟的介紹：“徐
炳昶在現代史上有着重要的作用，學問的深且不説，就《猛進》雜

志的創刊而言，他的功勞不淺，《猛進》幾乎和《語絲》前後誕生，
風格不同，思想却是鋭利的。文學史上一般不太談及《猛進》雜
志，對徐氏也是語焉不詳。其實若翻看這一個舊刊，引人的地方
很多。有的文章甚至比《語絲》更有爆發力，是一個知識分子的
論壇。就當時討論問題的特點而言，與魯迅等人實在是相近
的。"①"青年時代的徐炳昶熱力四濺，在北大有着一定的影響。
其實按那時的學問程度，他本可以成爲很好的哲學教授，在學理
上有自己的獨特建樹。但偏偏願干預現實，喜歡寫一些時評的文
字。看《猛進》上的文章，抨擊當局者爲數不少，見解常常在別人
之上。比如攻擊段祺瑞政府的雜感，諷刺章士釗、陳西瀅、楊蔭榆
的短章，幾乎與魯迅相同。難怪魯迅的一些雜感也發表於《猛
進》，他在這位主編身上看到的是紳士階級没有的東西。民國
初，留學歐美的學者有一些染有貴族之態，與國民與社會是隔膜
的。然而徐氏身上没有這些，你看他看人看己的態度，都本於自
然，明於常理，毫無依附他人的奴相。"②"我在徐氏的墨迹裏幾乎
看不到自我的陶醉。學問不過是爲人生的，且爲改良人生而獻力
的。每每見其言説倫理與歷史，便隱含着深深的憂患感。他諷刺
當下政客與學人幾乎都有阿Q態，語氣絶無寬容的地方。重要
的一面是，文章甚至也鞭笞着自己，那清醒的警語，是唯有健全的
智者才有的。"③

　　這一時期，徐旭生不僅用筆鞭笞軍閥政府的倒行逆施，而且

①孫郁:《古道西風》，載《十月》2005年第6期。
②孫郁:《古道西風》，載《十月》2005年第6期。
③孫郁:《古道西風》，載《十月》2005年第6期。

用行動積极參加反帝反軍閥的進步活動。

　　1925年10月26日，北京各學校團體五萬餘人在天安門集會，反對段祺瑞政府爲在不平等條約基礎上與各帝國主義國家訂立新的關稅協定而召開的"關稅特別會議"，主張關稅自主。赴會群衆剛進至新華門前，即爲大批武裝警察所阻止，并遭毆打，造成流血事件。徐旭生始終走在隊伍的前列，爲保護學生被打掉兩顆門牙。事後盛傳魯迅被打掉兩顆門牙，其實是張冠李戴了。魯迅在《從鬍鬚説到牙齒》一文中對此做了澄清。爲表示不屈服於反動勢力的殘暴鎮壓，徐旭生留齒明志，一直將被打掉的牙齒留在身邊，直到1976年他逝世後，家人才將這兩顆牙齒放入遺體口中火化。

　　1925年女師大爆發學潮。當時徐旭生正在該校兼課。學校被北洋軍閥政府強行解散後，他與魯迅、許壽裳等進步教授一起，到宗帽胡同的臨時校舍義務爲學生授課，旗幟鮮明地支持學生的反抗鬥爭。

　　1926年3月18日，段祺瑞政府製造了震驚全國的"三一八"慘案。該日上午，北京各學校團體在天安門前集會，抗議日艦衝入大沽口炮轟馮玉祥的國民軍及八國公使要求解除國民軍武裝的最後通牒。徐旭生參加大會後返回。當他得知國務院門前發生慘案的消息時天色已晚，立即獨自手提馬燈趕到慘案發生地，慰問幫助受傷學生，隨後又向死難烈士遺體告別，以示哀悼。後不久，《京報》上登出一張段祺瑞政府曾想要通緝的48人名單，徐旭生與李大釗、魯迅以及其他一大批知名學者均在其中。

徐先生這種干預現實的人生態度，在不同時代、不同歷史階段均有所見，可謂終其一生。

二、赴大西北科學考察

徐旭生在北大任教期間，發生了中國現代科學史上值得大書一筆的一件事，就是自 1927 年 4 月達成協議，由中外科學家合組的"中國西北科學考察團"，對我國大西北廣大地區進行了長達八年之久的多學科的科學考察（包括兩年勘路合作）。這是中國科學家第一次對祖國大西北進行的現代意義上的科學考察，也是中國第一次爭得學術主權、中外科學家真正平等合作的科學考察，這還是一次中國科學家取得轟動國際學術界豐碩成果的科學考察。徐旭生從始至終是這次考察的主要促成者、參與者和領導者之一。

"五四"以來，我國學術界，包括徐旭生在內的許多有識之士，對自晚清以來許多外國人恣意從中國掠走大量科學資料和珍貴文物，無不痛心疾首，力謀設法挽救。他們曾醞釀自己組織起來開展科學考察，但在當時情況下經費根本無法解決，最現實可行的辦法是，爭取在中方掌控之下，由外國人出資，中外平等合作進行考察，把獲得的珍貴文物留在中國。恰在此時（1926 年末），自晚清以來曾多次到中國探險的瑞典大探險家斯文·赫定又率領一支德瑞合組的大型探險隊到了北京，正準備去我國西部考察，并已取得了北洋政府的批准，有關部門同意赫定可以將采集品先運往國外研究。1927 年 3 月消息傳出，這正是時任北京大學教務長的徐旭生和北大國學門的沈兼士、馬衡等人所擔心的，於是他們立刻聯絡在京的各學術團體成立了"中國學術團體協會"（以下簡稱"協會"），起草了維護我國學術主權的六項原則，發表了《反對外人采取古物之宣言》，得到輿論的廣泛支持。時在北伐的聲威下已自身難保的北洋政府害怕引起學潮，於是勸說赫定與協會直接接觸，并說如果問題不能很好解決，政府將撤銷批准。赫定不得已只能與協會代表談判。經過反復多輪會上談判與會下磋商，唇槍舌劍地討價還價，至 4 月下旬，赫定基本接受了中方意見，雙方終於達成了 19 條合作辦法。辦法中確定了協會下設的"中國西北科學考察團理事會"（下簡稱"理事會"）對"考察團"的領導地位；設中外兩名團長，采集品要運往北京，由理事會處置；有關國防問題不得考察；考察經費由赫定負責；考察期限 2 年等。雙方還決定派數量對等的成員參加。這項協議結束了在我國考察只能聽命於外國人的歷史，第一次爭回了我國的學術主權。在這次艱難而成功的談判中，徐旭生是中方重要成員之一。

　　理事會緊接着要處理的難題就是由誰來擔任中方團長。這是一個沒有先例可循、前途未卜的苦差事，此人必須有相當的社會地位、應變能力和組織能力，身體要好，本人必須熱愛考察，不畏艱險，家庭必須能離得開。這些條件缺一不可。當議論人選時，大家陷入沉默。最後，徐旭生不顧兩個孩子還小、當時公立學校又常常欠薪等實際家庭困難，以及北伐大軍接近北京、大戰在即的莫測局面，毅然決然地主動請纓擔任這一職務，學者劉半農主動擔起了後勤保障，才使問題得到解決。

　　赫定開始顧慮這位中方團長會在工作中掣肘，但他很快發現，徐旭生是一個正直真誠的人，對赫定這樣一位經驗豐富的老探險家很尊重，他除了在關係國家主權和尊嚴的問題上堅持協議的原則外，坦率承認自己没有探險的經驗，并不想干擾赫定的工作安排，只要是爲了科學，雙方的目標就是一致的。這樣，從一開始雙方的合作就很順利。赫定後來説："作爲一個普通人或一位人道主義者，他（指徐）却是一位你可能遇到的最和善和最令人愉快的旅行伴侣。"①"在我們的全部合作期内，總有着一種最完美的和諧。"②赫定初期還曾認爲，中方團長"不過是畫廊中的一種擺設，在實際的野外生活中他没有任何意義"③。但很快就改變了看法，赫定發現"在偏遠地區由隊裏的中國同行出面與當地政府進行談判要比我們外國人有利得多。在這種情況下，能求助於可信賴的友好的中國人的幫助，對我們歐洲人來説是一筆無價之寶"④。

　　當"考察團"處於最困難的時候，赫定更認識到這位中方團長的不可或缺的實際作用。在到達新疆前，大隊一度幾乎陷入絶境，原計劃從額濟納至哈密月餘可到，他們帶足了 40 天的糧食，不想途中不見人烟就有 48 天，總計用了 62 天才到達哈密。赫定本人又病倒在戈壁灘，只好留幾名瑞典團員陪伴他在一片小綠洲養病，徐旭生單獨帶隊前進。不想情況愈來愈糟，連續幾天大風過後，駱駝已無力負重，不得不留人看管全部輜重，徐旭生則帶隊

①赫定：《中國西北科學考察團誕生經過》，徐十週譯，載王忱編《高尚者的墓志銘》，中國文聯出版社 2005 年 6 月出版，第 605 頁。
②赫定：《中國西北科學考察團誕生經過》，徐十週譯，第 605 頁。
③赫定：《中國西北科學考察團誕生經過》，徐十週譯，第 605 頁。
④赫定：《中國西北科學考察團誕生經過》，徐十週譯，第 606 頁。

輕裝前進,此時糧食也已告罄,只能靠殺那些行將倒斃的駱駝充饑。這時,徐旭生表現出不畏艱險、高度樂觀的精神,就在這幾天的日記中他寫下了一首長詩,詩的結尾四句是:"苦樂由來任心造,宴安酖毒豈是寶。男兒生當東西南北游,安能株守田園老!"他率隊挣扎着走出沙漠,隨即又馬上籌備糧食、駱駝,派人返回救援。赫定後來曾寫道:"我們的景况逐漸地愈是陰沉,而徐教授的自信和寧静也愈是强大,在我們經歷的艱難的時期裏,他表現出完全能駕馭這環境的神情。"①

　　自然的險境剛過,又遇到人爲的阻礙。原來新疆軍閥政府聽到謠傳:有一團軍隊(團長的稱謂引起誤會)來攻打新疆,有外國人,還有很多大炮(實爲氣象學家爲探空氣球充氣用的氫氣筒),於是調兵遣將進行攔截。因此先期到達的氣象組、考察團派出的取款人和購糧人都被軟禁。後經徐旭生多方解釋周旋,并嚴格禁止一些外國團員拒絕當地駐軍檢查行李的行爲,才打消了地方當局的疑慮,使處境轉危爲安。後來,在處理甘肅地方政府驅逐額濟納河氣象臺、新疆金樹仁政府驅逐"考察團"等事件中,中方團長都起到了決定性的作用。

　　到達烏魯木齊後,由於出資方德國漢莎航空公司開辟航綫的目的没有達到,召回了大部分德國團員,并不再出資,赫定不得不回國另籌經費。但是許多有價值的工作剛剛開始,考察時間却已過去大半,若按原計劃在兩年内草草收兵,工作只能半途而廢,這是中外雙方都不願看到的。於是兩團長覺得應立即回北平匯報

①赫定著:《長征記》,李述禮譯,西北科學考察團1931年12月印行,第213頁。

工作,然後去南京爭取新的中央政府的支持,申請考察延期和排除地方當局的干擾。他們在北平和南京得到了理事會和中央政府的支持,延期考察兩年和增派團員的計劃獲得批准。此時,徐旭生帶隊的任務已經完成,於是留在北平接任了女師大院長一職,同時參與理事會對考察團的領導工作。

考察團後來曾一再延期,最終持續了六年才完滿結束。後又有兩年勘路合作并繼續進行科學考察,合作一共堅持了八年之久。

整個考察取得了豐碩的科學成果,其中中方團員的成果尤爲突出:白雲鄂博大鐵礦的發現;75 具包括奇台天山恐龍等在内的獸形爬行類動物化石的發現;高昌等古國的考古;土垠(居盧倉)遺址的發現;第一張羅布泊實測地圖的繪製等,無不洒下考察隊員的血汗并轟動國際學術界。他們的研究成果更是影響深遠,如地質、考古等成果,至今仍是在這一地區找油、找礦、進行考古等不可缺少的參考資料。他們在科技史上創造的"第一"不勝枚舉,將國人對西北的認識提到了一個新水平,爲後來者的研究開辟了道路。

徐旭生參加考察 20 個月,1930 年發表了《徐旭生西游日記》。書中忠實地記錄了旅途所見、所聞、所思,有對沿途自然風光和險惡自然條件的描述;有全團的工作安排和工作方法的記錄;有對周圍人物的描寫,從團長斯文·赫定、中外團員到厨師、駝工,從地方官員到各族百姓;有對生命極限考驗的記錄以及對苦與樂辯證關係的思考。他還十分關注教育、民族、國防等問題,在日記中都提出了自己的想法。《西游日記》是一部具有很高史

料價值和文學價值的著作。對於它,作爲現代文學史專家的孫郁這樣寫道:“我第一次讀到他的這册舊書,一是感到學識的豐厚,古人與洋人的遺産都有涉獵,有的見解頗深;二是發現他是一個有文學天賦的人。内容像海洋般地涌動,一望無涯,偶爾閃動的詩句,如夜空裏的月光,散着迷人的色澤。”①“我以爲現代史上,日記體的文學顯得過於單薄,内涵簡約。而《徐旭生西游日記》却容納着那麽深廣的内蘊。哲學的、史學的、地理學的、民俗學的、文學的東西都有。那是一個閃爍着智慧的世界。在精神的維度上達到了很高的境界。”②

徐旭生具有强烈的民族自尊心,但他不是國家主義者,因此能够團結各國科學家和各族工人,使大家友好相處。他正直坦率,處事公正,不亢不卑,赢得了中外團員的尊敬。斯文·赫定還十分稱贊徐旭生的學術造詣,赫定認爲“他的造詣達到了他國内文明的最高點,普遍地通達他祖國的歷史、文學和哲學。此外,對於西洋生活和思想,也不只是皮毛的認識”③。徐旭生的歷史知識,在途中也給了赫定很多幫助。例如赫定把中國學者帶去的中國歷史古籍稱作“金礦”,他寫道:“徐炳昶教授是這樣的友誼,替我翻譯這書的最重要的内容。”④過去赫定了解考察地區的歷史,只能是回國後求教於漢學家,現在却能隨時得到幫助。總之,在這次空前成功的中外合作考察中,中方團長徐旭生做出了别人不

①孫郁:《古道西風》,載《十月》2005 年第 6 期。
②孫郁:《古道西風》,載《十月》2005 年第 6 期。
③赫定著:《長征記》,李述禮譯,第 198 頁。
④赫定著:《長征記》,李述禮譯,第 197—198 頁。

可替代的貢獻。考察結束後,由斯文·赫定建議,瑞典國授予了徐旭生"古斯塔夫三世瓦薩勛章"。

這次考察對徐旭生個人的影響也是巨大的,最終使他從哲學家變成了考古學家。

三、中西文化的比較研究

自西方留學歸來,幾十年間,徐旭生一直深入思考和研究中西文化的比較。

他早期的文章着重在探尋中國文化的缺點,何以不能發展出近代科學,如何加以補救。他從人類思想史來分析,指出有兩類不同的思想:一類偏重於經驗,一類偏重於理性。二者各有長短之處:前者短處是含混不清、不精確,長處是同實在的世界相接近;後者的長處是所得的結果精確,短處就是太抽象,與實在世界不生關聯。歐洲自中古以來,可以說是純理與經驗衝突的歷史,現代的文化就是它們兩個的產兒,兩者缺一,現代文化不生。兩大思想潮流相衝相激,理性與經驗結合起來,成了新經驗學派,即近代思想的結晶。至於中國,則兩三千年間,偏重歷史的方法,偏重經驗。凡從經驗可得的東西,它全可以很早地發明,至於純理的科學,在中國的文化史裏幾乎沒有一點位置。他一針見血地指出,中國哲學無論哪一派,全都帶有歷史的性質;歐西哲學無論哪一派,全都帶有數理的性質。由於數理的缺乏,中國的科學不得暢達。故當時的《京報副刊》在向學者徵求青年必讀十本書的目錄時,他列舉了文明世界的六種幾何學和四種倫理學書。他在解釋人們對此的質疑時說:"幾何學的重要,不在於它的結果,却在於它的方法。我并不是説這就是推理最好的方法,却是要説:它對於現在的中國人,總算一種最好的藥石。""在這種現狀之下,不用'過正'的'矯枉'法,用純理的科學,如幾何學之類,使他們的思想得一點練習,還有什麼另外的法子?"①

後來徐旭生對梁漱溟《東西文化及其哲學》一書寫的意見中,進一步發揮了上述觀點:"邏輯在中國幾乎没有,幾何學則簡直没有。……《辯學啟蒙》譯過來數百年仍不見反應。《幾何原本》輸入後,以其有關形體知識,不像邏輯之純抽象,還引起一點反應,此即杜知耕《幾何論約》、李子金《幾何易簡集》、方中通《幾何約》等幾部著作。但此中大可注意者,即其并不能向着抽象思路發展去,却從實用立場而要求其删繁撮要,恰與西洋抽象思維精神相反。"徐旭生的看法與梁漱溟是相通的。梁在看到這些意見後寫的按語中説:"中國人頭腦思路不同於西洋人是其不産生近代科學的根本所在。……李約瑟博士却不知道,此即他所以不能解答近代科學何以在中國産生不出來那個問題之故。"②

後期,徐旭生經過進一步研究,對中西文化問題得出更深入系統的意見。1945 年他撰寫了《中西文化的試探》一文,但由於時局動亂未能發表。直至 20 世紀 60 年代,他才將舊稿加以修訂,完成了十萬字的《中西文化的試探》長文,并交予《歷史研究》雜志準備刊登,不料"文化大革命"驟起,不但發表成爲泡影,就

①本段内容見於《猛進》第五十期《老生常談》十三;《猛進》第四十六期《老生常談》十一;《猛進》第五十二期對錢玄同《論幾何學及倫理學書》的答書。
②對梁漱溟《東西文化及其哲學》一書的意見;據梁氏保存的手稿。

連文稿也在動亂中不知所終。現只能從 1948 年他的一篇演講稿《"快"的文化與"慢"的文化》①中，略窺一點皮毛。

他認爲，中西文化的區別在於，一種是農業文化，一種是工商業文化。兩種文化的不同并不是自近代始，相反，中西兩方遠在古代便走的是不同路綫。西方自埃及、巴比倫以來即是工商業文化，這一點他是抗戰期間在昆明的研究中才發現的。中西文化走不同路綫是由於雙方的社會背景不同。西方自埃及、巴比倫及而後的希臘，都是工商業社會；而中國一直是農業社會。

工商業文化的特徵是快，農業文化的特徵是慢。我們幾千年來一直是緩慢地漸進，比起西方工商業文化的突飛猛進，自不可同日而語。我們近代所以吃了虧便全在此。但慢也有慢的好處，簡單地説，即更能持久，更爲穩健。文中舉抗戰爲例，認爲我們中國這次抗戰之所以能持久戰勝，就全是由於農業文化之功，其一切力量全是來自農村。一般説，我們抗戰是由於地大人多，而地大是來源於人多。但四千年前，中國人口没有埃及、巴比倫人口多，何以他們滅亡，而我們獨能存在着呢？我們人口爲什麽一天比一天多呢？歷史上五胡、元、清等統治的朝代，其統治被推翻後，人并未被殺光，然而他們哪裏去了呢？一言以蔽之，完全被同化了。此種偉大的、無殺戮的、無歧視的走上同化之路，就是農業文化之功。他進一步解釋農業文化之所以有如此大的同化力量，是因爲農業民族希望和歡迎比它落後的游牧民族改爲從事農業以減少他的侵掠；相反的，工商業民族對於比它落後的農業民族，

①載 1948 年 11 月《正論》新十一號。

只希望它提供原料，爲避免競争，不希望别人學習它的生産方式。如此一來，誰的同化力量大，誰的同化力量小就可以知道了。

文中還認爲，目前西方文化之行於世界就是因爲它已經不是西方文化，而成爲世界性的文化。中國文化如果打算存在，也必須使之不僅爲中國文化，而必須具有世界性，否則大有拔毛除根之危。在社會現已發生動摇時，若想使中國的文化爲人接受，就必須有新的改造、新的精神，使之具有世界性。

他還預言，等快的文化統一之後，大家有機會休息，這時才能顯得出慢的文化的優點，才能感覺到慢的文化的需要。

另外，他在另文論及中國文學藝術和工業所受"憂深慮遠"的思想及循環論的哲學之影響時，曾説："中國文學的最高點是温柔敦厚，冲淡夷猶。日月爲之失色，天地爲之變色，中國少有；而山窮水盡疑無路，柳暗花明又一村，中國却多有之。曲折幽隱而非波瀾壯闊——平穩。工業製品在實用方面從不看輕，至於使它華美則認爲奢侈而拒絶之（奇技淫巧者禁）。大興土木亦是被排斥的。因此文化的高度不行，但穩穩發展下去的長度而人所不能及。"[1]

四、主持北平師範大學及其教育思想

1929 年 12 月 14 日，國民政府教育部將北平大學第二師範學院（即北平女子師範大學）改名爲北平大學女子師範學院，任命

---

[1] 對梁漱溟《東西文化及其哲學》一書的意見；據梁氏保存的手稿。

徐旭生爲院長。

當時正值國民政府在北平實行大學區制遭到反對之後，徐旭生對處於混亂狀態的學校進行了全面整頓，重點抓了學術研究工作。在他的倡導下，學校於 1930 年 3 月籌備設立研究所。他聘請一批在學術上有一定成就的學者爲研究所委員會委員，他親自兼任所長，黎錦熙爲副所長。6 月，研究所正式成立。研究所曾與美國的福利爾藝術博物館、山西省立圖書館合作，發掘山西萬泉縣石器時代遺址并取得成功。研究所出版學術刊物——《女師大學術季刊》，到次年 7 月共出版 6 期，發表學術論文計 58 篇，在文史方面取得了重大成果，在地理學、民俗學、哲學、教育學等方面也有一定成績。此外，研究所還對本院畢業生、外校畢業生、校外學者以及本校四年級提交畢業論文的學生，只要有研究志願和能力的，敞開大門。爲了鼓勵研究，還設立了若干獎學金名額。爲提高學生參與科學研究的程度和能力，在徐旭生領導下，學校決定招收研究生并制訂了招收標準。

徐旭生還鼓勵女學生要服務社會，要培養自己吃苦耐勞、堅忍不拔的精神。

當時，北平師範大學因國民政府教育部執行學區制度，被併入北平大學，稱第一師範學院。教職員工及學生都強烈反對，要求獨立辦學。1929 年 8 月，北師大雖然從北平大學獨立出來，但因經費短缺，幾任校長辭職，群龍無首，學校陷於混亂中。1931年 2 月，教育部決定合併北師大和女師大，任命徐旭生爲北平師範大學校長。在合併之前，他同時執掌着兩所師範大學。同年 7 月 1 日，兩校正式合併，學校設立三個學院，即文學院、理學院和

教育學院；相同系科實現合併，兩校同專業同年級合爲一班；將原
女師大的研究所改爲研究院，研究院下設歷史科學門、教育科學
門；將《女師大學術季刊》更名爲《國立北平師範大學研究院歷史
科學季刊》；成立校務會議爲學校領導機構。北平師範大學以嶄
新的面貌展現在世人面前。

　　徐旭生向政府要求增加學校經費，計劃增添辦學設備，限制
教員兼課，實行考察制度，嚴格考試，整頓齋務等。校長與學生自
治會直接對話，改善學校的規章、人員任用等，實行管理公開化、
民主化。9 月，徐旭生公布學校建設的五年計劃：釐定課程標準、
充實設備、整理校舍、擴充院系等，爲學校制定了遠景規劃。

　　當時教育部拖欠師大教職員工的薪水高達 4 萬餘元，但財政
部每月撥款僅 3500 元，真是杯水車薪，無法彌補巨額虧空。徐旭
生致電教育部，因校務無法維持，請求辭職。教育部答應增加撥
款，但一直沒有兌現。爲改變辦學經費嚴重短缺的局面，徐旭生
親赴南京請求增加經費，而財政部長宋子文竟不接見，徐旭生乃
於 1931 年 11 月 11 日憤而辭職。雖然教育部、學校師生員工均
全力挽留，但他對教育部已徹底失去信心和耐心了。

　　徐旭生有自己的教育理念。他一貫反對關在書齋故紙堆裏
求學問，而主張到大自然中去。赴西北的考察更堅定了這一信
念，他在《西游日記》中寫道："想征服自然，却不到自然界裏面去
找，那豈不是南轅北轍！" 關於中小學教育，他理想中的正路是
"把身體的鍛煉、思想的練習、美感的陶鎔三件不大容易兼顧的
事情，設法使它們平均發展，而尤以前兩項爲最注重。聯絡它們
的關鍵是自然界。對於雅典，取其美感和清楚的思想；對於近代

的科學家,取其實驗的態度;對於歐洲中世紀武士,取其勇俠的精神。同德國及日本教育大不同的地方,是他們爲偏狹的國家主義者,我們却仍承襲我們大同的主義;同現在我國教育大不同的地方,是我們對於書本非常輕視,最主要的是引着學生練習着觀察自然界,而且從外面看起,我們的教育是粗野的,非柔靡的"。總之用他自己的話説,是"想設法使教育轉視綫於自然界"。他曾表示,等異日將意見完全整理好後,即當竭力鼓吹以期實行。

關於大學教育,他一貫認爲"大學爲教職員率領學生研究高深學術的地方","大學裏面,授課是要達到目的的一種方法,絕不是最後的目的"①。

1932—1933年徐旭生在《獨立評論》上發表名爲《教育罪言》的長文(共登載了六期),從宏觀角度歷數當時教育方面的種種弊端,認爲教育制度必須做根本的改革。他認爲當時教育制度最大的弊端就是:"現在大學所能養成者,并不是什麽了不得的人才,不過是一種士大夫階級。他們不上大學的時候,還可以工,可以農,可以商。現在上了大學,不能工,不能農,不能商……這樣的教育如果長此繼續下去,中國不亡,是無天理!"又説:"士大夫在我國成一種特別安富尊榮的階級。""科舉變而學校,換湯又何嘗換藥。他們爭着上中學大學,心目中何嘗有什麽高深學術的問題。不過是同從前考舉人考進士一樣,想達到享受比別人高的目的而已。""他們必須要舒舒服服的生活……自己毫不能生產,又不能幫助人家生產,想達到目的,惟有剝削民衆。"他認爲,教育

①《女師大學術季刊》1930年第1卷第1期卷頭語。

制度的另一弊病就是"書本教育的留（流）毒"。"我國數千年來，求學問的惟一方法，就是讀書。科舉廢了，改成學校，仍是讀書。八股策論廢了，換成科學，也止是讀書。專讀書的習慣，施之於數理科學、自然科學，不過成一種笑話……至於學社會科學的先生們，回到中國，不作調查，不作研究，就想把他所學的原封不動，照樣教授或實用於中國，那簡直是一場大笑話！"他還認爲，當時中國的教育制度，不是抄襲日本，就是抄襲英、美、法、德各國的。他們這些國家全是帝國主義國家，剝削的壓榨的國家。我國却是同他們相反，是被剝削、被壓榨的國家。人家是大富豪，我們是窮光蛋。一個家徒四壁的貧人，想教育子弟，却抄襲人家大富豪的辦法……究竟有什麼用處？他深信梁漱溟先生的話，我們可抄襲的教育制度，只可名爲都市教育制度，可是我國全體是無限農村所集合的，非另外創造一種農村教育制度，我們的教育前途是無希望的。

　　他在文中提出了教育改革的幾個基本原則：一、擬定教育改革計劃時，應把現行制度完全去掉，專就我國的社會情形、經濟情形，想出一種教育他們的方法。二、這種教育實行以後，人民是應該有平等受教育機會的。這一點能不能達到，全看下面第三點能不能做到。三、新教育方法一定是與生產相結合的，尤其是需與農業相聯合的。他設想把學校移在鄉野，另外組織起來，與農夫的生活打成一片，半耕半讀。四、新教育制度的養成人才，要矯正從前供求不適合的弊害，須按着社會需求的數目而訓練。這個原則如果在國家充裕的時候，或者不很需要，可是在今日民窮財盡的時候，却是絕對必要的。

五、考古及中國古史研究的成就

　　徐旭生辭去北師大校長職務後，1932年6月受邀任北平研究院史學研究會（後改所）的編輯，後改任研究員，未幾任考古組組長。雖然地位待遇都比國立大學校長相差甚多，但到自然界中求學問的理想有了實現機會，故他欣然受聘。從此，他的後半生都在從事考古和古史研究，在學術上卓有成就。

（一）早年歷史素養的積累

　　從研究哲學到研究歷史，對徐旭生來說，不僅是他的興趣所在，而且他也具備這方面的學術素養。關於他是怎樣在年幼時受到啟發，其後終於走上歷史研究這條道路的，他自己是這樣說的："我個人從很幼年的時候，就對於歷史上的事實發生很濃厚的興趣。現在回想起來，我在十一二歲時就抱着兩部首尾不很完全的《通鑑綱目》和《續綱目》，廢寢忘食地閱讀，就覺得非常地可笑。但就此一點也可以證明我對於歷史的興趣，發生得相當的早。此後遇着歷史一類的書總是很高興地閱讀。當十五六歲的時候，積的知識也頗有一些，就亂七八糟地胡發議論。這時候，正當前清光緒庚子辛丑以後，國家取士初變八股爲策論，我因爲對史事略有所知，雖說年幼信筆塗抹，卻也尚不後人；自己已經頗滿足，以爲很了不起了。不久因爲預備科舉，就偶然買到坊間印行的王船山《讀通鑑論》及《宋論》。開始閱讀的時候，僅感覺到他篇篇的議論全同我原有的意見不相同。起初不過以爲他老先生好作翻案文章而已。及至常看并加思想以後，才知道他并不是好作翻案,他的思想比我們尋常人的思想實在深遠的多;我們想再翻他的案也非常地不容易。這才開始感覺到對於古人非在讀破萬卷并加以深思以後,實在不應該粗心浮氣,亂發議論! 民國成立以後,我又到法國留學。當民國四年,我才讀到法儒 Langlois 和 Sei-gnobos 合著的《史業導言》(*Introduction A L'etude Historique*)及其他歷史方法論的書,才曉得對於史料必須要用種種的方法,慎重批評和處理才可以達到科學的歷史(L'histoire scientifique)的目的。在此以前,我覺得我對於歷史的事實知道的頗多;自此以後,我才感到毫無所知! 因爲這些全未經批評的史實,尚未足以言歷史知識也。我今日對於各家的歷史,歷史方法及歷史思想的著作雖然也讀過一些,但是對於我個人影響之大,再沒有超過於《讀通鑑論》《宋論》《史業導言》以上者,所以在這裏附帶着說一說。"①

關於徐旭生少年時期就已熟讀史書的事,錢穆先生的一段回憶也可以作爲佐證。抗戰時期,一次徐、錢二人均參加了教育部召開的關於歷史教學的討論會。會畢,錢因出席中學教師暑期講習會仍留下,徐則方讀錢著《國史大綱》欲相討論,亦不離去,遷來與錢同室。上午錢去上課,徐讀《大綱》,下午二人對談討論,如此共一周,期間錢記下這樣一段逸事:"一日,旭生忽背誦王船山《讀通鑑論》一段,首尾愈百字,琅琅上口。余大驚,曰,此來,君未携一書,何從借閱,又背誦如滾瓜之爛熟乎? 旭生笑曰,此乃我在出國留學前,幼年熟誦,今追憶及之耳。旭生

①《中國古史的傳說時代》1943 年版叙言。

年長於余，早年留學。至是，不禁大加佩服。曰，不意君於數十年前所讀書，猶能隨口背誦。今日一大學生，能繙閱及此等書，已是一大異事。則無怪吾輩兩人，此番所討論，已成爲畢生難遇之奇緣矣。"①

(二) 陝西考古會及對寶雞鬥雞臺的考古發掘

　　1933年，北平研究院決定在陝西進行考古調查，派徐氏先赴陝西考查，爲嗣後的考古發掘做準備。1934年2月，北平研究院與陝西省政府聯合組就的"陝西考古會"成立，徐氏被委爲該會的工作主任，實際領導考古調查發掘工作。直到1937年七七事變爆發，西安、寶雞遭受轟炸，工作被迫停止。整整四年多中大部分時間，徐氏都在陝西、甘肅等地進行考古調查。考察之艱辛及取得成果之豐碩，《陝西考古會史》有如下概括："值陝西考古會調查、發掘期間，適陝省大災剛過，關中農村經濟凋敝，人民困苦，故整體活動備极艱辛。相關人士常櫛風沐雨，寢宿荒廟，飽受交通工具不足的困擾與蚊蚤、鳥糞等惡劣自然環境的襲擾。惟同人充分認識到'如不急爲搜集、保存、研究，則吾國极珍貴之史料，且將巨量的受無從補救的損失'。""其田野考古工作者艱難穿越關中地區渭河南北縱橫數百里狹長地帶，先後於陝西境內調查發現各類文物遺迹近千處，清理發掘古遺址、古墓葬數百處，獲取各類文物數千件，同時對關中地區大量古遺址、古建築以及散存各地千餘通重要碑石與銅、鐵古鐘和戲曲、民俗、方言等，分別通過調查、測量、繪圖、記錄、椎拓、攝影等手段實施資料收集與不同程

① 轉引自張元《自學歷史——名家論述導讀》，臺北三民書局版，第77、78頁。

度的相關保護及研究。相繼整修維護了西安東岳廟、寶鷄東岳廟及大王村寺廟等多處古代建築；頒布、下達了一系列有關文物保護的指令、函件。"①

　　陝西考古會時期最重要的考古發掘就是徐旭生親自組織領導和實施的對寶鷄鬥鷄臺的三次發掘，被中國考古學界譽爲"中國考古學初步發展時最重要的發掘項目之一"②。特別是徐旭生的學生，當時參與發掘的青年考古工作者蘇秉琦，後來整理鬥鷄臺西周墓地考古資料寫出《瓦鬲之研究》《鬥鷄臺溝東區墓葬》等學術論文，被考古學界公認是中國考古類型學的奠基之作。徐旭生後來根據在陝西考查的材料與古史文獻，認爲足以證明炎帝氏族的發祥地在今陝西境内渭水上游一帶。論點振聾發聵，拓開了考古資料與文獻資料互證的新紀元。鬥鷄臺的發掘還填補了此前自舊石器時代以後、新石器時代末期以前的一頁空白。徐旭生這一論斷，使他成爲中國史前考古學史上最早提出"早期新石器時代文化"觀點的嚆矢者與實踐者③。

（三）對中國古史傳説時代的研究

　　對傳説時代材料的整理和研究，他曾多次發表文章，系統地提出自己的觀點。

　　他不贊成一些极端疑古派學者"把留傳下來的攙雜神話的或有神話嫌疑的故事完全置之不聞不問"，"把它無條件地送到神話的區域裏面"的態度，認爲這就使得我國歷史上史前時代到

①羅宏才：《陝西考古會史》，陝西師範大學出版社 2014 年第 1 版，第 33、34 頁。
②轉引自羅宏才：《陝西考古會史》，第 35 頁。
③羅宏才：《陝西考古會史》，第 190、191 頁。

真正歷史時代的過度期變成了一次跳躍，不符合歷史進化的規律。他提出："我們如果把那些神話認爲歷史經過的真實，固然未免過於天真，但是從另外一個觀點看起，它那攙雜神話的性質，還足以證明它是真正古代遺留下來的傳説，并不是後人僞造的假古董。必需要把這一部分半神話、半歷史的傳説整理清楚，才可以把我們黎明時期的歷史大略畫出輪廓，才可能把我們的史前史同真正的歷史中間搭上一座聯絡的橋梁。"①爲此，他特別重視科學地對待傳説時代的史料問題，提出要注重材料的原始性、等次性。他先把材料分類，是"原生的"還是"再生的"。再分期，商周至戰國前期作品爲第一期，戰國後期至西漢末的作品爲第二期，東漢以後作品爲第三期。又再分等次，第一等是直接引用原始的古代傳説材料；第二等是據前人舊説，或兼采異説，或綜合整理的著述；第三等是改竄舊説，材料晚出，或材料來源不明者。傳説材料去取的標準，還要看它是否含有史實的特徵，這樣來考訂古代的史事。

徐旭生按照上述嚴謹的、獨創的治學方法，於 1939 年春，開始整理占有的大量材料，并深入分析、研究，歷時三年完成《中國古史的傳説時代》一書，1943 年出版。這是我國第一本最系統地研究古史傳説的著作，至今仍是研究這一段歷史不可或缺的參考書。20 世紀下半葉在海内外曾多次再版。這本書凝結着他多年研究古史傳説的心得，蕴涵着他獨到的學術見解。他認爲：中國古代部族的分野，大致可分爲華夏、東夷、苗

①徐旭生、蘇秉琦：《試論傳説材料的整理傳説時代的研究》，載《史學集刊》1947 年第 5 期。

蠻三大集團。

　　華夏集團地處古代中國的西北方。再可細分爲是三個亞集團：1.黃帝、炎帝二大支；2.近東方的又有混合華夏、東夷兩集團文化自成單位的高陽氏（帝顓頊）、有虞氏（帝舜）、商人；3.接近南方的，又有出自北方的華夏集團，一部分深入南方與苗蠻集團發生极深關係的祝融等族。

　　黃帝族、炎帝族的發祥地均在今陝西境内，後各有一部分東移，至今日的山西、河南、河北、北京等地。東夷集團，太皞、少皞、蚩尤均屬之。它的地域最盛時包括今山東、河南東部和南部、安徽北部和中部，東至沿海。苗蠻集團，三苗、伏羲、女媧等均屬之。它的地域以湖北、湖南、江西爲中心，北至河南西部山區。這三大集團，在屢次互相鬥爭又和平共處過程中，最終完全同化漸次形成後來的漢族。

　　徐旭生還認爲，在中國古代史上有三大變化：一、華夏族與東夷族漸次同化，形成若干大部落聯盟。二、黃帝死後，高陽氏出現，生產力有所發展，貧富分化，勞心與勞力出現分工，這時文明的曙光在望。三、大禹治水後，氏族制度逐漸解體，變成了有定型、有組織的國家。

　　徐旭生的這些論述，爲我國古史傳說時代的研究創立了一個新體系。

（四）首倡和開創根據文獻資料結合田野考古探索夏文化

　　徐旭生是首先倡導根據文獻資料，結合田野考古探索夏文化的學者，他自己率先垂範，身體力行。他發表的《略談研究夏文化的問題》一文中提出了指導性的意見。他指出，夏文化這個詞包括兩種含義，夏代文化和夏族文化，兩者在時間和地域範圍上都不盡相同。他還指出，中原地區有兩個地域與夏的關係特別密切，一是豫西地區伊、洛、潁水流域，二是晋南地區汾、澮、涑水流域。這對夏文化的探索，分清概念，指明途徑，在學術研究中是至關重要的。

爲了彌補考古學上這一大空白點，他親自到豫西傳説的“夏墟”實地考察，調查了幾處比較重要的遺址：告成、石羊關、閻砦、谷水河、二里頭遺址等。寫成了《1959 年夏豫西調查“夏墟”的初步報告》。爾後，二里頭、告成與晋南東下馮遺址的發掘，就是在他的《報告》的啟示下開始的。這次調查還有一感人的事迹：他不顧年邁，與年輕人一起，一天步行數十里；一日遇到大雨，別人勸他坐大車，他拒絶，堅持脱鞋赤脚在泥濘中步行了五六里路才回到住所，次日仍繼續工作。當時徐旭生已七十一歲高齡，這種爲科學事業不畏艱辛的精神，老而彌篤。此次調查的重要意義就在於發現了二里頭遺址，并且意識到它的重要性。1964 年，他又親自到二里頭遺址發掘現場，工作長達數月之久。今天，二里頭遺址聞名世界，對此，徐旭生有着首倡和開創之功。夏代是文獻記載上中國第一個王朝，對夏文化的探索與研究實際上已觸及了中國文明起源問題的實質。①

（五）對中國考古學的影響

徐旭生的學術思想與貢獻，對中國考古學的影響意義深遠。

①《20 世紀中國知名科學家學術成就概覽》考古學卷第一分册，北京科學出版社 2015 年版，第 39、40 頁。

首先,徐旭生的學説對於蘇秉琦一系列學術思想的形成,有重要的指導和潛移默化的推進。蘇氏的考古學思想具有濃厚的歷史學色彩,這也是近現代中國考古學者不同於歐美考古學者的重要特質。蘇氏學術思想顯然受到徐旭生的深刻影響①。蘇氏的區系類型理論在提出之後能很快地在中國確立并成爲中國考古學的重要基礎理論,很重要的原因正是這個理論起到了溝通考古學文化與歷史學傳統的作用。徐旭生對於蘇秉琦學術思想的影響還有其關於國家形成的“三歷程”“三部曲”和“三模式”的理論,尤其是“古國——方國——帝國”的論述,和徐旭生關於古史輪廓的劃分幾乎是相同的,徐的影響也是顯而易見的。此外,時至今日不少學者利用考古資料進行的上古史研究,仍未脱離徐旭生所創建的古史體系。一些有關夏、商、周三族源流的論述,以及有關五帝時代的探索,從本質上説都没有跳出徐旭生創建的古史體系。其次,徐旭生的研究方法對古史及相關考古領域的探索也有很大影響。最後,徐旭生十分重視田野調查和實踐,這最早可追溯到 1927—1928 年中國西北科學考察團的活動。1933 年以來,他又在陝西地區開展田野考古,發掘鬥鷄臺遺址,調查渭河附近古遺址。直到 1959 年,他以七十一歲高齡在河南登封、禹縣、偃師一帶從事豫西夏文化調查。對田野調查和實踐的重視,貫徹於他古史研究的始終。②

①蘇秉琦曾説,徐旭生重視古代文獻,重視把野外發掘與古代文獻資料相結合,這對他的影響很深,成了他一生的法則。(見蘇愷之《我的父親蘇秉琦》,北京生活·讀書·新知三聯書店 2015 年版,第 25 頁)
②此段内容均摘引自《20 世紀中國知名科學家學術成就概覽》考古學卷第一分册,第40、41 頁。

徐旭生學識淵博，學術研究的範圍相當廣泛，除古史傳説、考古學外，還對我國封建社會長期遲滯的原因、井田制、《山海經》等做過深入的探討，提出的見解均有新意。

六、强烈的愛國情懷和深切的平民情節

年輕時的徐旭生自留學歸來，就以一個積极反帝愛國者的姿態出現。尤其是在"五卅"慘案激起的反帝愛國運動期間，一個多月時間内，他在《猛進》周刊（包括三期"滬案特刊"）發表了十多篇文章，堅決支持民衆提出的關税自主、收回租界的要求，痛斥某些名流把群衆要求斥爲"唱高調、不負責任"的論調。他説："我們現在什麽犧牲全不怕地作自主運動……實在是因爲我們极深地感覺到'自主'是人類公有的權利，不曉得自主比生存還可貴，是一種賤骨頭。"[①]他呼號，不要怕帝國主義的武力威脅，"如果他們一定要同我們戰，我們也一定同他們戰"，"可殺，可死，而不可使爲奴"[②]。他們的這種呼喊，在當時的知識階級中得到的響應寥寥，他十分痛心地説："這一次的外交大失敗，雖説政府也實在可惡，可是長袍階級總不能不負一大部分責任。""我想人心未死，總還有不少的人不甘心這樣坐着等着。……我就正告這些有志的人説：……諸位不要再希望什麽政府，什麽軍閥，什麽名流，他們全是受了若干的艱苦，才挣得到那樣的特殊地位；現在全是日不暇給地享用他那由特别地位所得底利益，那還有工夫給

①《猛進》第十九期《我們應該有正眼看各方面的勇氣》。
②《猛進》第十八期《排英！排英！經濟絶交！！經濟絶交！！戰！！！戰！！！》。

人民想事情?"①徐先生并没有因爲得不到積极響應而灰心,以後
北平歷次反帝愛國運動,他仍是態度鮮明地衝在前面。除了前面
提到的發生在北洋政府時期的幾件事外,在國民政府時期他仍然
如此。

20世紀20年代末,日寇步步緊逼,國家命運危在旦夕。同許
多愛國知識分子一樣,他憂心如焚,振臂高呼,號召抗日救亡。1931
年"九一八"事變後兩天,時任北師大校長的徐旭生即會同北大校
長蔣夢麟,邀集北平各大學校長舉行緊急會議,同日,他又召集本
校院長、教務長緊急開會,强烈抗議日本帝國主義侵略我國。9月
25日學校召開全體大會,以全校教職員和學生名義致電國民政府,
指責有人"一遇外敵,輒取不抵抗主義,洵屬奇耻"。後來他之所以
辭去北師大校長職務,不滿政府的不抵抗也是一重要因素。

1936年10月13日,平津文化界104位知名學者針對日寇步
步緊逼,華北告急,而當局在對方威嚇下竟一再軟弱退讓的情況
發表了對時局的宣言,提出在不喪國土、不辱主權下對日交涉,中
日外交絶對公開等八項要求。徐旭生又是在此宣言上第一個簽
名的人。(按:此宣言在當局壓力下未能在北平刊出,在滬、寧稍
有披露,即遭追查。)②1936年西安事變之前,他和顧頡剛、李書華
利用在西安開陝西考古會年會之機,於11月中旬一起往見張學
良將軍,以講宋史爲名向張灌輸促蔣抗日的思想。③他還與顧一

---

①《猛進》第三十二期《對於滬案的痛言》。
②中國人民政治協商會議北京市委員會《文史資料選編》第十二輯《顧頡剛先生的西
安之行》。
③同上。

起在北平創辦"通俗文藝編刊社",利用民間文藝形式編寫和組織演出宣傳抗日救國的節目,出版有關書刊。還捐款募集大刀支援抗日軍隊。

　　1937 年"七七"事變之後,徐旭生痛感在國家危亡之際,文人不能只是坐而論道,而應以身許國,親自組織民眾抗敵禦侮。於是,他只身回到家鄉河南南陽,利用他在家鄉的聲望,積極宣傳抗日,多次在青年學生的集會上發表演講,痛斥各種妥協失敗的言論。在他的倡議和支持下,先後在南陽、唐河辦起游擊戰術訓練班,培養抗戰軍事人才。他還受聘於唐河師範學校任校長,想親手辦一所符合抗戰需要的轉型學校。但他的許多設想在地方當局的多方掣肘、暗中破壞下都難以實現。最後,他不得不被迫離開,前往已搬遷昆明的北平研究院繼續他的古史研究①。然而正如他後來自己所説:"當此時而閉戶寫書,終非本志。"

　　除了强烈的愛國主義表現,徐旭生在當時的知識階級中還有一個較突出的特點:很深的平民情節。

　　他自幼生長在農村,對農村、農民有深厚的感情。留學法國時正值一戰前後,歐洲各種社會主義思想蓬勃發展,他雖未接觸過馬克思主義,但却接受了法國大革命《人權宣言》中"人人生而平等"和社會主義主張的"不勞動者不得食"等思想。一件小事可以反映出他從法國歸國後的思想。一次他在門頭上寫了"勞工神聖"的橫批,爲此,他這個非常孝順的兒子不惜與父親發生了争執。他十分反感那些讀了幾年書,就忽視、輕視,甚至鄙視勞

①閻東超:《抗戰初期徐旭生先生在南陽》,載《河南文史資料》第十四輯。

動群衆的長袍階級、公子、小姐。

　　在《猛進》一篇關於中央公園門票問題的編者復信中,他說他每到中央公園,都不屑與那些好像患貧血症的公子小姐坐一條凳子,相反,"我又想,設若中央公園不賣門票,勞動界的兄弟姊妹們可以進去玩玩,我要同他們坐在一條凳子上休息,我覺得我很有榮施。但是,——但是,在那個時候,看見他們那些紫棠色的面皮,壯健的身體,質樸的精神,我反身一觀,自己覺得慚愧,不敢同他們坐一塊去獻醜,也未可知"①。其實在他的許多文章中,都表露出這樣的感情。如慨嘆"我們近來總覺得我們號稱知識階級的無能力,全由於我們同民衆太隔絕"②。"這一次的運動(指五卅運動),可以說是發生於群衆,知識階級止該抱愧自己並沒有真正幫助他們,指導他們"③。五卅運動後,他向人民直接呼籲:"諸位不甘心坐待宰割,就要從自己身上作工夫,就要從真正的人民身上下工夫。"④又如他對舊教育制度弊病的指責,和他所提出的改革原則等等,無不貫徹這種精神。

七、高尚的品格

　　徐旭生一生淡泊名利。做事,只要認爲是有意義的而自己又有興趣的,他就堅持去做,至於榮譽、地位、待遇、條件等等,全不

①《猛進》第八期對韻石《中央公園怎麼還不放大呀?》一文的答復。
②《猛進》第十二期《學潮後的感言》。
③《猛進》第二十期《我國的知識階級真太不負責任了!》。
④《猛進》第三十二期《對於滬案的痛言》。

在他的考慮之列。20世紀30年代,他兩次辭去國立大學校長之職,去就地位、待遇都低得多的職位,就是很有代表性的。

第一次,辭去北平師範大學校長,担任北平研究院史學研究會編輯,已如前述。在辭職之前,同時有多位國立大學校長爲政府拖欠辦學經費事都曾以"辭職"抗争,最後却只有徐旭生一人真的辭職。熟人背後多稱他爲"徐大傻子",或文雅一點稱"徐炳傻公",他聞之也不以爲意。

第二次,1934年8月他正在陝西考古會主持寶鷄鬥鷄臺考古發掘期間,國民政府教育部在未徵得徐本人同意的前提下,單方面委任他擔任河南大學校長職務,被他以"陝西發掘尚未告竣",且"自辭退國立師範大學校長職務後,對辦理學校行政頗感厭倦"爲由婉拒①。此段經歷,《陝西考古會史》有較詳細的介紹并作如下評論:"在常人慣見的做官還是做學問的道路選擇上,徐炳昶最終選擇寂寞、清貧,擁抱考古。辭受取舍間,折射出他清俊高蹈的人格魅力。"又说:"徐炳昶甘願吃苦,不就官位的消息傳開後,北平士林爲之震動,各大報紙都在顯要位置刊登消息,以示崇敬。"②

抗戰期間發生在徐旭生身上的另一件鮮爲人知的事,同樣體現出他爲了國家民族自甘清貧的高風亮節。徐先生因回鄉組織抗日受阻,再次回到已遷昆明的北平研究院,因國難期間經費更

①徐旭生曾向子女談起過之所以厭倦擔任學校行政職務的原因。當時學潮頻發,作爲教育部任命的國立大學校長,他不能支持學生運動,但也決不願意去鎮壓學生運動。而且在當時的形勢下,他對於改進教育的種種設想都不可能得到貫徹。於是他選擇了退出,專心從事自己的學術研究。——本文作者注
②羅宏才:《陝西考古會史》,第228頁。

加緊張，徐給自己定的工資只相當同等職位另一位學者的一半，有領導勸他向上調一點，他沒有同意。此事一直到與他親密相處幾十年的蘇秉琦晚年向自己家人談及，被其子蘇愷之記錄在所著《我的父親蘇秉琦》一書中才透露出來（見該書第 50 頁）。在未見到此書前，徐的家人對此情也是毫無所知。可見，在徐旭生看來，此等事都是順理成章非常自然的，不值得夸耀。

對於工資待遇，徐旭生也有"比"的時候，但不是向上攀比，而是與底層的工農大衆比。1932 年他寫的《教育罪言》中，就批駁了認爲教育糟糕是由於教職員的薪水太低的觀點。他舉當時歐美資本主義國家大學教授的年薪，比一個工頭、優秀農人的年收入最多不過一兩倍之差。蘇聯則是勞心者與勞力者同等待遇。"在我們中國，則最優良的工人農人，每年所得，也不過三五百元；一個大學教授的每年所得，則十倍十數倍而未有已！這樣的現象不説是病態不能。"

在學術研究領域，徐旭生也是只問實際成果，淡泊個人名利，對後來成爲著名考古學家的蘇秉琦的無私培養就是一例。1934 年 8 月，蘇氏甫從北平師範大學歷史系畢業，即受薦到北平研究院史學研究所，立即被時任所長的徐旭生接納，隨即將他帶到鬥鷄臺考古工地，任命他爲兩條探區中的一條——溝東區的負責人，主持嗣後的考古發掘工作。整個考古發掘因抗戰爆發而被迫停止後，徐氏又把可能帶來學術榮譽的撰寫總結性考查報告的重任交給了蘇秉琦。此後，師生二人在昆明黑龍潭一間斗室中對坐辦公八年。徐對蘇從不以老師自居，而是完全平等地相互探討各種問題，無話不談。就是在這種氛圍中，蘇氏完成了他的第一份學術論文《鬥鷄臺瓦鬲之研究》。徐立即將此稿寄給中國現代考古學權威，中央研究院歷史語言研究所的李濟先生審閱，受到李高度讚譽。此文正式發表，徐又爲之親寫《叙言》加以推薦。此文及後寫的《鬥鷄臺東區墓葬》，奠定了蘇秉琦在中國考古界學術地位的基礎。後來的許多年輕考古工作者，在了解了這段過程後，都爲徐氏無私培養青年的精神所感動，也爲蘇氏一踏入考古學界就有這樣的機遇稱羨。蘇秉琦對自己的這位老師也非常崇敬和感激，曾對家人説：徐先生“是我最好的老師”。“首先是品德高尚，其次才是學識淵博。”①他還不止一次對家人提到，自己取得成績，是因爲有“好的老師，好的課題，好的切入點啊”②。

　　20世紀50年代，曾有一家出版社欲再版徐旭生早年翻譯的《歐洲哲學史》，并有一筆稿費，被他以該書都是唯心主義觀點不宜再版爲由而拒絕。

　　60年代初，他的《中國古史的傳説時代》增訂出版，出版社送來一筆稿費。他在日記中寫道：“我對此款不能受（因係工作自身已得薪金，不能再受報酬）。”③報告組織後，將此款專立賬户存入銀行。直到他逝世後，家屬按其遺願，全部作爲黨費上繳。50年代末、60年代初，國家經歷三年困難時期，黨號召黨員幹部減薪，全體人員消減糧食定量，徐都積極響應，他自報的消減糧食定量過多，以致領導不得不給他提回一些。

　　60年代，因年事已高，組織決定派車接送他上下班，被他拒

---

① 蘇愷之：《我的父親蘇秉琦》，第63、64頁。
② 蘇愷之：《我的父親蘇秉琦》，第33頁。
③ 1960年4月20日日記。

絕。一次車已派來，他堅決不坐，而是去擠公交車。家人勸他，這樣豈不造成浪費，他表示，不這樣做，不能擋住以後再派車來。

徐旭生光明磊落、真誠正直、言行一致、心口如一、直言無忌、剛正不阿的品格，尤爲值得贊佩。

1937 年上半年，蔣介石於廬山邀請著名學者徵詢對國是的意見，徐旭生在會上直言批評當局以"思想犯"壓制輿論的專制做法。1938 年，爲了便於在家鄉發動群衆抗日，他參加了國民黨。但是後來國民黨組織部邀他接辦河南黨務時，他因不滿當局的反共政策和處處防治民衆而堅決拒絕。1944 年在重慶召開的國民參政會上，他作爲國民黨方面的參政員，與其他幾位河南籍參政員一起，嚴屬抨擊蔣介石的親信湯恩伯在日寇攻勢面前不戰而潰的逃跑行爲，要求追查責任。當陳立夫要求他們不要再追究此事時，徐旭生憤然表示：如不許講話，將退出國民黨。

新中國成立，徐旭生加入共産黨以後，作爲一名黨員，對黨號召的各種建設國家的活動都是積極熱情地參加，真誠地實踐自己在社會主義建設中能多提半兜泥、絕不少提半兜泥的承諾。如，單位組織的義務勞動，照顧他年老不讓參加，他就利用星期天，多次自帶工具到附近的太平湖工地參加挖湖勞動。適當地參加體力勞動，在徐旭生身上已形成習慣，而且是他的興趣所在。他多年以來，都是清晨起來自掃院子，不讓清潔工來掃。晚年，年近八旬的他一次外出，在公交車上看到路旁有人拔麥子，立即在前一站下車，又返回麥田幫人拔了一壟，并很高興地記在當日的日記上①。

①1965 年 6 月 13 日日記。

八、生命的最後十年

　　1966 年至 1976 年，是徐旭生生命的最後十年，也正值"文化大革命"那個特殊的年代。從 1966 年至 1968 年，他頭腦清楚，滿腔憂思；1969 年至 1976 年，在一場大病之後他頭腦完全糊塗，似乎了斷一切塵念，直至生命終了。

　　1965 年 11 月，對新編歷史劇《海瑞罷官》及其作者吳晗的批判，成了"文化大革命"的前奏。

　　徐旭生對這場大批判完全持反對態度：在他所工作的單位——中國科學院哲學社會科學學部考古研究所的學習討論以及批判會上，他直言不諱地説："説吳晗的《海瑞罷官》反對三面紅旗（總路綫、大躍進、人民公社），我看他沒有這個意思。"徐旭生和吳晗雖是熟人，但 1949 年後并無多少來往。在這樣一場嚴厲的政治風暴中，別人都避之唯恐不及，他却主動站出來爲吳晗鳴冤，他不認爲吳晗是反動的。他的觀點自然遭到了批判。

　　當時學部一位好心的同志曾和徐旭生的家人打招呼説："勸勸徐老，別那麼死争辯。"家人對他説："對吳晗和《海瑞罷官》的批判已經不是學術之争，而是政治問題了。"他憤憤地高聲回應："這個我看不出。我不同意你們的意思。"他固執己見，不聽勸説。

　　"文化大革命"運動一開始，徐旭生就被戴上了"反動學術權威"的帽子，在各種大會小會上遭到多次批鬥，但他終不屈服。1966 年運動之初，作爲被揪出的一大批研究人員和"走資派"之一,在一次批鬥會後家人問他:"批你什麼?"他説:"我倒很想知道説些什麼,只是聽不清楚而已。"

1966 年 8 月 24 日,徐旭生因不同意造反派把考古所的領導列爲"走資派"加以批鬥并爲他們辯護,結果自己又挨了批鬥。他在當天的日記中寫道:"今天小組大約决定繼續鬥我,處處挑眼。後又提出我對於牛、林、夏(即考古所的三位領導——作者注)三人的看法,我曾經説過,不能不承認。致觸同人大怒。把我拉到院内,戴高帽子,挂牌子,迫我低頭。我堅决不低頭。被擊數拳。"

8 月的一天,徐旭生因 1963 年 12 月在紀念王船山逝世二百七十周年學術討論會上的發言而再一次遭到批鬥。在那次討論會上,他明確表示不贊成有人把王船山歸結爲"代表地主階級利益","是地主階級代言人"的觀點,提出"階級的圈子是可以跳出的"。并説"不能没有歷史,不能無根據的打倒歷史人物"。這成了他的罪狀,使他在"文化大革命"中再次受到嚴厲的批判和鬥争,他却不屑地回敬道:"你們回去把王船山的書讀過了,再來和我辯論不遲。""你們還没弄懂,怎麼談得上批判?"造反派當時就火了,把他押着站立在摞在一張桌子上的椅子上(他時年 78 歲),他被扇了耳光,還被批爲"宣揚封建主義糟粕","是地主階級的代言人"。

1967 年春,面對越來越亂的局勢,徐旭生憂國憂民,陷入了錐心刺骨的痛苦之中。他在家中不斷地發脾氣,一反往日儒雅的常態。對於劉少奇的被打倒,他完全不能理解和接受,義憤填膺地對自己的女兒説:"《論共産黨員的修養》怎麼就是黑修養了,我看要是能做到那個修養,起碼不是一個壞人。"他進一步解釋道:"人是要有修養的。如果説這本書是'黑'的,焦裕祿臨終前,爲什麼床頭就放着這本書呢!"(徐十分敬佩這位共産黨員,生前他的客廳裏一直貼着焦裕祿遺像。)

家人看他如此苦惱和義憤,就勸他説:"您説的這些事,報紙上已經正式刊登了,要理解。"他震怒并明確地説道:"報紙上説的也不是都對!"

隨着"文革"的進行,徐旭生的生活境况和身體健康也陡然下降。抄家,封門,没收銀行存摺,縮减住房,直至停發工資。他和老妻徐老夫人,每人每月只被發給 14 元 5 角的生活費,保姆用不起也不讓用了。甚至上下班乘公共汽車,因他如實回答車上的紅衛兵自己是地主出身,而不止一次被趕下車。由此一件小事,也可看出徐旭生在任何情况下也不會爲敷衍過關而講一點違心假話的方正品格。就在這種狀况下,他仍堅持上班。他每天從建國門外的家裏步行到美術館旁邊的考古所上下班,單程也要十幾里路,他時常很晚才回到家。那時他已年近八旬。

因爲他屬於是"被揪出"的人,每天在考古所食堂的伙食是很差的。吃的午飯只有玉米麵窩頭,外帶一碗漂着幾片菜葉的清水湯,没有菜吃。晚上回到家裏,因生活費拮据,也只能是粗茶淡飯。

自 1968 年以來,徐旭生的身體健康每况愈下。他常常頭昏目眩,在那一年裏幾次暈倒,有時在工作單位,有時甚至是在街頭。送他回家的有工人,有人民警察,還有素不相識的路人。有一次他暈倒時摔得很重,頭破血流,倒在一家裁縫店門前,好心的裁縫隨手抓了條布條給他包札止了血。

1969 年盛夏,徐旭生終於病倒了。在那種形勢下,原來的合同醫院北京醫院不予接收,家人只能蹬着平板三輪車將他送進了一家最普通的小醫院,北京市隆福醫院。他高燒不退,終日昏睡,極少進食。當時晝夜陪床護理的只有年過古稀的徐老夫人。

這一場病後,徐旭生患上了嚴重的老年痴呆症,人麻木了,常人應有的認知、學習、思考、判斷、記憶等能力,甚至起坐、走路等生活自理能力,也逐漸喪失殆盡。他甚至連自己的子女也認不出,分不清,只說:“他(她)是我的孩子。”

1970 年,對徐旭生的管制終於有了鬆動。家中被查封的客廳和書房啟封了,工資得到了恢復,家裏的生活稍有改觀。1971年九一三事件後,考古所工宣隊的人曾專程到家,給徐旭生單獨傳達關於林彪事件的中央文件。文件念完,家人問他傳達的是什麼事,他說:“似乎是說清朝那些事。”

批林批孔時,一天徐旭生的小外孫女拿着一張報紙,指着孔子的名字說“孔老二是壞蛋!”沒想到平時不說一句話的姥爺突然勃然大怒,一拍桌子大喝道:“胡說!”刹那間,他遙遠的記憶似乎又被激活,是非的標準依然深存於心。

1975 年隆冬,徐旭生因感冒發燒,住進了協和醫院 24 人的大病房達兩月餘。病情日益惡化,終日昏睡,醫生告知已不可能蘇醒。與他相濡以沫一生的老妻徐老夫人最後一次探視完後說道:“不必再治了,藥留給別人用吧。”

1976 年 1 月 4 日,徐旭生先生溘然辭世,享年 87 周歲。